高等职业教育经济管理类专业基础课系列教材

经济数学

黄　静　主编

刘红霞　黄开情　副主编

科学出版社

北　京

内 容 简 介

本书是在高等教育大众化和办学层次多样化的新形势下，结合经济管理类数学的基本要求，从经济管理类专业学生的学情实际出发编写而成，内容适度弱化一些纯数学理论及一些难度较大的定理的证明，辅以直观和形象的例子说明，注重培养学生的应用意识与应用能力．本书内容包括函数、极限与连续、一元函数微分学及其应用、矩阵与线性方程组、MATLAB软件基础．为便于学生自测，本书第一章至第五章每节后配有习题，每章后配有总习题，第六章部分小节配有习题．

本书可作为高等职业院校、成人高等院校经济管理类专业的经济数学教材，也可供经济管理人员参考．

图书在版编目（CIP）数据

经济数学 / 黄静主编．—北京：科学出版社，2018
（高等职业教育经济管理类专业基础课系列教材）

ISBN 978-7-03-056313-2

Ⅰ．①经…　Ⅱ．①黄…　Ⅲ．①经济数学-高等职业教育-教材
Ⅳ．①F224.0

中国版本图书馆 CIP 数据核字（2018）第 007964 号

责任编辑：唐寅兴　赵　茜 / 责任校对：马英菊
责任印制：吕春珉 / 封面设计：东方人华平面设计部

科学出版社 出版
北京东黄城根北街 16 号
邮政编码：100717
http://www.sciencep.com
天津翔远印刷有限公司印刷
科学出版社发行　各地新华书店经销
*
2018 年 1 月第 一 版　开本：787 × 1092 1/16
2024 年 1 月第十次印刷　印张：13 1/4
字数：311 000

定价：48.00 元

（如有印装质量问题，我社负责调换〈翔远〉）
销售部电话 010-62136230　编辑部电话 010-62135397-2017（VF22）

本书编写人员

主　编　黄　静

副主编　刘红霞　黄开情

参　编　冯天祥　吕冰清　付　莹　付玉霞

前言

经济数学是高等职业院校、成人高等学校经济管理类各专业必修的一门公共基础课．本书从经济管理类专业学生的实际出发，以“必需、够用”为原则，以掌握数学的基础知识、基本思想和运算方法为基点，以强调数学知识在经济方面的应用为主线来确定教材内容．

希望通过本书的学习，学生不仅能学到经济数学的知识，同时还能获得解决问题的思想和方法，提高数学知识的应用能力，真正做到“学”“用”结合，为后续课程的学习打好基础．

在编写过程中，编者汲取近年来高职教育数学教学改革的优秀成果，结合编者长期从事高职数学教育的工作实践经验，通过对经管类专业人才培养目标的调研与分析，优选出与经济管理类专业密切相关的数学问题，精心设计教学的知识点，将教学内容作了适当的删减，全书内容由浅入深，循序渐进，通俗易懂．另外，本书对 MATLAB 软件也作了较为详细的介绍，体现数学工具软件的应用性．

全书共分六章，内容涵盖了一元函数微积分、线性代数和 MATLAB 软件应用等内容．本书的例题、习题难易程度层次分明，第一章至第五章每节都配有（A）、（B）两套练习题，其中（A）题是一般题，（B）题是提高题，章后配有自测题（常见题型），且书后附有参考答案，便于学生自测，第六章部分小节配有习题．

本书由东莞职业技术学院黄静统稿，具体编写分工为：第一章由刘红霞、黄开情编写；第二章由冯天祥编写；第三章由吕冰清编写；第四章由黄静编写；第五章由付莹编写；第六章由付玉霞编写．

本书的编写工作得到了东莞职业技术学院及科学出版社的大力支持，在此表示感谢！

由于编者水平有限，书中不妥之处在所难免，敬请读者批评指正，以便不断改进．

编　者

2017 年 12 月

于东莞职业技术学院

目　录

第一章　函数、极限与连续 ······ 1

第一节　函数 ······ 1
第二节　常用的经济函数 ······ 10
第三节　函数极限 ······ 14
第四节　无穷小与无穷大 ······ 18
第五节　极限的四则运算法则 ······ 20
第六节　两个重要极限 ······ 23
第七节　连续 ······ 27
自测题一 ······ 30

第二章　导数及其应用 ······ 33

第一节　导数的概念及其应用 ······ 33
第二节　求导法则 ······ 37
第三节　边际分析 ······ 43
第四节　弹性分析 ······ 48
第五节　微分及其应用 ······ 52
第六节　函数的单调性与极值 ······ 54
第七节　最优化问题 ······ 57
第八节　偏导数与条件极值 ······ 62
自测题二 ······ 69

第三章　不定积分 ······ 72

第一节　不定积分的概念及性质 ······ 72
第二节　不定积分的换元积分法 ······ 78
第三节　分部积分法 ······ 83
自测题三 ······ 86

第四章　定积分及其应用 ······ 88

第一节　定积分的概念 ······ 88
第二节　微积分基本公式 ······ 96
第三节　定积分的积分法 ······ 100
第四节　定积分的应用 ······ 103
自测题四 ······ 109

第五章　线性代数初步 ······ 112

第一节　行列式 ······ 112
第二节　矩阵的概念与运算 ······ 120
第三节　矩阵的逆与矩阵的初等变换 ······ 131
第四节　线性方程组 ······ 136
第五节　线性规划问题 ······ 144
自测题五 ······ 153

第六章　MATLAB 软件及其应用 ······ 157

第一节　MATLAB 概述 ······ 157
第二节　函数、图像与极限 ······ 164
第三节　导数及其应用 ······ 173
第四节　积分及其应用 ······ 176
第五节　矩阵及其应用 ······ 179

参考文献 ······ 188

参考答案或提示 ······ 189

第一章　函数、极限与连续

函数是经济数学的主要研究对象，极限是研究函数的基本工具，连续是函数的一个重要性态，这些内容在经济数学中占有很重要的地位．本章将介绍函数、极限与连续的基本知识，为经济数学的学习打下必要的基础．

第一节　函　　数

一、常量与变量

在对经济现象进行研究时，经常遇到不同的量，如价格、销售量、成本、收入、利润等．我们可以将这些量分为两大类．

常量　研究过程中保持不变，始终取一固定数值的量．常用小写字母 a，b，c 等表示．

变量　研究过程中发生变化，可以取不同数值的量．常用小写字母 x，y，z 等表示．

例如，在一段时间内，某种商品的价格保持不变，可以看成是常量；而销售量是每天发生变化，可以用变量来表示．

人们用集合表示变量的取值范围，在实数范围中也常用区间（包括开区间、闭区间、半开半闭区间）．除此之外，还可以用邻域来表示．

邻域　设 a 与 δ 是两个实数，且 $\delta>0$，开区间 $(a-\delta,\ a+\delta)$ 称为点 a 的 **δ 邻域**，记作 $U(a,\delta)$，即 $U(a,\delta)=\{x \mid a-\delta<x<a+\delta\}$，如图 1-1 所示．

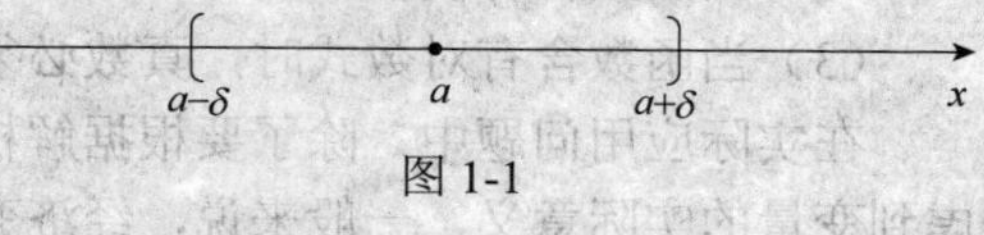

图 1-1

特别地，不包含中心 a 的邻域称为去心邻域，记作

$$\mathring{U}(a,\delta)=(a-\delta,a)\cup(a,a+\delta)=\{x \mid 0<|x-a|<\delta\}.$$

二、函数的概念

在研究经济现象时，往往会遇到几个变量．这些变量不是孤立地变化，而是相互联系并按一定的规律变化的．

引例 1.1　2014 年央行定期存款基准利率如表 1-1 所示．

表 1-1　2014 年央行定期存款基准利率表

存期	三个月	半年	一年	二年	三年	五年
年利率/%	2.60	2.80	3.00	3.75	4.25	4.75

它反映的是存款存期与存款利率这两个变量之间的对应关系，这个对应关系就是函数，下面是函数的确切定义．

定义 1.1 给定两个非空实数集 D 和 M，如果对 D 中每一个数 x，按照某个对应法则 f，M 中都有唯一确定的数 y 与之对应，则称 f 是从 D 到 M 的函数，记作

$$y=f(x),\quad x\in D,$$

其中 x 称为**自变量**，y 称为**因变量**.

自变量 x 的取值范围 D 称为函数 $y=f(x)$ 的**定义域**.

当自变量 x 取定某确定值 x_0 时，因变量 y 按照所给函数关系 $y=f(x)$ 求出的对应值 y_0 叫作当 $x=x_0$ 时的函数值，记作 $y|_{x=x_0}$ 或 $f(x_0)$.

全体函数值的集合 $f(D)=\{f(x)\mid x\in D\}$ 称作函数 f 的**值域**.

由函数的定义可知，一个函数由函数的定义域和对应法则所确定。因此，我们也称定义域和对应法则为函数的两个要素. 如果两个函数的定义域和对应法则都相同，则称这两个函数相同.

例 1 判断下列各组函数是否相同.

（1）$y=\dfrac{x}{x}$ 与 $y=1$；（2）$y=|x|$ 与 $y=\sqrt{x^2}$.

解 （1）函数 $y=\dfrac{x}{x}$ 的定义域为 $(-\infty,0)\cup(0,+\infty)$，而函数 $y=1$ 的定义域为 $\mathbf{R}$，所以这两个函数不相同.

（2）因为 $y=\sqrt{x^2}=|x|$，而且 $y=|x|$ 与 $y=\sqrt{x^2}$ 的定义域都是 $\mathbf{R}$，所以这两个函数的对应关系和定义域都是相同的，所以这两个函数相同.

求函数定义域时，一般考虑以下三个方面：

（1）当函数为分式时，分母不能等于 0；

（2）当函数含有偶次根式时，根号内的式子必须大于或等于 0；

（3）当函数含有对数式时，真数必须大于 0.

在实际应用问题中，除了要根据解析式本身来确定自变量的取值范围以外，还要考虑到变量的实际意义，一般来说，经济变量往往取非负值，即变量都是大于等于零的.

例 2 设某鞋厂每天生产某款鞋 500 双，每双鞋卖 100 元，则该鞋厂每天销售该鞋收入 y 元与销量 x 之间有如下的函数关系：

$$y=100x,$$

求此函数的定义域.

解 在实际销售中，销量 x 为非负值，且最大值为 500 双，即定义域为

$$\{x\mid x\in[0,500]\text{ 且 }x\in z\}$$

三、函数的性质

1. 单调性

设有函数 $y=f(x)$，$x\in D$，$I\subset D$. $\forall x_1<x_2\in I$，有 $f(x_1)<f(x_2)$，则称 $y=f(x)$ 在 I 上**单调递增**；若 $\forall x_1<x_2\in I$，有 $f(x_1)>f(x_2)$，则称 $y=f(x)$ 在 I 上**单调递减**.

注 （1）单调性是局部性质，与区间有关. 例如：$y=x^2$ 在 $(-\infty,+\infty)$ 上不是单调函数，但在 $(0,+\infty)$ 上单调递增，在 $(-\infty,0)$ 上单调递减.

（2）几何意义：单调递增函数的图像是沿 x 轴正向逐渐上升的，单调递减函数的图

像是沿 x 轴正向逐渐下降的．详见图 1-2．

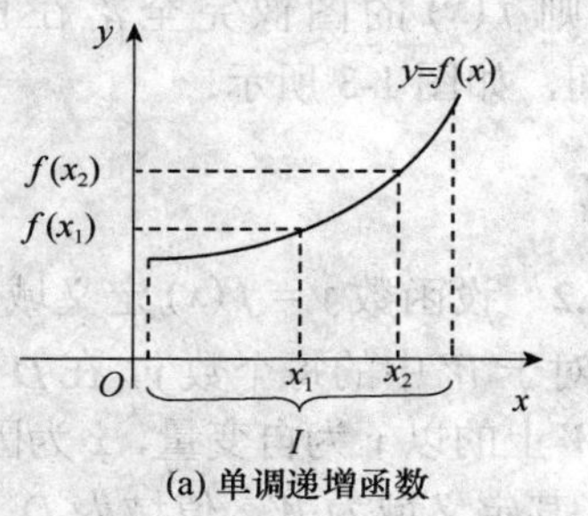

(a) 单调递增函数

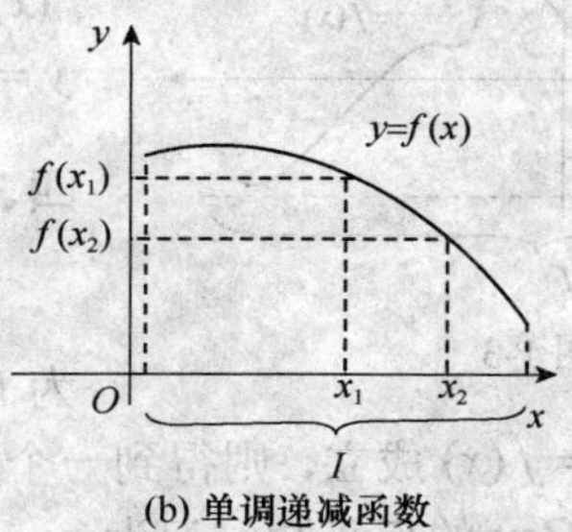

(b) 单调递减函数

图 1-2

2. 奇偶性

设函数 $f(x)$ 的定义域 D 关于原点对称，若 $\forall x \in D$，有 $f(-x)=f(x)$，则称 $f(x)$ 为**偶函数**；若 $\forall x \in D$，有 $f(-x)=-f(x)$，则称 $f(x)$ 为**奇函数**．

例如，$f(x)=x^2$ 是偶函数，$f(x)=x^3$ 为奇函数；不满足上述两条的为非奇非偶函数，如 $f(x)=x^2+x$．

注 （1）奇偶性是全局性质，奇、偶函数的定义域关于原点对称．

（2）几何意义：奇函数的图像关于原点对称，偶函数的图像关于 y 轴对称．

（3）奇（偶）函数的运算性质：

① 奇函数的代数和仍是奇函数，偶函数的代数和仍是偶函数．

② 奇数个奇函数的乘积是奇函数，偶数个奇函数的乘积是偶函数．

③ 偶函数的乘积仍是偶函数．

④ 一个奇函数与一个偶函数的乘积是奇函数．

3. 周期性

设有函数 $y=f(x)$，$x \in D$．若存在 $T \neq 0$，使得 $f(x \pm T)=f(x)\,(x,\ x \pm T \in D)$，则称 $f(x)$ 为以 T 为**周期的周期函数**．

注 周期函数的周期有无数多个，而且可为正数，也可为负数，通常说的周期指其最小正周期．如 $y=\sin x, y=\cos x$ 的周期为 2π．

4. 有界性

设函数 $f(x)$ 在某区间 I 上有定义，若存在正数 M，使得 $|f(x)| \leqslant M$，则称 $f(x)$ 在 I 上**有界**．若这样的 M 不存在（即对充分大的 $M>0$，都存在 $x_0 \in X$，使 $|f(x_0)|>M$），则称 $f(x)$ 在 I 上**无界**．

例 3 判断 $y=\sin x$ 在 $(-\infty,+\infty)$ 上是否有界？

解 $|\sin x| \leqslant 1$，故 $y=\sin x$ 在 $(-\infty,+\infty)$ 上有界．

我们也可以取 $M=2$，即 $|\sin x|<2$，实际上 M 可以取任何大于 1 的数．

注 （1）有界性是局部性质，与区间有关．例如，$f(x)=\dfrac{1}{x}$ 在（1，2）内有界，但在（0，1）内无界．

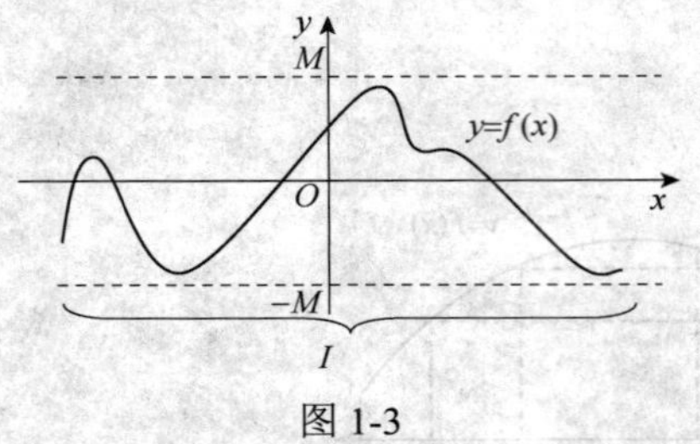

图 1-3

（2）几何意义：如果函数 $f(x)$ 在 I 上有界，且 $f(x)\leqslant M$，则 $f(x)$ 的图像完全落在直线 $y=M$ 与 $y=-M$ 之间，如图 1-3 所示.

四、反函数

定义 1.2 设函数 $y=f(x)$ 定义域为 D，其值域为 W. 如果对于 W 中的每个数 y，在 D 中都有唯一确定的数 x 使 $y=f(x)$ 成立，则得到一个定义在 W 上的以 y 为自变量，x 为因变量的函数，称为函数 $y=f(x)$ 的**反函数**，记为 $x=f^{-1}(y)$，其定义域为 W，值域为 D.

注 （1）易见反函数 $x=f^{-1}(y)$ 的定义域即是原来函数 $y=f(x)$ 的值域，而其值域即是原来函数的定义域.

（2）为了合乎我们的习惯，常把 $x=f^{-1}(y)$ 中的 y 换为 x，把 x 换为 y，从而反函数常记成 $y=f^{-1}(x)$.

（3）反函数的性质：

单调函数必有反函数，且其反函数的单调性与原来函数的单调性一致.

函数 $y=f(x)$ 与其反函数 $y=f^{-1}(x)$ 的图像关于直线 $y=x$ 对称. 如指数函数 $y=a^x$ $(a>0,a\neq 1)$ 与对数函数 $y=\log_a x$ $(a>0,a\neq 1)$ 互为反函数，它们的图像关于直线 $y=x$ 对称.

五、基本初等函数

基本初等函数包括：常数函数、幂函数、指数函数、对数函数、三角函数和反三角函数.

1. 常数函数

形如 $y=C$（C 为常数）的函数称为常数函数，如图 1-4 所示.

定义域为 $(-\infty,+\infty)$，值域为 $\{C\}$，它是偶函数，任何一个实数都是它的周期，不存在最小正周期，在定义域内是有界函数.

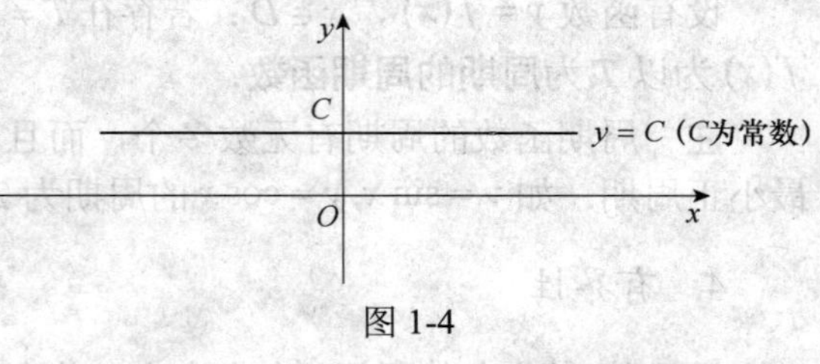

图 1-4

2. 幂函数

形如 $y=x^\alpha$（α为常数）的函数称为幂函数.

常见的幂函数有 $y=x$，$y=x^2$，$y=\sqrt{x}$，$y=\dfrac{1}{x}$等，如图 1-5 所示.

3. 指数函数

形如 $y=a^x$ $(a>0,a\neq 1)$ 的函数称为指数函数，其定义域为 $(-\infty,+\infty)$，值域为 $(0,+\infty)$.

图 1-6 给出了指数函数 $y=\mathrm{e}^x$， $y=2^x$， $y=\left(\dfrac{1}{2}\right)^x$ 的图像.

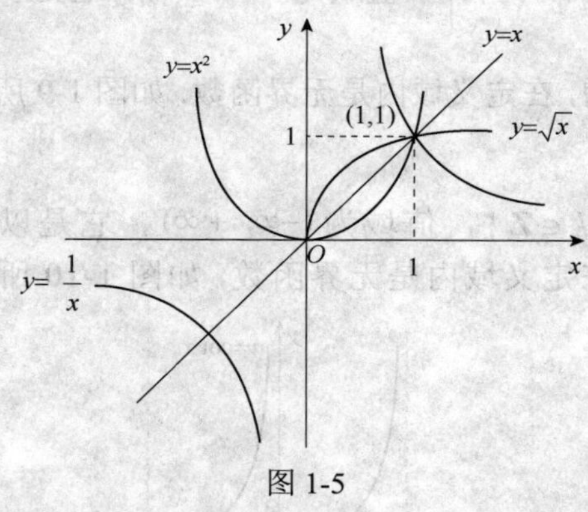

图 1-5

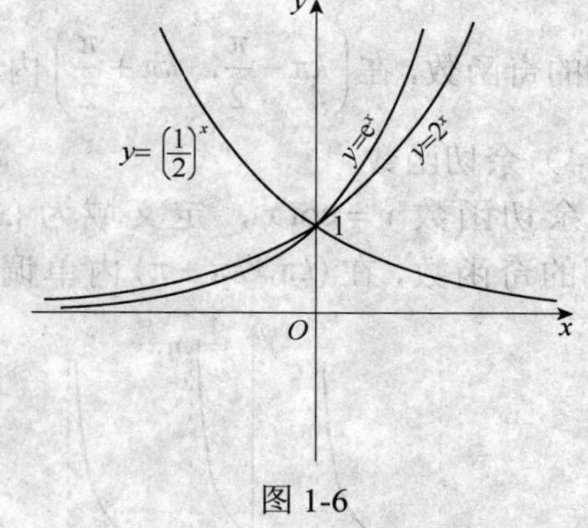

图 1-6

4. 对数函数

形如 $y=\log_a x\ (a>0, a\neq 1)$ 的函数称为对数函数，其中 a 称为底数，x 称为真数．其定义域为 $(0,+\infty)$，值域为 $(-\infty,+\infty)$．

通常称底数 $a=\mathrm{e}$ 的对数为自然对数，记为 $y=\ln x$．

图 1-7 给出了对数函数 $y=\ln x$，$y=\log_2 x$，$y=\log_{\frac{1}{2}} x$ 的图像.

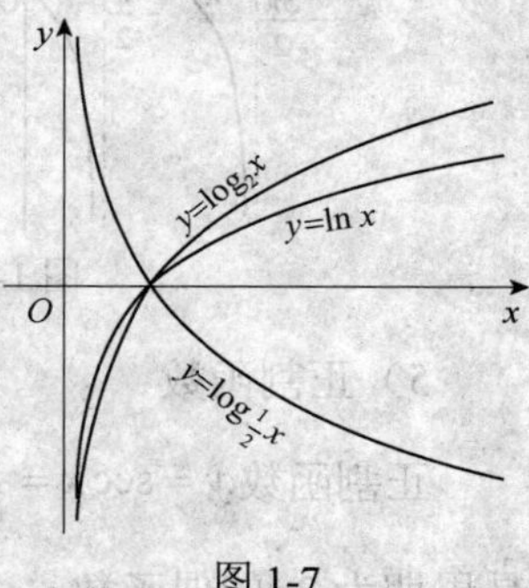

图 1-7

5. 三角函数

三角函数有六种：$y=\sin x$，$y=\cos x$，$y=\tan x$，$y=\cot x$，$y=\sec x$ 和 $y=\csc x$.

1）正弦函数

正弦函数 $y=\sin x$（图 1-8），定义域为 $(-\infty,+\infty)$，值域为 $[-1,\ 1]$．它是以 2π 为周期的奇函数，在 $\left(2k\pi-\dfrac{\pi}{2},\ 2k\pi+\dfrac{\pi}{2}\right)$ 内递增，在 $\left(2k\pi+\dfrac{\pi}{2},\ 2k\pi+\dfrac{3\pi}{2}\right)$ 内递减，$k\in\mathbf{Z}$．在定义域内是有界函数.

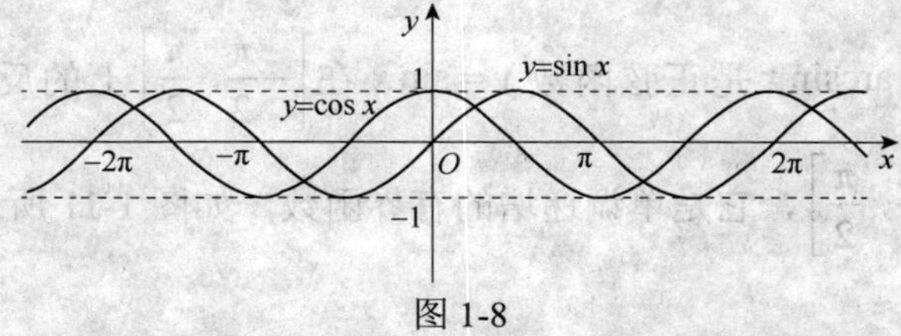

图 1-8

2）余弦函数

余弦函数 $y=\cos x$（图 1-8），定义域为 $(-\infty,+\infty)$，值域为 $[-1,\ 1]$．它是以 2π 为周期的偶函数，在 $(2k\pi-\pi,\ 2k\pi)$ 内递增，在 $(2k\pi,\ 2k\pi+\pi)$ 内递减，$k\in\mathbf{Z}$．在定义域内是有界函数.

3）正切函数

正切函数 $y=\tan x$，定义域为$\left\{x \mid x \neq \frac{\pi}{2}+k\pi,\ k \in \mathbf{Z}\right\}$，值域为$(-\infty,+\infty)$，它是以π为周期的奇函数，在$\left(k\pi-\frac{\pi}{2},\ k\pi+\frac{\pi}{2}\right)$内单调递增，在定义域内是无界函数. 如图 1-9 所示.

4）余切函数

余切函数 $y=\cot x$，定义域为$\{x \mid x \neq k\pi,\ k \in \mathbf{Z}\}$，值域为$(-\infty,\ +\infty)$，它是以π为周期的奇函数，在$(k\pi,\ k\pi+\pi)$内单调递减，在定义域内是无界函数，如图 1-10 所示.

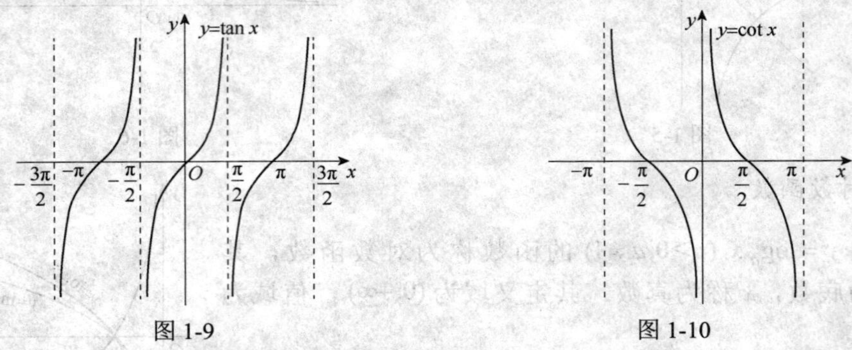

图 1-9　　图 1-10

5）正割函数

正割函数$y=\sec x=\frac{1}{\cos x}$，定义域为$\left\{x \mid x \neq \frac{\pi}{2}+k\pi,\ k \in \mathbf{Z}\right\}$，值域为$(-\infty,-1] \cup [1,+\infty)$，是周期为 2π的偶函数.

6）余割函数

余割函数$y=\csc x=\frac{1}{\sin x}$，定义域为$\{x \mid x \neq k\pi,\ k \in \mathbf{Z}\}$，值域为$(-\infty,\ -1] \cup [1,\ +\infty)$，是周期为 2π的奇函数.

6. 反三角函数

反三角函数有四种：$y=\arcsin x$，$y=\arccos x$，$y=\arctan x$，$y=\operatorname{arccot} x$.

1）反正弦函数

反正弦函数 $y=\arcsin x$ 是正弦函数 $y=\sin x$ 在$\left[-\frac{\pi}{2},\ \frac{\pi}{2}\right]$上的反函数．其定义域为$[-1,\ 1]$，值域为$\left[-\frac{\pi}{2},\ \frac{\pi}{2}\right]$，它是单调递增的有界函数，如图 1-11 所示.

2）反余弦函数

反余弦函数 $y=\arccos x$ 是余弦函数 $y=\cos x$ 在$[0,\ \pi]$上的反函数，其定义域为$[-1,\ 1]$，值域为$[0,\ \pi]$，它是单调递减的有界函数，如图 1-12 所示.

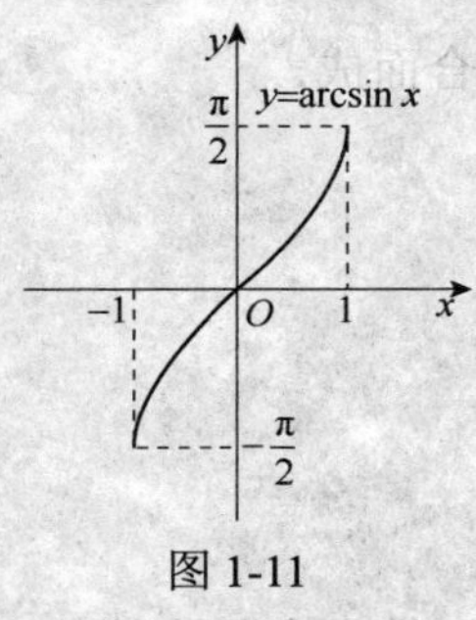

图 1-11

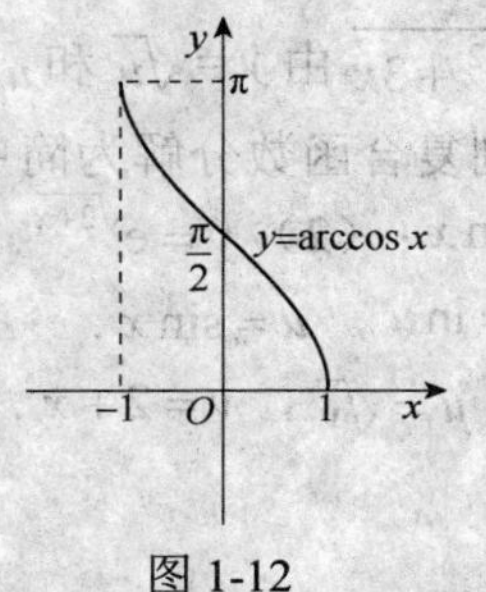

图 1-12

3）反正切函数

反正切函数 $y=\arctan x$ 是正切函数 $y=\tan x$ 在 $\left(-\dfrac{\pi}{2},\ \dfrac{\pi}{2}\right)$ 上的反函数. 其定义域为 $(-\infty,\ +\infty)$，值域为 $\left(-\dfrac{\pi}{2},\ \dfrac{\pi}{2}\right)$，它是在定义域内单调递增的有界的奇函数，如图 1-13 所示.

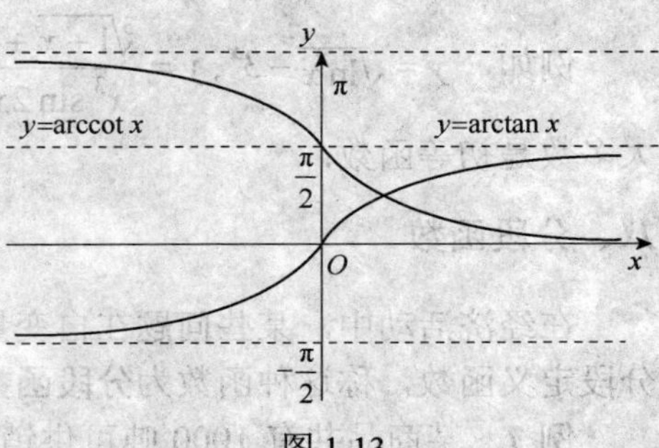

图 1-13

4）反余切函数

反余切函数 $y=\text{arccot}\, x$ 是余弦函数 $y=\cot x$ 在 $(0,\ \pi)$ 上的反函数. 其定义域为 $(-\infty,\ +\infty)$，值域为 $(0,\ \pi)$，它是单调递减的有界函数，如图 1-13 所示.

习惯上，将基本初等函数经过有限次四则运算所得到的函数称为**简单函数**. 复杂的经济活动中涉及的不只是简单函数，还有下面另一种函数.

六、复合函数

定义 1.3　设函数 $y=f(u)$，$u\in D_f$，以及函数 $u=\varphi(x)$，$x\in D_\varphi$，且 $\varphi(D_\varphi)\cap D_f\neq\varnothing$，则 y 通过变量 u 成为 x 的函数 $y=f[\varphi(x)]$，称为由 $y=f(u)$ 和 $u=\varphi(x)$ 构成的**复合函数**，其中 u 叫作**中间变量**.

例 4　设 $y=\sqrt{u}$，$u=1+x^2$，以 $1+x^2$ 代替 $\sqrt{u}$ 中的 u，得 $y=\sqrt{1+x^2}$，我们称它为由 $y=\sqrt{u}$，$u=1+x^2$ 复合而成的函数.

注　(1) 不是任意两个函数都可以构成一个复合函数，例如 $y=\sqrt{u}$ 和 $u=-x^2-1$ 就不能构成复合函数，因为 $u=-x^2-1$ 的值域是 $(-\infty,-1]$，而 $y=\sqrt{u}$ 的定义域是 $[0,+\infty)$，所以它们不能复合成新的函数.

(2) 复合函数不仅可以有一个中间变量，还可以有多个中间变量，这些中间变量是经过多次复合产生的.

(3) 复合函数分解的标准：分解后的每一层函数均为简单函数.

例 5　指出下列复合函数的结构：

(1) $y=\cos^3 x$；(2) $y=\sqrt{5x^2+3x}.$

解　(1) $y=\cos^3 x$ 由 $y=u^3$ 和 $u=\cos x$ 复合而成.

（2）$y=\sqrt{5x^2+3x}$ 由 $y=\sqrt{u}$ 和 $u=5x^2+3x$ 复合而成.

例 6 将下列复合函数分解为简单函数：

（1）$y=\ln\sin x$；（2）$y=\mathrm{e}^{\sqrt{2+x}}$.

解 （1）$y=\ln u$，$u=\sin x$.

（2）$y=\mathrm{e}^u$，$u=\sqrt{v}$，$v=2+x$.

七、初等函数

定义 1.4 由基本初等函数经过有限次的四则运算和有限次的复合运算构成的，并且可以用一个数学式子表示的函数，称为**初等函数**.

例如，$y=\sqrt{\ln x}-3^x, y=\dfrac{\sqrt[3]{1+x}+\tan 3x}{x^3\sin 2x-2^x}$ 都是初等函数．今后我们所讨论的函数，绝大多数是初等函数.

八、分段函数

在经济活动中，某些问题在自变量的不同范围内，函数的对应关系是不同的，需要分段定义函数，称这种函数为**分段函数**.

例 7 某商品共有 1000 吨可供销售，每吨定价 80 元，若销售量在 700 吨以内，按原定价格出售；若销售量超过 700 吨，则超过部分打九折优惠出售，试求收入 R 与销售量 x 之间的函数关系.

解 当 $0\leqslant x\leqslant 700$ 时，价格为 80，$R(x)=80x$；

当 $700<x\leqslant 1000$ 时，700 吨的价格为 80，超过部分 $x-700$ 的价格为 $80\times 90\%$，所以

$$R(x)=80\times 700+80\times 90\%\times(x-700)=56000+72(x-700).$$

综合以上的讨论，收入 R 与销量 x 之间的函数关系可表示为

$$R(x)=\begin{cases}80x, & 0\leqslant x\leqslant 700,\\ 56000+72(x-700), & 700<x\leqslant 1000,\end{cases}$$

其定义域为[0,1000].

一般说来，分段函数不是初等函数．但有个别分段函数例外，例如，$y=\begin{cases}x, & x\geqslant 0,\\ -x, & x<0,\end{cases}$ 可表示为 $y=\sqrt{x^2}$，故为初等函数.

练习题 1.1

（A）

1．判断题.

（1）$y=\dfrac{x}{x}$ 与 $y=1$ 是相同的函数.（　　）

（2）$y=|x|$ 与 $y=\sqrt{x^2}$ 是相同的函数.（　　）

（3）$y=3$ 是奇函数.（　　）

（4） $y=2x$ 是偶函数．（　　）

（5） $y=\sin u$，$u=2x+3$ 复合成的函数是 $y=\sin(2x+3)$．（　　）

（6） $y=\cos x$ 在定义域上是有界函数．（　　）

（7） $y=\dfrac{1}{x}$ 在定义域上是有界函数．（　　）

2．填空题．

（1）设函数 $f(x)=\arcsin x$，则 $f(1)=$__________，$f(-1)=$__________．

（2）设函数 $f(x)=\arccos x$，则 $f(1)=$__________，$f(-1)=$__________．

（3）求函数 $y=\sqrt{x-4}$ 的定义域为__________．

（4）函数 $y=\sqrt{1-x}$ 的定义域为__________．

（5）$y=\ln(3-x)$的定义域为__________．

（6） $y=\dfrac{1}{4-x^2}$ 的定义域为__________．

（7）复合函数 $y=\sin 3x$ 可分解为__________．

（8）复合函数 $y=\sin^3 x$ 可分解为__________．

（9）复合函数 $y=\sin x^3$ 可分解为__________．

3．判断下面函数的奇偶性．

（1） $y=|x|$；　　（2） $y=\sqrt{x}$；

（3） $y=x\cos x$；　　（4） $y=x\sin x$．

（B）

1．选择题．

（1）下列函数相同的是（　　）．

A．$f(x)=1$，$g(x)=\sin^2 x+\cos^2 x$　　B．$f(x)=\dfrac{x^2-1}{x-1}$，$g(x)=x+1$

C．$f(x)=\ln x^2$，$g(x)=2\ln x$　　D．$f(x)=2$，$g(x)=\dfrac{2x}{x}$

（2）函数 $f(x)=x\sqrt{1-x^2}$ 的定义域是（　　）．

A．[0，1]　　B．[−1，1]　　C．[−1，0]　　D．[0，2]

（3）函数 $y=\dfrac{2}{\sqrt{9-x^2}}$ 的定义域为（　　）．

A．(−3, 3)　　B．[−3, 3]　　C．(−3, 3]　　D．[0, 3]

（4）下列函数中（　　）为奇函数．

A．$f(x)=\sin^4 x$　　B．$f(x)=\mathrm{e}^x+\mathrm{e}^{-x}$

C．$f(x)=\sin x\cos x$　　D．$f(x)=\sin x+1$

（5）下列函数中（　　）为奇函数．

A．$f(x)=x^2\sin x$　　B．$f(x)=|x|\cos x$

C．$f(x)=\cos^5 x$　　D．$f(x)=\cos x+1$

2．求下列函数的定义域.

（1） $y=\sqrt{x^2-4}$； （2） $y=\dfrac{1}{4-x^2}+\sqrt{x+2}$.

3．分解下列复合函数.

（1） $y=\ln(1+x^3)$； （2） $y=\cos x^3$；

（3） $y=(2x+1)^5$； （4） $y=\ln(\ln x)$；

（5） $y=\sin(2x+1)$.

4．电力公司为鼓励市民节约用电，采取按月用电量分段收费办法：月用电量在 100 度以内的部分 0.65 元/度，超出 100 度的部分 0.85 元/度．试表示居民每月应缴电费与用电量之间的关系.

5．某电扇零售商每次进货 500 台时，电扇的批发价格为 160 元/台．在此基础上零售商每多进 100 台电扇，则批发价相应降低 2 元/台，且该零售商每次的最大批发量为 1000 台．试将电扇批发价格表示为批发量的函数，并求此零售商每次进 800 台电扇时的批发价格.

第二节　常用的经济函数

一、需求函数

需求量指的是在一定时间内，消费者对某商品愿意而且有支付能力购买的商品数量．消费者对商品的需求受多种因素影响，如季节、收入、人口分布、价格、偏好等．其中主要影响因素是商品的价格，所以，我们经常将需求量 Q 看作价格 p 的函数，称为**需求函数**，记为

$$Q=Q(p),$$

其中，Q 表示需求量，p 表示价格.

例 1　设某手机厂商通过调研发现，手机单价为 700 元时，销售量为 10 万台．而手机单价每提高 20 元，需求量就减少 1000 台；手机单价每减少 20 元，需求量就增加 1000 台，求需求函数.

解　设手机单价为 p 元时，需求量为 Q 台，依题意得

$$Q=10^5-1000\left(\frac{p-700}{20}\right)=135000-50p.$$

由于 $Q\geqslant 0$，故 $p\leqslant 2700$，所以 $p\in[0,2700]$.

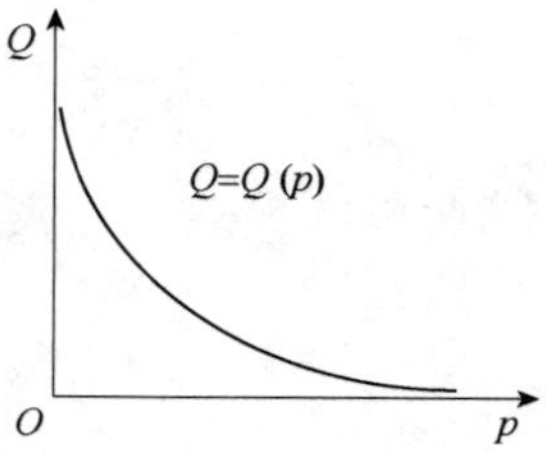

一般地，商品的需求量随价格的下降而增加，随价格的上涨而减少，因此，需求函数是单调递减函数，如图 1-14 所示.

图 1-14

需求函数常用以下简单的初等函数来表示：

（1）**线性函数**　$Q=-ap+b$，其中 $a,b>0$ 为常数；

（2）**指数函数**　$Q=a\mathrm{e}^{-bp}$，其中 $a,b>0$ 为常数；

（3）**幂函数**　$Q=bp^{-a}$，其中 $a,b>0$ 为常数.

例 2　设某商品的需求函数为线性函数 $Q=-ap+b$，其中 a,

$b>0$ 为常数，求 $p=0$ 时的需求量和 $Q=0$ 时的价格.

解 当 $p=0$ 时，$Q=b$，表示价格为零时，消费者对某商品的需求量为 b，这也是市场对该商品的饱和需求量. 当 $Q=0$ 时，$p=\dfrac{b}{a}$ 为最大销售价格，表示价格上涨到 $\dfrac{b}{a}$ 时，无人愿意购买该产品.

二、供给函数

供给量是指在一定时期内生产者愿意生产并可向市场提供出售的商品量. 假定生产技术水平、生产成本等其他因素不变，则决定某种商品供给量的因素就是这种商品的价格. 表示商品供给量和价格这两个经济变量之间的关系称为**供给函数**，记作

$$S=S(p),$$

其中，S 表示供给量，p 表示价格.

例 3 设手机价格为 700 元时，手机厂商可提供 10 万台手机，并表示：手机单价每减少 10 元，他们就减产 2500 台；手机单价每增加 10 元，他们可多提供 2500 台，不过最大产能是 100 万台，求供给函数.

解 设手机单价为 p 元时，供给量为 S 台，依题意得

$$S=10^5+2500\left(\frac{p-700}{10}\right)=250p-75000 .$$

由于 $0\leqslant S\leqslant 10^6$，故 $300\leqslant p\leqslant 4300$，所以 $p\in[300,4300]$. 所以，供给函数为 $S=250p-75000,\ p\in[300,\ 4300]$

一般来说，价格上涨刺激生产者向市场提供更多的商品，使供给量增加，价格下跌使供给量减少. 因此，供给函数是价格的单调递增函数，如图 1-15 所示.

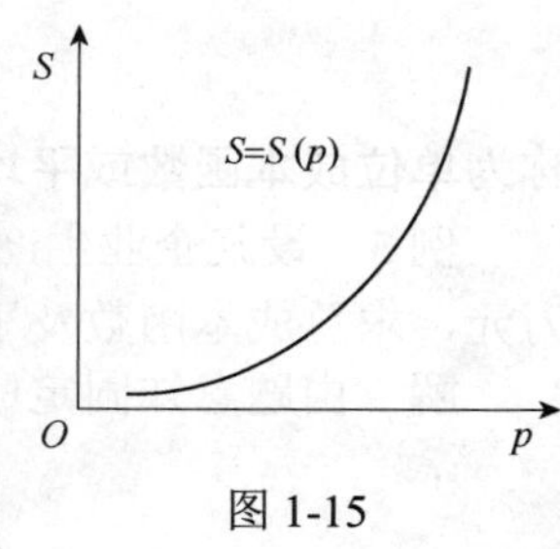

图 1-15

供给函数常用以下简单的初等函数来表示：

（1）**线性函数** $S=ap+b$，其中 $a>0$ 为常数；

（2）**指数函数** $S=ae^{bp}$，其中 $a,\ b>0$ 为常数；

（3）**幂函数** $S=bp^a$，其中 $a,\ b>0$ 为常数.

三、市场均衡模型

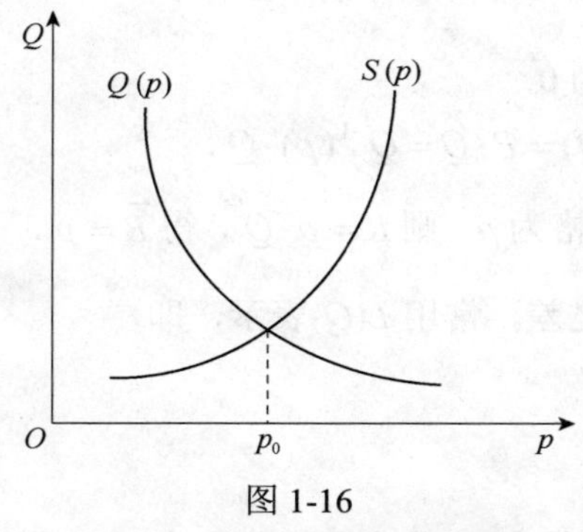

图 1-16

对于一种商品而言，如果需求量 Q 与供给量 S 一致时，即 $Q=S$，则称这种商品达到了**市场均衡**，此时的商品数量称为**市场均衡数量**，此时的商品价格称为**市场均衡价格**.

如图 1-16 所示，需求函数和供给函数两条曲线的交点称为**市场均衡点**，市场均衡价格就是市场均衡点的横坐标，市场均衡数量就是市场均衡点的纵坐标. 当市场价格高于均衡价格时，将出现供过于求的现象，而当市场价格低于均衡价格时，将出现供不应求的现象.

例 4 由本节的例 2 和例 3 可知某手机的需求函数为 $Q=135000-50p$，供给函数为 $S=$

$250p-75000$，求均衡价格为多少元？

解 令 $Q=S$，得

$$135000-50p=250p-75000,$$

解得

$$p=700,$$

所以均衡价格为 700 元.

四、成本函数

产品成本是企业生产和销售产品的全部费用支出，产品成本可分为**固定成本**和**可变成本**两部分．所谓固定成本，是指在一定时期内不随产量变化的成本，如厂房、设备的固定费用和管理费用等；所谓可变成本，是指随产量变化而变化的成本，如税收、原材料、电力燃料等．**成本函数**表示产品成本 C 与产量（或销售量）Q 之间的依赖关系，即

$$C=C(Q)\quad (Q\geqslant 0),$$

称为成本函数．当产量 $Q=0$ 时，对应的成本函数值 $C(0)$就是产品的固定成本．另

$$\overline{C}(Q)=\frac{C(Q)}{Q}\quad (Q>0),$$

称为**单位成本函数**或**平均成本函数**，也记为 AC (Q).

例 5 设某企业生产某种产品的固定成本为 10 万元，每生产一件产品需增加成本 0.5 万元，求总成本函数及平均成本函数.

解 由题意知固定成本 $C(0)=10$ 万元，可变成本为 0.5 万元/件，所以成本函数为

$$C(Q)=10+0.5Q,$$

平均成本函数为 $\overline{C}(Q)=\dfrac{C(Q)}{Q}=\dfrac{10}{Q}+0.5$.

五、收入函数与利润函数

收入函数，也称作**收益函数**，是指生产者出售一定产品数量 (Q) 所得到的全部收入，常用 R 表示，即

$$R=R(Q),$$

其中 Q 为销售量.

注 （1）$R|_{Q=0}=R(0)=0$，即未出售商品时，收益为 0.

（2）若已知需求函数 $Q=Q(p)$，则收入函数 $R=R(Q)=P\cdot Q=Q^{-1}(p)\cdot Q$.

（3）平均收入为 $\overline{R}(Q)=\dfrac{R(Q)}{Q}$，若单位产品的销售价格为 p，则 $R=p\cdot Q$，得 $\overline{R}=p$.

利润函数是指生产中获得的纯收入，为收益与成本之差，常用 $L(Q)$表示，即

$$L(Q)=R(Q)-C(Q).$$

当 $L=R-C>0$ 时，生产者盈利；

当 $L=R-C<0$ 时，生产者亏损；

当 $L=R-C=0$ 时，生产者盈亏平衡，使 $L(Q)=0$ 时的点 Q_0 称为**盈亏平衡点**（又称

保本点）.

一般地，利润并不总是随销售量的增加而增加的，因此，确定生产规模以获取最大的利润对生产者来说是一个不断追求的目标.

例 6　某产品的价格 $p = 60 - \dfrac{Q}{1000}$，其中 Q 为产品销售量. 又知产品的固定成本为 60000 元，可变成本为 20 元/件，求：（1）成本函数；（2）收入函数；（3）利润函数.

解　（1）成本函数 $C(Q) = 60000 + 20Q$；

（2）收入函数 $R(Q) = pQ = 60Q - \dfrac{Q^2}{1000}$；

（3）利润函数

$$L(Q) = R(Q) - C(Q) = \left(60Q - \frac{Q^2}{1000}\right) - (60000 + 20Q) = -\frac{Q^2}{1000} + 40Q - 60000.$$

六、库存函数

设某企业在计划期 T，对某种物品的总需求量为 Q，由于库存费用及资金占用等因素，考虑均匀地分若干次进货，每次进货量相同，进货时间间隔 t 不变，以匀速消耗库存物品. 如图 1-17 所示，库存量随时间呈周期性变化.

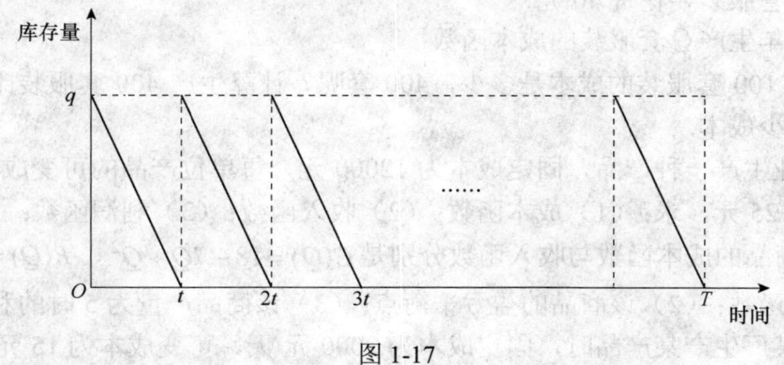

图 1-17

设每次进货量为 q，那么进货次数为 $n = \dfrac{Q}{q}$，平均库存量为 $\dfrac{q}{2}$，假定每件物品的单位时间存储费用为 C_1，每次进货费用为 C_2. 那么在计划期 T 内的总费用为

$$E = \frac{q}{2}C_1T + C_2\frac{Q}{q},$$

上式右边第一项是总库存费，第二项是总进货费.

例 7　某厂生产的产品年销售量为 10 万件. 假设这些产品分成若干批生产，每批的生产准备费为 100 元，产品均匀销售，每件产品的年库存费用为 0.5 元，设每批产量为 q 件，试求每年的生产准备费与库存费之和.

解　设每年的生产准备费与库存费之和为 E 元，则

$$E = 100 \times \frac{100000}{q} + 0.5 \times \frac{q}{2} = \frac{10^7}{q} + \frac{q}{4}\ （元）.$$

练习题 1.2

（A）

填空题.

（1）已知生产某种产品的成本函数为$C(Q)=80+2Q$，则当产量$Q=50$时，该产品的平均成本为__________.

（2）某商品的成本函数为$C(Q)=8+4Q$，则固定成本为__________.

（3）已知某商品的需求函数为$Q=80-4p$，则该商品的收入函数为$R(Q)=$__________.

（B）

1．某种商品的需求函数和供给函数分别为

$$Q=25P-10,\quad S=200-5P,$$

求该商品的市场均衡价格和市场均衡数量.

2．某工厂生产某产品的固定成本为150元/天，可变成本为16元/件，且每天最多可生产该产品200件．求该厂每天的成本函数及平均成本函数.

3．某服装有限公司每年的固定成本为10000元．要生产某个式样的服装Q套，除固定成本外，每套服装要花费40元.

（1）求一年生产Q套服装的成本函数；

（2）生产100套服装的成本是多少，400套呢？计算生产400套服装比生产100套服装多支出多少成本.

4．某企业生产一种产品，固定成本为12000元，每单位产品的可变成本为10元，产品的单价为25元，求：（1）成本函数；（2）收入函数；（3）利润函数.

5．某种商品的成本函数与收入函数分别是$C(Q)=18-7Q+Q^2$，$R(Q)=4Q$，试求：

（1）利润函数；（2）该商品的盈亏平衡点；（3）该商品产量为5时的利润.

6．已知某厂生产某产品时，固定成本为2000元/天，可变成本为15元/件，出厂价为20元/件，求：

（1）该厂每天的利润函数；

（2）若不亏本，该厂每天至少生产多少单位这种产品？

第三节 函数极限

引例 1.2 庄子的极限思想.

中国古代数学家庄周在《庄子·天下篇》中引述惠施的话："一尺之棰，日取其半，万世不竭."这句话的意思是指一尺长的木棒，第一天取它的一半，即$\frac{1}{2}$尺；第二天再取剩下的一半，即$\frac{1}{4}$尺；第三天再取第二天剩下的一半，即$\frac{1}{8}$尺……我们可以一天天地取下去，而木棒是永远也取不完的．我们将每天剩余的木棒长度写出来就是

$$\frac{1}{2},\frac{1}{4},\frac{1}{8},\cdots,\frac{1}{2^n},\cdots.$$

n 可以无穷无尽地取值，但当 n 很大时，$\frac{1}{2^n}$ 很小；当 n 无限增大时，$\frac{1}{2^n}$ 无限接近于 0.

引例 1.3 将一杯 100℃的开水放在一间室温恒为 20℃的房间里，水温 T 将逐渐降低，随着时间 t 的推移，水温将无限接近室温 20℃.

引例 1.4 路边的行人朝路灯正下方的目标走去，随着人与目标的距离越来越小，其影子长度逐渐变短直至接近于零.

以上引例的共同特点是在自变量的某一变化过程中，相应的因变量无限接近于一个确定的常数，这就是极限的思想．下面我们介绍函数极限的概念.

在讨论函数极限时，自变量的变化过程有两种：

（1）自变量的绝对值无限增大，即 $x\to\infty$；

（2）自变量 x 趋近于某一确定的点 x_0，即 $x\to x_0$.

一、$x\to\infty$ 时，函数 $f(x)$ 的极限

例 1 考察函数 $f(x)=\frac{1}{x}$ 当 $x\to\infty$ 时的变化趋势.

解 函数的定义域 D 为 $(-\infty,0)\cup(0,+\infty)$.

当 $|x|$ 越来越大时，$\frac{1}{x}$ 的变化趋势见表 1-2 及图 1-18.

表 1-2 当 $x\to\infty$ 时，函数 $f(x)=\frac{1}{x}$ 的变化趋势

x	1	10	100	1000	10000	100000	…
$\frac{1}{x}$	1	0.1	0.01	0.001	0.0001	0.00001	…
$-x$	−1	−10	−100	−1000	−10000	−100000	…
$-\frac{1}{x}$	−1	−0.1	−0.01	−0.001	−0.0001	−0.00001	…

从表 1-2 及图 1-18 可以看出，当 $|x|$ 不断增大，即 $x\to\infty$ 时，函数 $f(x)=\frac{1}{x}$ 无限接近于 0，称当 $x\to\infty$ 时，函数 $f(x)=\frac{1}{x}$ 的极限为 0.

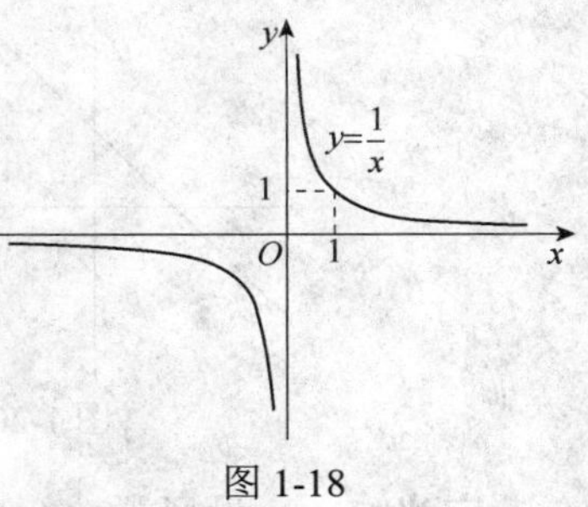

图 1-18

定义 1.5 设函数 $f(x)$ 在 $|x|>X$ 处有定义，如果当自变量 x 的绝对值无限增大（即 $x\to\infty$）时，对应的函数值无限接近于某个确定的常数 A，则称 A 为函数 $f(x)$ 当 $x\to\infty$（读作“x 趋于无穷大”）时的极限，记作

$$\lim_{x\to\infty}f(x)=A \quad 或 \quad f(x)\to A\ (x\to\infty).$$

如果 $x>0$ 且无限增大（记作 $x\to+\infty$），将上述定义中的 $|x|>X$ 改写为 $x>X$，就得到 $\lim\limits_{x\to+\infty}f(x)=A$ 的定义；同样，$x<0$ 而绝对值无限增大（记作 $x\to-\infty$），将 $|x|>X$ 改

写为 $x<-X$，就得到 $\lim\limits_{x\to-\infty} f(x)=A$ 的定义.

注　数列可以看作定义在正整数集上的函数 $y_n=f(n)$, $n\in \mathbf{Z}^+$（又称为整标函数），其极限可以同函数做类似的定义，只是自变量 n 只有一种变化趋势 $n\to+\infty$. 我们把存在极限的数列叫作**收敛数列**，不存在极限的数列叫作**发散数列**.

定理 1.1　$\lim\limits_{x\to\infty} f(x)=A$ 的充要条件是

$$\lim_{x\to-\infty} f(x)=\lim_{x\to+\infty} f(x)=A.$$

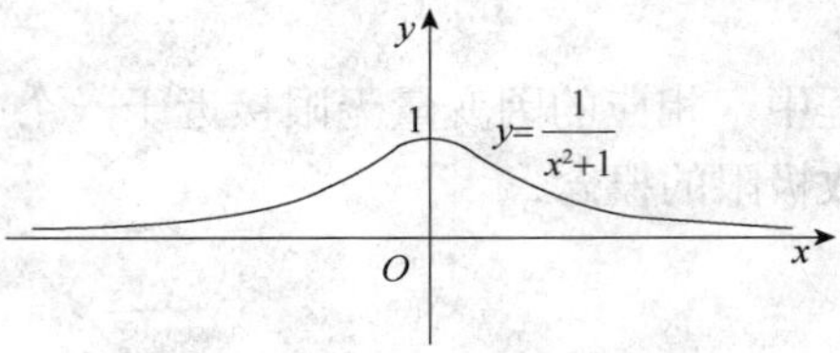

图 1-19

例 2　求极限 $\lim\limits_{x\to\infty}\dfrac{1}{x^2+1}$.

解　函数的定义域为 **R**. 从图 1-19 可以看出，当 x 的绝对值无限增大时，曲线 $y=\dfrac{1}{x^2+1}$ 无限接近于 x 轴. 即 $\lim\limits_{x\to\infty}\dfrac{1}{x^2+1}=0$.

例 3　求极限 $\lim\limits_{x\to\infty}\mathrm{e}^x$.

解　观察函数 $y=\mathrm{e}^x$ 的图形（图 1-6）可以看出：$\lim\limits_{x\to-\infty}\mathrm{e}^x=0$，$\lim\limits_{x\to+\infty}\mathrm{e}^x=+\infty$（极限不存在），故由定理 1.1 可知 $\lim\limits_{x\to\infty}\mathrm{e}^x$ 不存在.

二、$x\to x_0$ 时，函数 $f(x)$ 的极限

例 4　当 $x\to1$ 时，考察 $f(x)=x+1$ 和 $g(x)=\dfrac{x^2-1}{x-1}$ 的变化趋势.

解　函数 $f(x)$ 在 $x=1$ 处有定义，而 $g(x)$ 在 $x=1$ 处无定义.

观察图 1-20 和图 1-21 的两个函数图像可以看出：

当 x 无限趋近 1 时，$f(x)=x+1$ 无限接近于 2；当 x 无限趋近 1 时，$g(x)=\dfrac{x^2-1}{x-1}$ 也无限接近于 2.

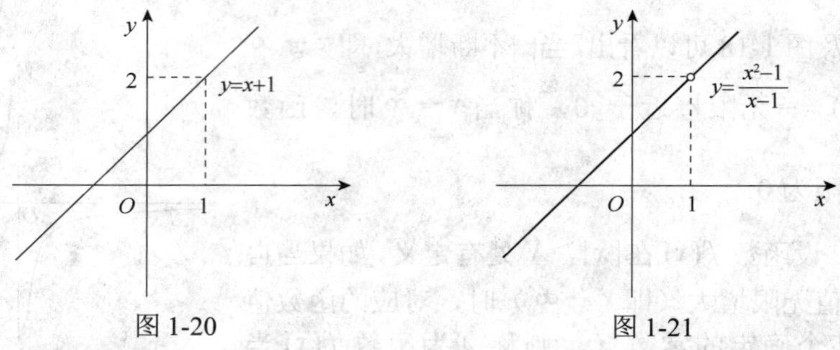

图 1-20　　　　　　图 1-21

定义 1.6　设函数 $f(x)$ 在点 x_0 附近有定义，A 为常数，如果在自变量 $x\to x_0$ 的变化过程中，对应的函数值 $f(x)$ 无限接近于 A，就称 A 是函数 $f(x)$ 当 $x\to x_0$ 时的极限. 记作

$$\lim_{x\to x_0} f(x)=A \quad 或 \quad f(x)\to A\ (x\to x_0).$$

由定义 1.6 可知，例 4 可记为$\lim\limits_{x\to1}(x+1)=2$，$\lim\limits_{x\to1}\dfrac{x^2-1}{x-1}=2$.

注　(1) 极限过程$x\to x_0$表示自变量x无限趋近x_0，但不等于x_0，故$\lim\limits_{x\to x_0}f(x)$是否存在与$f(x)$在$x_0$点是否有定义无关.

(2) x趋近x_0的方式是任意的，x可能从x_0的左侧趋近x_0，也可能从x_0的右侧趋近x_0，而相应的函数值都无限接近于A.

如果自变量x仅从小（大）于x_0的一侧趋近于x_0时，函数$f(x)$无限趋近于常数A，则称A为函数$f(x)$当x趋近于x_0的左（右）极限，记作

左极限　$x\to x_0^-$时函数$f(x)$的极限

$$\lim_{x\to x_0^-}f(x)=A \quad 或 \quad f(x)\to A\ (x\to x_0^-);$$

右极限　$x\to x_0^+$时函数$f(x)$的极限

$$\lim_{x\to x_0^+}f(x)=A \quad 或 \quad f(x)\to A\ (x\to x_0^+).$$

定理 1.2　$\lim\limits_{x\to x_0}f(x)=A$的充要条件是

$$\lim_{x\to x_0^-}f(x)=\lim_{x\to x_0^+}f(x)=A.$$

例 5　设函数$f(x)=\begin{cases}x, & x>0,\\ 1, & x=0,\\ -x, & x<0,\end{cases}$试画出该函数的图像，并求$\lim\limits_{x\to0^-}f(x)$和$\lim\limits_{x\to0^+}f(x)$，讨论$\lim\limits_{x\to0}f(x)$是否存在.

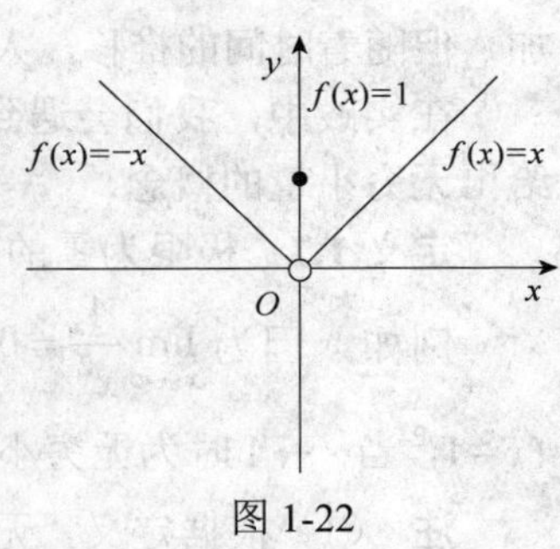

图 1-22

解　从$f(x)$的图像（图 1-22）中不难看出，

$$\lim_{x\to0^-}f(x)=\lim_{x\to0^-}(-x)=0,$$

$$\lim_{x\to0^+}f(x)=\lim_{x\to0^+}x=0,$$

所以$\lim\limits_{x\to0}f(x)=0$.

练习题 1.3

(A)

填空题.

(1) $\lim\limits_{x\to x_0}x=$__________.　　(2) $\lim\limits_{x\to\infty}C=$__________.

(3) $\lim\limits_{x\to-\infty}e^x=$__________.　　(4) $\lim\limits_{x\to1}\ln x=$__________.

(5) $\lim\limits_{x\to\infty}\sin x=$__________.　　(6) $\lim\limits_{n\to+\infty}\dfrac{n}{2n+1}=$__________.

(7) 若$f(x)=\begin{cases}x^2-1, & x\neq1,\\ 1, & x=1,\end{cases}$则$\lim\limits_{x\to1}f(x)=$__________.

(B)

1. 设生产某产品q件的总成本为$C(q)=120+0.5q$（元），则当产量为 60 件时的平

均成本是多少？随着产量的增多，平均成本将如何变化？

2．已知函数 $f(x)=\begin{cases}1, & x\geqslant 0,\\ \dfrac{x^2-1}{x^2+3}, & x<-2,\end{cases}$ 讨论极限 $\lim\limits_{x\to\infty}f(x)$ 的存在性．

3．已知函数 $f(x)=\begin{cases}x-2, & x<2,\\ x^2-4, & x>2,\end{cases}$ 讨论极限 $\lim\limits_{x\to 2}f(x)$．

4．某无限容量的水箱中装有 5000L 的纯水，将浓度为 30g/L 的盐水以 0.5L/min 的速度注入该水箱，求 $t$min 时水箱中盐水的浓度，并分析当 $t\to+\infty$ 时水箱中盐水的浓度．

第四节　无穷小与无穷大

一、无穷小

引例 1.5（洗涤效果）　在用洗衣机清洗衣物时，清洗次数越多，衣物上残留的污渍就越少．当洗涤次数无限增多时，衣物上的污渍量趋于零．

引例 1.6（游戏销售）　当推出一款新的电子游戏时，在短期内其销售量会迅速增加．但随着时间的推移，人们开始转向购买新的游戏，此游戏的销售量趋于零．

在实践中，我们会遇到一类变量，它们会变得越来越小，直至趋于零．为此，我们给出无穷小量的概念．

定义 1.7　极限为零的变量（函数）称为无穷小量，简称无穷小．

例如，因为 $\lim\limits_{x\to\infty}\dfrac{1}{x^2}=0$，所以 $\dfrac{1}{x^2}$ 当 $x\to\infty$ 时为无穷小；因为 $\lim\limits_{x\to 1}(x-1)^2=0$，所以 $(x-1)^2$ 当 $x\to 1$ 时为无穷小．

注　(1) 根据定义，无穷小本质上是一个变量（函数），不能将它与很小的数混淆．但零例外，零是任何变化过程中的无穷小．

(2) 无穷小是对于 x 的某个变化过程而言的，如当 $x\to\infty$时，$\dfrac{1}{x^2}$ 是无穷小；而当 $x\to 1$ 时，$\dfrac{1}{x^2}$ 就不是无穷小．

无穷小的运算性质如下：

定理 1.3　有限个无穷小之和仍是无穷小．

定理 1.4　有界函数与无穷小之积仍是无穷小．

推论　常数与无穷小之积仍是无穷小．

定理 1.5　有限个无穷小之积仍是无穷小．

例 1　求极限 $\lim\limits_{x\to\infty}\dfrac{\sin x}{x}$．

解　由于 $|\sin x|\leqslant 1$，即 $\sin x$ 有界，而 $\dfrac{1}{x}$ 是 $x\to\infty$时的无穷小，故由定理 1.4 得 $\dfrac{\sin x}{x}$ 仍是 $x\to\infty$ 时的无穷小，即

$$\lim_{x\to\infty}\frac{\sin x}{x}=0.$$

二、无穷大

引例 1.7（存款分析） 某人将本金 $A(>0)$ 元存入银行，年利率为 $r(>0)$，则当存入年限 $n\to+\infty$ 时，此人的本利和将无限增大.

定义 1.8 如果当 $x\to x_0$（或 $x\to\infty$）时，函数 $f(x)$ 的绝对值无限增大，则称 $f(x)$ 为当 $x\to x_0$（或 $x\to\infty$）时的无穷大量，简称无穷大，记为

$$\lim_{x\to x_0}f(x)=\infty\ （或\lim_{x\to\infty}f(x)=\infty）.$$

注 （1）无穷大是一个变量（函数），不可与很大的常数混为一谈，一个无论多么大的常数都不是无穷大.

（2）说某个变量（函数）是无穷大时，必须指出其自变量的变化趋势.

（3）$\lim\limits_{x\to x_0}f(x)=\infty$（或 $\lim\limits_{x\to\infty}f(x)=\infty$）是极限不存在的一种情形，这里仅是借用了极限符号.

如果在定义中，将"函数 $f(x)$ 绝对值无限增大"改为"函数 $f(x)$ 取正值无限增大（或取负值无限减小）"，就称 $f(x)$ 为当 $x\to x_0$（或 $x\to\infty$）时的正无穷大（或负无穷大），分别记为

$$\lim_{\substack{x\to x_0\\ x\to\infty}}f(x)=+\infty\ (或\lim_{\substack{x\to x_0\\ x\to\infty}}f(x)=-\infty).$$

例如，当 $x\to0$ 时，$\dfrac{1}{|x|}$ 无限增大，故 $\dfrac{1}{|x|}$ 当 $x\to0$ 时为无穷大，即 $\lim\limits_{x\to0}\dfrac{1}{x}=\infty$.

当 $x\to0^+$ 时，$\dfrac{1}{x}$ 取正值无限增大，故 $\dfrac{1}{x}$ 当 $x\to0^+$ 时为正无穷大，即 $\lim\limits_{x\to0^+}\dfrac{1}{x}=+\infty$.

当 $x\to0^-$ 时，$\dfrac{1}{x}$ 取负值无限减小，故 $\dfrac{1}{x}$ 当 $x\to0^-$ 时为负无穷大，即 $\lim\limits_{x\to0^-}\dfrac{1}{x}=-\infty$.

三、无穷大与无穷小的关系

定理 1.6 在自变量的同一变化过程中：

（1）如果 $f(x)$ 是无穷大，则 $\dfrac{1}{f(x)}$ 是无穷小；

（2）如果 $f(x)$ 是无穷小且 $f(x)\neq0$，则 $\dfrac{1}{f(x)}$ 是无穷大.

特别指出，无穷大和无穷小不同的是，在自变量同一变化过程中，两个无穷大的和、差、商的极限是没有确定结果的，对于这类问题要针对具体情况加以分析.

例 2 自变量 x 在怎样的变化过程中，下列函数为无穷小，在怎样的变化过程中为无穷大？

（1）$y=\dfrac{1}{x-1}$；（2）$y=2x-1$；（3）$y=\mathrm{e}^x$；（4）$y=\ln x$.

解 （1）当 $x\to\infty$ 时，$\dfrac{1}{x-1}$ 为无穷小；当 $x\to1$ 时，$\dfrac{1}{x-1}$ 为无穷大；

（2）当 $x\to\dfrac{1}{2}$ 时，$2x-1$ 为无穷小；当 $x\to\infty$ 时，$2x-1$ 为无穷大；

（3）当 $x\to-\infty$ 时，e^x 为无穷小；当 $x\to+\infty$ 时，e^x 为正无穷大；

（4）当 $x\to1$ 时，$\ln x$ 为无穷小；当 $x\to+\infty$ 时，$\ln x$ 为正无穷大，$x\to0^+$ 时，$\ln x$ 为负无穷大.

练习题 1.4

（A）

填空题.

（1）若函数 $f(x)$ 当 $x\to a$ 时为无穷小，则 $\lim\limits_{x\to a}f(x)=$________.

（2）若函数 $f(x)$ 当 $x\to a$ 时为无穷大，则 $\lim\limits_{x\to a}\dfrac{1}{f(x)}=$________.

（3）$\lim\limits_{x\to\infty}\dfrac{\sin x}{x}=$________.

（4）$\lim\limits_{x\to0}x(\sin x+1)=$________.

（B）

1．观察下列函数，指出哪些是无穷小量，哪些是无穷大量.

（1）当 $x\to0$ 时，$y=\cot x$；（2）当 $x\to-\infty$ 时，$y=e^x$；

（3）当 $x\to+\infty$ 时，$y=\ln x$；（4）当 $x\to\infty$ 时，$\dfrac{1}{2^{\frac{1}{x}}-1}$.

2．函数 $f(x)=x\cos x$ 当 $x\to\infty$ 时是否为无穷大？

第五节　极限的四则运算法则

用极限定义求函数的极限只适用于非常简单的情形，本节介绍极限的四则运算法则，并利用极限运算法则求某些较为复杂的函数的极限.

定理 1.7　设在 x 的同一变化过程中，$\lim f(x)=A$，$\lim g(x)=B$，那么

（1）$\lim[f(x)\pm g(x)]=\lim f(x)\pm\lim g(x)=A\pm B$；

（2）$\lim[f(x)\cdot g(x)]=\lim f(x)\cdot\lim g(x)=A\cdot B$；

（3）当 $B\neq0$ 时，$\lim\dfrac{f(x)}{g(x)}=\dfrac{\lim f(x)}{\lim g(x)}=\dfrac{A}{B}$.

其中法则（1）和（2）可推广到有限个函数的情形，即

（1）$\lim[f_1(x)\pm f_2(x)\pm\cdots\pm f_n(x)]=\lim f_1(x)\pm\lim f_2(x)\pm\cdots\pm\lim f_n(x)$；

（2）$\lim[f_1(x)\cdot f_2(x)\cdot\cdots\cdot f_n(x)]=\lim f_1(x)\cdot\lim f_2(x)\cdot\cdots\cdot\lim f_n(x)$.

此外，由法则（2）还可以得出如下推论.

推论　若 $\lim f(x)=A$，则

（1）$\lim[Cf(x)]=C\lim f(x)=CA$，$C$ 为常数；

（2）$\lim[f(x)]^k=[\lim f(x)]^k=A^k$，$k\in\mathbf{Z}^+$.

例 1　求下列函数的极限.

（1）$\lim\limits_{x\to 1}(3x-1)$；　　（2）$\lim\limits_{x\to 1}\dfrac{x^2-2}{x^2-x+1}$.

解　（1）$\lim\limits_{x\to 1}(3x-1)=\lim\limits_{x\to 1}3x-\lim\limits_{x\to 1}1=3\lim\limits_{x\to 1}x-1=3\times 1-1=2$.

（2）这里分母极限不为零，可运用商的极限法则，得

$$\lim_{x\to 1}\frac{x^2-2}{x^2-x+1}=\frac{\lim\limits_{x\to 1}(x^2-2)}{\lim\limits_{x\to 1}(x^2-x+1)}=\frac{\lim\limits_{x\to 1}x^2-\lim\limits_{x\to 1}2}{\lim\limits_{x\to 1}x^2-\lim\limits_{x\to 1}x+\lim\limits_{x\to 1}1}$$

$$=\frac{(\lim\limits_{x\to 1}x)^2-2}{(\lim\limits_{x\to 1}x)^2-1+1}=\frac{1-2}{1-1+1}=-1.$$

一般地，当有理分式（分子、分母都是多项式的分式）的分母极限不为零时，有

$$\lim_{x\to x_0}\frac{P(x)}{Q(x)}=\frac{P(x_0)}{Q(x_0)},\quad Q(x_0)\neq 0.$$

例 2　求下列函数的极限.

（1）$\lim\limits_{x\to 4}\dfrac{(x-4)^2}{x^2-16}$；　　（2）$\lim\limits_{x\to 3}\dfrac{x+3}{x-3}$；　　（3）$\lim\limits_{x\to 2}\dfrac{\sqrt{x+2}-2}{x-2}$.

解　（1）当 $x\to 4$ 时，分子和分母的极限均为零，于是分子和分母不能分别取极限．分子和分母中有公因子 $x-4$，由于 $x\neq 4$，所以 $x-4\neq 0$，可约去这个不为零的公因子，所以

$$\lim_{x\to 4}\frac{(x-4)^2}{x^2-16}=\lim_{x\to 4}\frac{x-4}{x+4}=\frac{\lim\limits_{x\to 4}(x-4)}{\lim\limits_{x\to 4}(x+4)}=\frac{0}{8}=0.$$

（2）因为分母的极限 $\lim\limits_{x\to 3}(x-3)=0$，不能用商的极限运算法则求其极限．但因为

$$\lim_{x\to 3}\frac{x-3}{x+3}=\frac{3-3}{3+3}=0,$$

故 $\dfrac{x-3}{x+3}$ 是 $x\to 3$ 时的无穷小，由定理 1.6，得

$$\lim_{x\to 3}\frac{x+3}{x^2-9}=\infty.$$

（3）当 $x\to 2$ 时，该分式函数分子分母的极限都是 0，不能直接运用极限法则，但将分子分母同乘 $\sqrt{x+2}+2$ 后，能使分子有理化，这时再计算极限，即

$$\lim_{x\to 2}\frac{\sqrt{x+2}-2}{x-2}=\lim_{x\to 2}\frac{\left(\sqrt{x+2}-2\right)\left(\sqrt{x+2}+2\right)}{(x-2)\left(\sqrt{x+2}+2\right)}$$

$$=\lim_{x\to 2}\frac{x+2-4}{(x-2)\left(\sqrt{x+2}+2\right)}$$

$$=\lim_{x\to 2}\frac{1}{\sqrt{x+2}+2}=\frac{1}{4}.$$

例 3 求下列各极限.

（1）$\lim\limits_{x\to\infty}\dfrac{1-x-3x^3}{1+x^2+4x^3}$；（2）$\lim\limits_{x\to\infty}\dfrac{3x^2-2x-1}{x^3-x^2+2}$；（3）$\lim\limits_{x\to\infty}\dfrac{2x^3+x^2-5}{x^2-3x+1}$.

解 （1）先用 x^3 同时除分子、分母，然后取极限，得

$$\lim_{x\to\infty}\frac{1-x-3x^3}{1+x^2+4x^3}=\lim_{x\to\infty}\frac{\dfrac{1}{x^3}-\dfrac{1}{x^2}-3}{\dfrac{1}{x^3}+\dfrac{1}{x}+4}=-\frac{3}{4},$$

这是因为 $\lim\limits_{x\to\infty}\dfrac{1}{x^n}=\left(\lim\limits_{x\to\infty}\dfrac{1}{x}\right)^n=0$，其中 $n=1,2,3,\cdots$.

一般情形，$\lim\limits_{x\to\infty}\dfrac{a}{x^n}=a\lim\limits_{x\to\infty}\dfrac{1}{x^n}=a\left(\lim\limits_{x\to\infty}\dfrac{1}{x}\right)^n=0$，其中 a 为常数，n 为正整数.

（2）先用 x^3 除分子、分母，再求极限，得

$$\lim_{x\to\infty}\frac{3x^2-2x-1}{x^3-x^2+2}=\lim_{x\to\infty}\frac{\dfrac{3}{x}-\dfrac{2}{x^2}-\dfrac{1}{x^3}}{1-\dfrac{1}{x}+\dfrac{2}{x^3}}=\frac{0}{1}=0.$$

（3）先求 $\lim\limits_{x\to\infty}\dfrac{x^2-3x+1}{2x^3+x^2-5}$，类似于第（2）小题，分子、分母同时除以 x^3，得

$$\lim_{x\to\infty}\frac{\dfrac{1}{x}-\dfrac{3}{x^2}+\dfrac{1}{x^3}}{2+\dfrac{1}{x}-\dfrac{5}{x^3}}=\frac{0}{2}=0.$$

由定理 1.6，非零的无穷小的倒数为无穷大，可知原极限 $\lim\limits_{x\to\infty}\dfrac{2x^3+x^2-5}{x^2-3x+1}=\infty$，即极限不存在.

一般地，当 $a_0\neq0$，$b_0\neq0$，n，m 为非负整数时，有

$$\lim_{x\to\infty}\frac{a_0x^m+a_1x^{m-1}+\cdots+a_m}{b_0x^n+b_1x^{n-1}+\cdots+b_n}=\begin{cases}0, & m<n,\\ \dfrac{a_0}{b_0}, & m=n,\\ \infty, & m>n.\end{cases}$$

例 4 求极限 $\lim\limits_{x\to2}\left(\dfrac{x^2}{x^2-4}-\dfrac{1}{x-2}\right)$.

解 当 $x\to2$ 时，$\dfrac{x^2}{x^2-4}$ 与 $\dfrac{1}{x-2}$ 的极限都不存在，不能直接运用极限法则，可先通分化简后再计算极限，即

$$\lim_{x\to2}\left(\frac{x^2}{x^2-4}-\frac{1}{x-2}\right)=\lim_{x\to2}\frac{x^2-x-2}{x^2-4}=\lim_{x\to2}\frac{(x-2)(x+1)}{(x+2)(x-2)}=\lim_{x\to2}\frac{x+1}{x+2}=\frac{3}{4}.$$

练习题 1.5

(A)

1. 填空题.

(1) $\lim\limits_{x\to1}(x^2+x+3)=$______;　(2) $\lim\limits_{x\to2}\dfrac{x+2}{x-2}=$______;

(3) $\lim\limits_{x\to\infty}\dfrac{x-1}{2x+3}=$______;　(4) $\lim\limits_{x\to\infty}\dfrac{x^2+3x}{x^3-7x^2}=$______.

2. 选择题.

(1) $\lim\limits_{x\to1}\dfrac{x^2+x-2}{x^2-1}=$ (　).

A. $\dfrac{3}{2}$　B. 1　C. 0　D. ∞

(2) $\lim\limits_{x\to\infty}\dfrac{5x^2}{x^2+1}=$ (　).

A. 1　B. 5　C. ∞　D. 不存在

(B)

求下列函数的极限.

(1) $\lim\limits_{x\to-1}\dfrac{x^2+2x-2}{x^2+1}$;　(2) $\lim\limits_{x\to3}\dfrac{x-3}{\sqrt{x+3}}$;

(3) $\lim\limits_{x\to2}\dfrac{x^2-4}{x-2}$;　(4) $\lim\limits_{x\to1}\dfrac{x-1}{\sqrt{x+3}-2}$;

(5) $\lim\limits_{x\to\infty}\dfrac{x^2-1}{2x^2-x}$;　(6) $\lim\limits_{x\to\infty}\dfrac{x^3-3x^2}{4x^2+5}$;

(7) $\lim\limits_{x\to\infty}\dfrac{(2x-1)^8(x+7)^2}{(3x+2)^{10}}$;　(8) $\lim\limits_{x\to1}\left(\dfrac{1}{x-1}+\dfrac{3}{1-x^3}\right)$.

第六节　两个重要极限

数学中常常会对某一些重要且有典型意义的问题进行研究并加以总结，以期通过对该问题的解决带动一类相关问题的解决. 本节将要介绍的两个重要极限就体现了这样的一种思路，利用它们及极限的运算法则就可以方便地计算出两类常用的极限.

一、$\lim\limits_{x\to0}\dfrac{\sin x}{x}=1$

该重要极限为分式结构，其分子和分母的极限都为 0，在形式上有以下两个特点：

(1) 它是 “$\dfrac{0}{0}$” 型；

（2）它可以形象地表示为 $\lim\limits_{\square\to 0}\dfrac{\sin\square}{\square}=1$，其中□代表同一变量.

例 1　求 $\lim\limits_{x\to 0}\dfrac{\sin 2x}{x}$.

解　$\lim\limits_{x\to 0}\dfrac{\sin 2x}{x}=2\lim\limits_{x\to 0}\dfrac{\sin 2x}{2x}\overset{2x=t}{=\!=\!=}2\lim\limits_{t\to 0}\dfrac{\sin t}{t}=2$.

例 2　求 $\lim\limits_{x\to 0}\dfrac{\tan x}{x}$.

解　$\lim\limits_{x\to 0}\dfrac{\tan x}{x}=\lim\limits_{x\to 0}\left(\dfrac{\sin x}{x}\cdot\dfrac{1}{\cos x}\right)=\lim\limits_{x\to 0}\dfrac{\sin x}{x}\cdot\lim\limits_{x\to 0}\dfrac{1}{\cos x}=1\times 1=1$.

例 3　求 $\lim\limits_{x\to 0}\dfrac{1-\cos x}{x^2}$.

解　$\lim\limits_{x\to 0}\dfrac{1-\cos x}{x^2}=\lim\limits_{x\to 0}\dfrac{2\sin^2\dfrac{x}{2}}{x^2}=\dfrac{1}{2}\lim\limits_{x\to 0}\dfrac{\sin^2\dfrac{x}{2}}{\left(\dfrac{x}{2}\right)^2}=\dfrac{1}{2}\lim\limits_{x\to 0}\left(\dfrac{\sin\dfrac{x}{2}}{\dfrac{x}{2}}\right)^2=\dfrac{1}{2}\times 1^2=\dfrac{1}{2}$.

例 4　求 $\lim\limits_{x\to\infty}x\sin\dfrac{1}{x}$.

解　因为 $x\to\infty$ 时，$\dfrac{1}{x}\to 0$，故将函数适当变形，再利用第一个重要极限，得

$$\lim_{x\to\infty}x\sin\frac{1}{x}=\lim_{x\to\infty}\frac{\sin\frac{1}{x}}{\frac{1}{x}}=1.$$

二、$\lim\limits_{x\to\infty}\left(1+\dfrac{1}{x}\right)^x=\mathrm{e}$

该重要极限等式右端的数 e 是一个无理数，其值为 $\mathrm{e}=2.71828182845\cdots$，基本初等函数中的指数函数 $y=\mathrm{e}^x$ 以及自然对数 $y=\ln x$ 中的底 e 就是这个常数.

在实际应用中，利用复合函数的极限运算法则，可将这个极限变形，例如利用代换 $t=\dfrac{1}{x}$，则当 $x\to\infty$ 时，$t\to 0$，于是有

$$\lim_{t\to 0}(1+t)^{\frac{1}{t}}=\mathrm{e}.$$

因此，该重要极限在形式上有以下两个特点：

（1）它是“1^∞”型；

（2）它可以形象地表示为 $\lim\limits_{\square\to 0}(1+\square)^{\frac{1}{\square}}=\mathrm{e}$，其中□代表同一变量.

例 5　求极限 $\lim\limits_{x\to\infty}\left(1-\dfrac{1}{x}\right)^x$.

解　$\lim\limits_{x\to\infty}\left(1-\dfrac{1}{x}\right)^x=\lim\limits_{x\to\infty}\left(1-\dfrac{1}{x}\right)^{(-x)(-1)}=\lim\limits_{x\to\infty}\left[\left(1+\dfrac{1}{-x}\right)^{(-x)}\right]^{-1}=\mathrm{e}^{-1}$.

例 6　求极限 $\lim\limits_{x\to 0}(1+2x)^{\frac{1}{x}}$.

解　$\lim\limits_{x\to 0}(1+2x)^{\frac{1}{x}}=\lim\limits_{x\to 0}(1+2x)^{\frac{1}{2x}\times 2}=\lim\limits_{x\to 0}\left[(1+2x)^{\frac{1}{2x}}\right]^2=\mathrm{e}^2$.

例 7　求极限 $\lim\limits_{x\to\infty}\left(\dfrac{x-3}{x+2}\right)^x$.

解　$\lim\limits_{x\to\infty}\left(\dfrac{x-3}{x+2}\right)^x=\lim\limits_{x\to\infty}\left(\dfrac{1-\dfrac{3}{x}}{1+\dfrac{2}{x}}\right)^x=\lim\limits_{x\to\infty}\dfrac{\left(1-\dfrac{3}{x}\right)^x}{\left(1+\dfrac{2}{x}\right)^x}=\dfrac{\mathrm{e}^{-3}}{\mathrm{e}^2}=\mathrm{e}^{-5}$.

三、连续复利模型

利息是信用活动中借者向贷者支付的本金之外的附加额，是使用借贷资本的成本费用. 常见的计息方式有单利计息和复利计息.

单利计算公式

设初始本金为 p 元，年利率为 r，则

第一年末本利和为 $S_1=p+rp=p(1+r)$，

第二年末本利和为 $S_2=p(1+r)+rp=p(1+2r)$，

……

第 n 年末本利和为 $S_n=p(1+nr)$.

复利计算公式

设初始本金为 P 元，年利率为 r，则

第一年末本利和为 $S_1=P+rP=P(1+r)$,

第二年末本利和为 $S_2=P(1+r)+rP(1+r)=P(1+r)^2$,

……

第 t 年末本利和为 $S_t=P(1+r)^t$.

若按复利计息，年利率为 r，一年分 n 次计息，则每期的利率可认为是 $\dfrac{r}{n}$，那么第 t 年末的本利和为

$$S_t=P\left(1+\frac{r}{n}\right)^{nt}.$$

假设每时每刻都计算利息，即利息立即产生，立即结算，就是连续复利.

$$\lim_{n\to\infty}P\left(1+\frac{r}{n}\right)^{nt}=P\lim_{n\to\infty}\left(1+\frac{r}{n}\right)^{nt}=P\mathrm{e}^{rt},$$

所以，本金为 P，按年利率 r 不断计算复利，则 t 年后的本利和为

$$S=P\mathrm{e}^{rt}.$$

上述极限称为**连续复利公式**. 上述公式是一个理论公式，可作为单位计息期较短情况下的一种近似公式.

例 8 小孩出生之后，父母拿出 P 元作为初始投资，希望到孩子 20 岁生日时增长到 100000 元，如果投资按 5%连续复利计算，则初始投资应该是多少？

解 利用公式 $S=Pe^{rt}$，求 P．则有方程

$$100000=Pe^{0.05\times20},$$

由此得到

$$P=100000e^{-1}\approx36788.$$

故父母现在须有初始投资 36788 元，到孩子 20 岁生日时才能增长到 100000 元．

例 9 假设四家银行的存款年化利率均为 5%，但按年、半年、月、连续四种不同的复利计息方式来计算本利和．若在每个银行存入 10000 元，则 5 年后本利和各为多少？

解 设 $A_i\,(i=1,2,3,4)$ 为第 i 家银行 5 年后的本利和，则

按年计息：$A_1=10000(1+5\%)^5\approx12762.82$（元），

按半年计息：$A_2=10000\left(1+\dfrac{5\%}{2}\right)^{10}\approx12800.85$（元），

按月计息：$A_3=10000\left(1+\dfrac{5\%}{12}\right)^{60}\approx12833.59$（元），

连续复利：$A_4=10000e^{5\%\times5}\approx12840.25$（元）．

练习题 1.6

（A）

1．填空题．

（1）$\lim\limits_{x\to0}\dfrac{\sin3x}{\sin2x}=$__________；（2）$\lim\limits_{x\to1}\dfrac{\sin(x-1)}{x-1}=$__________；

（3）$\lim\limits_{x\to0}(1-x)^{\frac{1}{x}}=$__________；（4）$\lim\limits_{x\to\infty}\left(1+\dfrac{1}{3x}\right)^{2x}=$__________．

2．选择题．

（1）$\lim\limits_{x\to0}\dfrac{\sin x^2}{x}=$（　　）．

A．1　　B．∞　　C．0　　D．不存在

（2）下列极限式中极限为 e 的是（　　）．

A．$\lim\limits_{x\to0}\left(1-\dfrac{1}{x}\right)^x$　　B．$\lim\limits_{x\to0}\left(1+\dfrac{1}{x}\right)^x$　　C．$\lim\limits_{x\to\infty}\left(1+\dfrac{1}{x}\right)^x$　　D．$\lim\limits_{x\to\infty}\left(1-\dfrac{1}{x}\right)^x$

（B）

计算下列函数的极限．

（1）$\lim\limits_{x\to0}\dfrac{\sin3x}{x}$；（2）$\lim\limits_{x\to0}\dfrac{\tan2x}{\sin4x}$；

（3）$\lim\limits_{x\to 0}\dfrac{1-\cos x}{x\sin x}$；　　（4）$\lim\limits_{x\to 1}\dfrac{\sin(\ln x)}{\ln x}$；

（5）$\lim\limits_{x\to\infty}\left(1+\dfrac{2}{x}\right)^{x}$；　　（6）$\lim\limits_{n\to+\infty}\left(1-\dfrac{1}{n}\right)^{2n}$；

（7）$\lim\limits_{x\to 0}(1+3x)^{\frac{1}{x}}$；　　（8）$\lim\limits_{x\to\infty}\left(\dfrac{x+2}{x+1}\right)^{x}$.

第七节　连　　续

一、函数的连续性

在现实生活中，很多量都是在连续变化的，如气温的变化、河水的流动、植物的生长等，这种现象反映在数学上就是函数的连续性.

1. 函数的增量

定义 1.9（自变量的增量）　设自变量 x 从初值 x_0 变化到终值 $x_0+\Delta x$，终值与初值的差为Δx，称为自变量 x（在 x_0 处）的增量.

定义 1.10（函数的增量）　设函数 $f(x)$在点 x_0 的某 δ 邻域内有定义，自变量 x 在 x_0 取得增量Δx 时，函数 $f(x)$相应的改变量为 $f(x_0+\Delta x)-f(x_0)$，称为函数 $f(x)$（在 x_0 处）的增量，记为Δy.

注　增量$\Delta x(\Delta y)$可以是正的，也可以是负的. 增量$\Delta x(\Delta y)$为正时，自变量 x（函数 y）从 $x_0\,(f(x_0))$变化到 $x_0+\Delta x\ (f(x_0+\Delta x))$ 是增大的，当$\Delta x(\Delta y)$为负时，$x(f(x))$是减小的.

例 1　设函数 $y=x^2$，求Δy 及 $\Delta y\big|_{x_0=2,\ \Delta x=0.1}$，$\Delta y\big|_{x_0=2,\ \Delta x=-0.1}$.

解　$\Delta y=f(x+\Delta x)-f(x)=(x+\Delta x)^2-x^2=2x\cdot\Delta x+(\Delta x)^2$，故

$\Delta y\big|_{x_0=2,\ \Delta x=0.1}=2\times 2\times 0.1+(0.1)^2=0.41$；

$\Delta y\big|_{x_0=2,\ \Delta x=-0.1}=2\times 2\times(-0.1)+(-0.1)^2=-0.39$.

2. 函数的连续性

定义 1.11　设函数 $y=f(x)$ 在 x_0 的某 δ 邻域内有定义，如果当自变量的增量 $\Delta x=\Delta x=x-x_0$ 趋于零时，对应的函数增量 $\Delta y=f(x_0+\Delta x)-f(x_0)$ 也趋于零，即 $\lim\limits_{\Delta x\to 0}\Delta y=0$，则称函数 $y=f(x)$ 在点 x_0 连续.

由于 $\Delta x=x-x_0$，故 $\Delta y=f(x)-f(x_0)$，因此上述定义也可写为

$$\lim_{x\to x_0}[f(x)-f(x_0)]=0,$$

即 $\lim\limits_{x\to x_0}f(x)=f(x_0)$. 于是有以下定义.

定义 1.12　设函数 $y=f(x)$ 在 x_0 的某一邻域内有定义，如果函数 $f(x)$ 当 $x\to x_0$时的极限存在，且等于它在 x_0 处的函数值 $f(x_0)$，即

$$\lim_{x\to x_0}f(x)=f(x_0),$$

那么就称函数 $y=f(x)$ **在点 x_0 连续**.

根据连续的定义，函数 $y=f(x)$ 在 x_0 点连续，必须同时满足以下三个条件：

（1）函数 $y=f(x)$ 在 x_0 有定义，即 $f(x_0)$ 存在；

（2）$\lim\limits_{x\to x_0} f(x)$ 存在；

（3）$\lim\limits_{x\to x_0} f(x)$ 等于函数在 x_0 处的函数值.

例 2 讨论函数 $f(x)=x^2$ 在 $x=0$ 处的连续性.

解 因为 $\lim\limits_{x\to 0} f(x)=\lim\limits_{x\to 0} x^2=0$，$f(0)=0^2=0$，故 $\lim\limits_{x\to 0} f(x)=f(0)$，即 $f(x)=x^2$ 在 $x=0$ 处连续.

例 3 讨论下列函数在 $x=1$ 处的连续性.

$$f_1(x)=\frac{1}{x-1},\quad f_2(x)=\frac{x^2-1}{x-1},\quad f_3(x)=\begin{cases}x+1, & x\neq 1,\\ 1, & x=1,\end{cases}\quad f_4(x)=x+1.$$

解 $\lim\limits_{x\to 1} f_1(x)=\lim\limits_{x\to 1}\dfrac{1}{x-1}=\infty$，极限不存在，故 $f_1(x)=\dfrac{1}{x-1}$ 在 $x=1$ 处不连续；

$\lim\limits_{x\to 1} f_2(x)=\lim\limits_{x\to 1}\dfrac{x^2-1}{x-1}=2$，而 $f_2(1)$ 不存在，故 $f_2(x)=\dfrac{x^2-1}{x-1}$ 在 $x=1$ 处不连续；

$\lim\limits_{x\to 1} f_3(x)=\lim\limits_{x\to 1}(x+1)=2$，$f_3(1)=1$，但 $\lim\limits_{x\to 1} f_3(x)\neq f_3(1)$.

因此 $f_3(x)=\begin{cases}x+1, & x\neq 1,\\ 1, & x=1,\end{cases}$ 在 $x=1$ 处不连续；

$\lim\limits_{x\to 1} f_4(x)=\lim\limits_{x\to 1}(x+1)=2$，$f_4(1)=2$，即 $\lim\limits_{x\to 1} f_4(x)=f_4(1)$，故 $f_4(x)=x+1$ 在 $x=1$ 处连续.

函数 $f_1(x)$, $f_2(x)$, $f_3(x)$, $f_4(x)$ 的图像如图 1-23～图 1-26 所示.

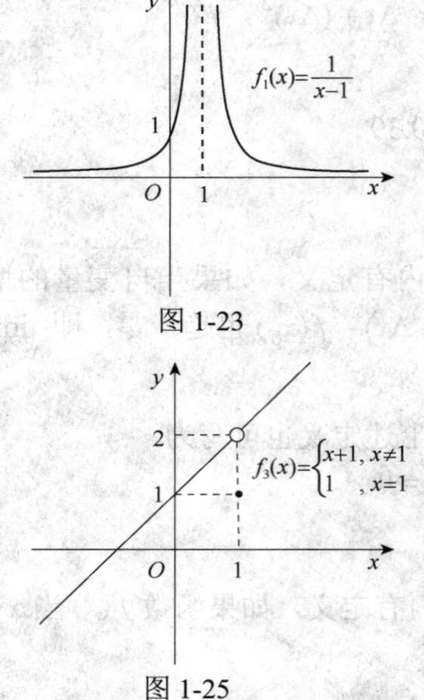

图 1-23

图 1-25

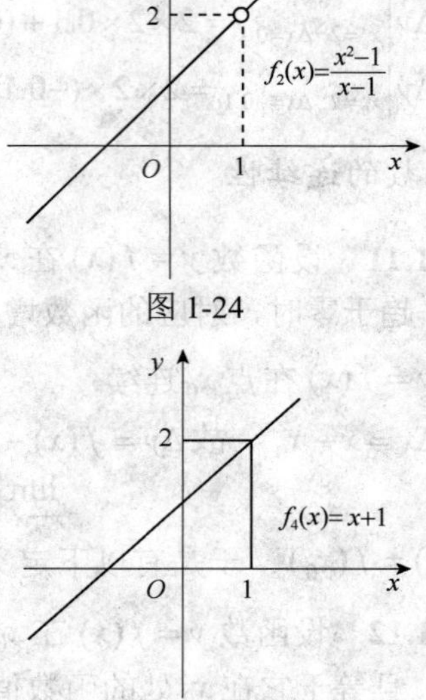

图 1-24

图 1-26

二、函数的连续性

1. 初等函数的连续性

定义 1.13（连续区间）　若函数 $f(x)$ 在开区间 (a, b) 内每一点都连续，则称函数 $f(x)$ 在开区间 (a, b) 内连续.

若函数 $f(x)$ 在开区间 (a, b) 内连续，且在左端点 a 右连续，在右端点 b 左连续，则称函数在闭区间 $[a, b]$ 上连续.

注　若 $\lim\limits_{x\to x_0^-} f(x)=f(x_0)$，则称函数 $f(x)$ 在 x_0 点左连续；若 $\lim\limits_{x\to x_0^+} f(x)=f(x_0)$，则称函数 $f(x)$ 在 x_0 点右连续.

定理 1.8　基本初等函数在其定义区间内连续.

定理 1.9　初等函数在其定义区间内连续.

例如，函数 $y=\dfrac{1}{x-1}$ 的连续区间即为其定义区间 $(-\infty,1)$, $(1,+\infty)$.

2. 利用函数的连续性求极限

若 $f(x)$ 在点 x_0 连续，则 $\lim\limits_{x\to x_0} f(x)=f(x_0)$，即求连续函数的极限，可归结为计算其函数值.

例 4　求极限 $\lim\limits_{x\to 0}\sqrt{1-x^2}$.

解　因为函数 $f(x)=\sqrt{1-x^2}$ 在点 $x=0$ 连续，故有

$$\lim_{x\to 0}\sqrt{1-x^2}=f(0)=\sqrt{1-0^2}=1.$$

例 5　求极限 $\lim\limits_{x\to 1}\sin(\ln x)$.

解　因为函数 $f(x)=\sin(\ln x)$ 是一个初等函数，点 $x=1$ 在其定义域内，故该函数在点 $x=1$ 连续，故有

$$\lim_{x\to 1}\sin(\ln x)=\sin(\ln 1)=\sin 0=0.$$

三、闭区间上连续函数的性质

定理 1.10（最值定理）　若函数 $f(x)$ 在闭区间 $[a,b]$ 上连续，则 $f(x)$ 在 $[a,b]$ 上必有最大值和最小值.

定理 1.11（介值定理）　若函数 $f(x)$ 在闭区间 $[a,b]$ 上连续，且 $f(a)\neq f(b)$，μ 为介于 $f(a)$ 与 $f(b)$ 之间的任意一个数，则至少存在一点 $\xi\in(a,b)$，使得 $f(\xi)=\mu$.

定理 1.12（零点存在定理）　若函数 $f(x)$ 在闭区间 $[a,b]$ 上连续，且 $f(a)$ 与 $f(b)$ 异号，则至少存在一点 $\xi\in(a,b)$，使得 $f(\xi)=0$.

例 6　证明方程 $x^4-4x^3+x+1=0$ 在区间(0, 1)内至少有一个根.

证明　令 $f(x)=x^4-4x^3+x+1$，则 $f(x)$ 在[0, 1]上连续，且

$$f(0)=1>0,\quad f(1)=-1<0,$$

故由零点存在定理知，至少有一点 $\xi\in(0,1)$，使得 $f(\xi)=0$，即方程 $x^4-4x^3+x+1=0$ 在(0, 1)内至少有一根.

练习题 1.7

(A)

1．填空题.

（1）已知函数 $y=\ln x$，当 x 由 x_0 变化 Δx 时，对应的函数值的增量 $\Delta y=$__________.

（2）函数 $y=\sqrt{1-x^2}$ 的连续区间为__________.

（3）当 $a=$__________时，函数 $f(x)=\begin{cases}\dfrac{\sin x}{x}, & x\neq 0,\\ a, & x=0,\end{cases}$ 在 $x=0$ 处连续.

2．选择题.

（1）若分段函数 $f(x)=\begin{cases}a, & x<2,\\ x^2+5, & x\geqslant 2,\end{cases}$ 在分段点 $x=2$ 处连续，则（　　）.

A．$a=-\infty$　　B．$a=0$　　C．$a=4$　　D．$a=9$

（2）分段函数 $f(x)=\begin{cases}1, & x<1,\\ a, & x=1,\\ x^2+b, & x>1,\end{cases}$ 在分段点 $x=1$ 处连续，则（　　）.

A．$a=1,\ b=1$　　B．$a=1,\ b=0$　　C．$a=0,\ b=1$　　D．$a=0,\ b=0$

(B)

1．已知函数 $f(x)=\begin{cases}\dfrac{1}{x}\sin x, & x\neq 0,\\ k, & x=0,\end{cases}$ 问常数 k 为何值时，$f(x)$ 在其定义域内连续？

2．已知函数 $f(x)=\begin{cases}x^2, & x\geqslant 1,\\ 2-x, & x<1,\end{cases}$ 讨论当 $x=1$ 时函数 $f(x)$ 是否连续.

3．求下列极限.

（1）$\lim\limits_{x\to 0}\mathrm{e}^{\frac{\sin x}{x}}$；　　（2）$\lim\limits_{x\to\frac{\pi}{4}}(\tan x)^3$.

4．证明方程 $x^3-2x-5=0$ 在区间(2, 3)内至少有一个根.

5．证明方程 $\mathrm{e}^x-3x=0$ 至少存在一个小于 1 的正根.

自 测 题 一

1．填空题.

（1）若需求函数 $Q=30-2p$，Q 为销量，p 为价格，则收益函数 $R(p)=$__________.

（2）某商品的成本函数为 $C(Q)=10+Q$，则固定成本为__________.

（3）已知某商品的需求函数与供给函数分别为$Q(p)=14.5-1.5p, S(p)=-7.5+4p$，则该商品的均衡价格为__________.

（4）极限$\lim\limits_{x\to\infty}\dfrac{4x^2-20x}{x^2+5x+9}=$__________.

（5）极限$\lim\limits_{x\to\infty}\left(1+\dfrac{2}{x}\right)^{-x}=$__________.

（6）极限$\lim\limits_{x\to 0}x^2\sin\dfrac{1}{x}=$__________.

（7）当$x\to$__________时，$\dfrac{1}{x^2-1}$为无穷小量.

（8）当$x\to$__________时，$\dfrac{1}{x-1}$为无穷大量.

2．选择题.

（1）函数$f(x)=x\sqrt{1-x^2}$的定义域是（　　）.

A．$[0,1]$　　B．$[-1,1]$　　C．$[-1,0]$　　D．$[0,2]$

（2）已知成本函数$C(q)=80+4q$，q为产量，则$q=10$时的平均成本为（　　）.

A．120　　B．48　　C．80　　D．12

（3）有a元资金贷出，年利率为r，按月计息，第2年年末的本利和为（　　）.

A．$a\left(1+\dfrac{r}{12}\right)^2$　　B．$a(1+r)^{24}$　　C．$a\left(1+\dfrac{r}{12}\right)^{24}$　　D．$a(1+r)^2$

（4）$\lim\limits_{x\to\infty}\dfrac{5x}{x^2+1}=$（　　）.

A．1　　B．0　　C．∞　　D．不存在

（5）$\lim\limits_{x\to 0}\dfrac{\sqrt{1+x}-1}{x}=$（　　）.

A．1　　B．0　　C．$\dfrac{1}{2}$　　D．不存在

（6）下列极限式中极限为1的是（　　）.

A．$\lim\limits_{x\to\infty}\dfrac{\sin x}{x}$　　B．$\lim\limits_{x\to 0}\dfrac{\sin x}{x}$　　C．$\lim\limits_{x\to\infty}\left(1+\dfrac{1}{x}\right)^x$　　D．$\lim\limits_{x\to 1}\dfrac{x}{1-x^2}$

（7）$\lim\limits_{x\to\infty}\dfrac{\sin 2x}{3x}=$（　　）.

A．0　　B．1　　C．$\dfrac{2}{3}$　　D．不存在

（8）分段函数$f(x)=\begin{cases}\dfrac{\sin(x-1)}{x-1}, & x<1,\\ a, & x=1,\\ x^2+\dfrac{b}{2}, & x>1,\end{cases}$在分段点$x=1$处连续，则（　　）.

A．$a=1,\ b=0$　　B．$a=1,\ b=2$　　C．$a=0,\ b=2$　　D．$a=0,\ b=0$

3．计算下列极限．

（1）$\lim\limits_{x\to 2}(x^2+3x+8)$；　　（2）$\lim\limits_{x\to 3}\dfrac{x^2-5x+6}{x^2-9}$；

（3）$\lim\limits_{x\to 0}\dfrac{2x}{\sin 3x}$；　　（4）$\lim\limits_{x\to 0}\dfrac{\tan 3x}{x}$；

（5）$\lim\limits_{x\to\infty}\left(1+\dfrac{3}{x}\right)^x$；　　（6）$\lim\limits_{x\to 0}(1-2x)^{\frac{1}{3x}}$．

4．（1）设某款鞋子的价格为 70 元时，销售量为 10000 双，若每双价格提高 1 元，则需求量就减少 1000 双，求需求函数 $Q(p)$．

（2）设某款鞋子价格为 70 元时，鞋厂可提供 10000 双，若每双价格提高 1 元，鞋厂可多提供 300 双，求供给函数 $S(p)$．

（3）求市场均衡价格和市场均衡数量．

5．设生产某种产品 Q 件的总成本函数为 $C(Q)=20+2Q+0.5Q^2$（万元），商品的单价为 15 万元，求售出该产品时的总利润．

6．设某产品的价格为 p，需求函数为 $Q=800-10p$，总成本函数为 $C(Q)=5000+200Q$，求：（1）收入函数；（2）若生产的产品都能售出，则生产 Q 件该种产品的利润是多少？

7．已知某厂生产某产品时，固定成本为 1000 元/天，可变成本为 5 元/件，出厂价为 10 元/件，求：（1）该厂每天的利润函数；（2）若不亏本，该厂每天至少生产多少件该产品．

第二章　导数及其应用

在中学阶段，我们能够求二次曲线在其上一点的切线方程，对于一般的曲线，如何求其上一点的切线方程呢？做变速直线运动的物体，如何确定在某时刻 t 的瞬时速度？对于一些比较复杂的函数如 $f(x)=\dfrac{\ln x}{x}$，如何确定其单调性呢？为什么我们开始用描点法做出的函数图像美观性差呢？知道销售某种产品 Q 件的利润为 $L(Q)$万元，如何确定销售第 $Q+1$ 件产品的利润是多少呢？要解决这些问题，我们有必要研究导数与微分.

第一节　导数的概念及其应用

一、两个引例

引例 2.1　曲线 $y=f(x)$ 在其上一点 $P(x_0,f(x_0))$ 处的切线斜率.

如图 2-1 所示，在曲线 $y=f(x)$ 上取点 $Q(x_0+\Delta x, f(x_0+\Delta x))$，割线 PQ 与 x 轴正向所成倾斜角为φ，则割线 PQ 的斜率为 $\tan\varphi=\dfrac{\Delta y}{\Delta x}$.当点 Q 沿曲线 $y=f(x)$ 趋近于点 P 时，割线 PQ 的极限位置就是曲线在点 P 的切线 PT，设切线 PT 与 x 轴正向所成倾斜角为 α. 因此所求斜率为

$$k=\tan\alpha=\lim_{\Delta x\to 0}\frac{\Delta y}{\Delta x}=\lim_{\Delta x\to 0}\frac{f(x_0+\Delta x)-f(x_0)}{\Delta x}.$$

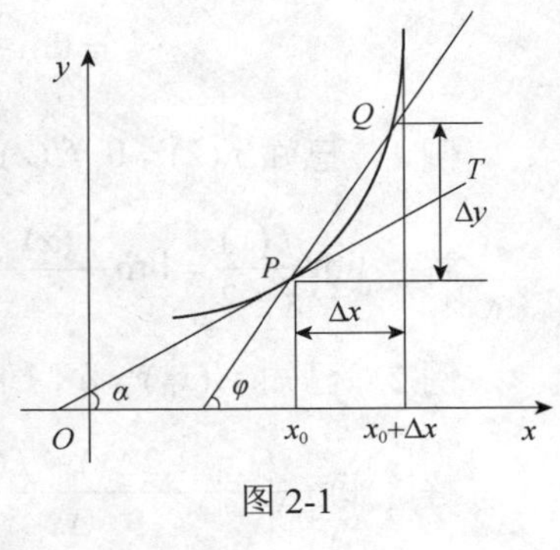

图 2-1

如果这个极限不存在也不是无穷大，则曲线在该点就没有切线.

引例 2.2　一个地区、一个国家以至于整个世界的人口都是在不断变化的. 这种变化与死亡、出生、迁出与迁入等诸多因素都有关. 刻画一个地区、一个国家人口总数随时间变化的规律就是要找出关系式 $x=x(t)$，其中 x 表示人口总数，t 表示时间. 要确定此关系式，关键在于确定出 t 时刻的人口增长率 $r(t)$.

为此，我们先讨论从时刻 t 到时刻 $t+\Delta t$ 这段时间人口的平均变化率：

$$\frac{\text{期末人口总数-期初人口总数}}{\text{期初人口总数}\times\text{时间}}=\frac{x(t+\Delta t)-x(t)}{x(t)\Delta t}.$$

然后考虑让时间段 $\Delta t\to 0$ 时上述平均变化率的极限，如果该极限存在我们就有理由认为 $r(t)=\lim\limits_{\Delta t\to 0}\dfrac{x(t+\Delta t)-x(t)}{x(t)\cdot\Delta t}$.

以上两个不同领域的问题虽然有不同的意义，但是从结构上看具有共同的特征：都是函数的增量与自变量的增量的比值当自变量的增量趋近于零时的极限，且都是与变化率有关的问题.

二、导数的定义

定义 2.1 设函数 $y=f(x)$ 在 x_0 点的某个邻域内有定义，当自变量 x 在 x_0 点获得增量 $\Delta x(\neq 0)$ 时，函数的相应增量为 $\Delta y=f(x_0+\Delta x)-f(x_0)$，如果当自变量的增量 $\Delta x\to 0$ 时，$\dfrac{\Delta y}{\Delta x}$ 的极限存在，即 $\lim\limits_{\Delta x\to 0}\dfrac{\Delta y}{\Delta x}=\lim\limits_{\Delta x\to 0}\dfrac{f(x_0+\Delta x)-f(x_0)}{\Delta x}$ 存在，则称此极限为**函数 $y=f(x)$ 在 x_0 点的导数**，记为 $f'(x_0)$ 或 $y'\big|_{x=x_0}$ 或 $\dfrac{\mathrm{d}y}{\mathrm{d}x}\Big|_{x=x_0}$，此时也称函数 $y=f(x)$ 在 x_0 点可导.

注 （1）$\dfrac{\Delta y}{\Delta x}$ 称为函数 $y=f(x)$ 在区间 $[x_0,x_0+\Delta x]$ 上的平均变化率，导数 $f'(x_0)$ 也称为函数 $y=f(x)$ 在 x_0 点的瞬时变化率；

（2）导数本质上就是增量比的极限；

（3）$f'(x_0)$ 还有如下的表达方式：

$$f'(x_0)=\lim_{\Delta x\to 0}\frac{f(x_0+\Delta x)-f(x_0)}{\Delta x}=\lim_{x\to x_0}\frac{f(x)-f(x_0)}{x-x_0}$$
$$=\lim_{h\to 0}\frac{f(x_0+h)-f(x_0)}{h}=\lim_{\Delta x\to 0}\frac{f(x_0)-f(x_0-\Delta x)}{\Delta x}.$$

例 1 已知 $f(2)=0, f'(2)=3$，求极限 $\lim\limits_{x\to 2}\dfrac{f(x)}{x-2}$.

解 $\lim\limits_{x\to 2}\dfrac{f(x)}{x-2}=\lim\limits_{x\to 2}\dfrac{f(x)-f(2)}{x-2}=f'(2)=3.$

例 2 已知 $f'(x_0)=a$，求 $\lim\limits_{\Delta x\to 0}\dfrac{f(x_0+2\Delta x)-f(x_0-\Delta x)}{\Delta x}$.

解 $\lim\limits_{\Delta x\to 0}\dfrac{f(x_0+2\Delta x)-f(x_0-\Delta x)}{\Delta x}=\lim\limits_{\Delta x\to 0}\dfrac{f(x_0+2\Delta x)-f(x_0-\Delta x)}{[2-(-1)]\Delta x}\times 3=3f'(x_0)=3a.$

三、导函数的概念

定义 2.2 如果函数 $y=f(x)$ 在区间 (a,b) 内每一点都可导，则称函数 $y=f(x)$ 在区间 (a,b) 内可导．这时对应于区间 (a,b) 内每一点，都有一个确定的导数值，因此由导数值构成了一个新的函数，称为函数 $y=f(x)$ 的导函数，简称导数，记为 $y=f'(x)$ 或 y' 或 $\dfrac{\mathrm{d}y}{\mathrm{d}x}$.

注 （1）函数 $y=f(x)$ 在 x_0 点的导数 $f'(x_0)$ 就是导函数 $f'(x)$ 在 x_0 点的值.

（2）导数 $f'(x)$ 的数学表达式为 $f'(x)=\lim\limits_{\Delta x\to 0}\dfrac{f(x+\Delta x)-f(x)}{\Delta x}$.

（3）求 $f'(x)$ 的步骤：

①算增量 $\Delta y=f(x+\Delta x)-f(x)$；②求比值 $\dfrac{\Delta y}{\Delta x}$；③取极限 $\lim\limits_{\Delta x\to 0}\dfrac{\Delta y}{\Delta x}$.

利用上面的求导步骤，可得到下列求导公式.

（1）$(C)'=0$，C 为常数； （2）$(x^{\alpha})'=\alpha x^{\alpha-1}$（$\alpha$ 为常数）；

（3）$(a^x)'=a^x\ln a\ (a>0,a\neq 1)$； （4）$(\mathrm{e}^x)'=\mathrm{e}^x$；

（5）$(\log_a x)'=\dfrac{1}{x\ln a}\ (a>0,a\neq 1)$；　（6）$(\ln x)'=\dfrac{1}{x}$；

（7）$(\sin x)'=\cos x$；　（8）$(\cos x)'=-\sin x$.

例 3　设 $y=\sqrt{x}$，求 y'.

解　$y'=(\sqrt{x})'=(x^{\frac{1}{2}})'=\dfrac{1}{2}x^{-\frac{1}{2}}=\dfrac{1}{2\sqrt{x}}$.

例 4　设 $y=3^x\mathrm{e}^x$，求 y'.

解　$y'=(3^x\mathrm{e}^x)'=[(3\mathrm{e})^x]'=(3\mathrm{e})^x\ln(3\mathrm{e})=3^x\mathrm{e}^x(1+\ln 3)$.

四、左右导数

引例 2.3　由于 $f'(x_0)=\lim\limits_{\Delta x\to 0}\dfrac{f(x_0+\Delta x)-f(x_0)}{\Delta x}$，而极限存在要求左、右极限存在且相等，而只考虑左（右）极限是一个有趣的事情，比如对函数 $f(x)=\begin{cases}x, & x>0,\\ x^2, & x\leqslant 0,\end{cases}$ 求

$$\lim_{\Delta x\to 0^-}\frac{f(0+\Delta x)-f(0)}{\Delta x},\quad \lim_{\Delta x\to 0^+}\frac{f(0+\Delta x)-f(0)}{\Delta x}.$$

解
$$\lim_{\Delta x\to 0^-}\frac{f(0+\Delta x)-f(0)}{\Delta x}=\lim_{\Delta x\to 0^-}\frac{(\Delta x)^2}{\Delta x}=0,$$
$$\lim_{\Delta x\to 0^+}\frac{f(0+\Delta x)-f(0)}{\Delta x}=\lim_{\Delta x\to 0^-}\frac{\Delta x}{\Delta x}=1.$$

定义 2.3　如果函数 $y=f(x)$ 在点 x_0 的左（右）侧近旁有定义，当自变量 x 在 x_0 点获得增量 $\Delta x\neq 0$ 时，函数的相应增量为 $\Delta y=f(x_0+\Delta x)-f(x_0)$，如果当自变量的增量 $\Delta x\to 0^-\ (\Delta x\to 0^+)$ 时，$\dfrac{\Delta y}{\Delta x}$ 的极限存在，即

$$\lim_{\Delta x\to 0^-}\frac{\Delta y}{\Delta x}=\lim_{\Delta x\to 0^-}\frac{f(x_0+\Delta x)-f(x_0)}{\Delta x}\quad\left(\lim_{\Delta x\to 0^+}\frac{\Delta y}{\Delta x}=\lim_{\Delta x\to 0^+}\frac{f(x_0+\Delta x)-f(x_0)}{\Delta x}\right)$$

存在，则称此极限为函数 $y=f(x)$ 在 x_0 点的左（右）导数，记为 $f'_-(x_0)\ (f'_+(x_0))$.

定理 2.1　函数 $y=f(x)$ 在 x_0 点可导当且仅当函数 $y=f(x)$ 在 x_0 点的左、右导数存在且相等.

注　函数 $y=f(x)$ 在 x_0 点不可导是指下列两种情形之一发生：

（1）$f'_-(x_0)$，$f'_+(x_0)$ 中至少有一个不存在；

（2）$f'_-(x_0)$，$f'_+(x_0)$ 都存在，但是它们不相等.

例 5　设 $f(x)=\begin{cases}x, & x\geqslant 0,\\ -x, & x<0,\end{cases}$ 判定 $f(x)$ 在 $x=0$ 处是否可导？

解
$$f'_-(0)=\lim_{\Delta x\to 0^-}\frac{f(0+\Delta x)-f(0)}{\Delta x}=\lim_{\Delta x\to 0^-}\frac{-\Delta x}{\Delta x}=-1,$$
$$f'_+(0)=\lim_{\Delta x\to 0^+}\frac{f(0+\Delta x)-f(0)}{\Delta x}=\lim_{\Delta x\to 0^+}\frac{\Delta x}{\Delta x}=1.$$

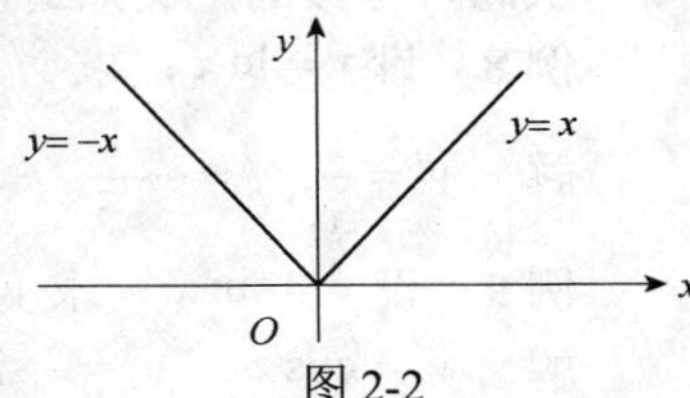

图 2-2

所以，如图 2-2 所示，$f(x)$ 在 $x=0$ 处不可导，很明显该

函数在 $x=0$ 处连续.

注 例 5 说明连续函数未必可导，但是我们有

定理 2.2 如果函数 $y=f(x)$ 在 x_0 点可导，则 $y=f(x)$ 在 x_0 点必连续.

注 定理 2.2 的一个等价说法是不连续的点一定是不可导的点.

五、导数的几何意义

函数 $y=f(x)$ 在 x_0 点的导数 $f'(x_0)$ 表示曲线 $y=f(x)$ 在点 $(x_0,f(x_0))$ 处的切线斜率. 如果 $f'(x_0)$ 存在，则曲线 $y=f(x)$ 在点 $(x_0,f(x_0))$ 处的切线方程为

$$y-f(x_0)=f'(x_0)(x-x_0);$$

如果 $f'(x_0)$ 存在且 $f'(x_0)\neq 0$，则曲线 $y=f(x)$ 在点 $(x_0,f(x_0))$ 处的法线方程为

$$y-f(x_0)=-\frac{1}{f'(x_0)}(x-x_0).$$

请思考 $f'(x_0)=0$ 时，法线方程是否存在呢？

例 6 求曲线 $y=x^2$ 在其上一点 $(2,4)$ 处的切线与法线方程.

解 $y'=2x\Rightarrow k=y'|_{x=2}=4$，所以切线方程为

$$y-4=4(x-2) \text{ 即 } y=4x-4;$$

法线方程为

$$y-4=-\frac{1}{4}(x-2) \text{ 即 } y=-\frac{1}{4}x+\frac{9}{2}.$$

例 7 在曲线 $y=x^2$ 上求一点，使曲线在该点的切线平行于直线 $y=2x+5$.

解 设曲线上点的坐标为 (x_0,x_0^2)，则

$$k=2=(x^2)'|_{x=x_0}=2x_0\Rightarrow x_0=1,$$

因此所求点的坐标为(1, 1).

六、高阶导数

引例 2.4 对于函数 $y=\sin x$ 有 $y'=\cos x$，它仍然是 x 的函数，可以再次对它求导数. 这种导数的导数问题的更一般情况如下.

定义 2.4 称函数 $y=f(x)$ 的导数 $y'=f'(x)$ 为函数 $y=f(x)$ 的**一阶导数**；称函数 $y=f(x)$ 的一阶导数 $y'=f'(x)$ 的导数为函数 $y=f(x)$ 的**二阶导数**，记为 $y'',f''(x),\dfrac{\mathrm{d}^2y}{\mathrm{d}x^2}$；类似地，二阶导数的导数称为**三阶导数**，…，$n-1$ 阶导数的导数称为 ***n* 阶导数**，函数 $y=f(x)$ 的 n 阶导数记为：$y^{(n)}$，$f^{(n)}(x)$，$\dfrac{\mathrm{d}^ny}{\mathrm{d}x^n}$. 二阶及其二阶以上阶导数称为**高阶导数**.

从高阶导数的定义知道，求高阶导数不需要新方法，只需一次次求导数就可以.

例 8 设 $y=\ln x$，求 y''.

解 $y'=\dfrac{1}{x},y''=-\dfrac{1}{x^2}$.

例 9 设 $y=\sin x$，求 y''.

解 $y'=\cos x$，$y''=-\sin x$.

练习题 2.1

（A）

1．填空题.

（1）已知 $f(1)=2, f'(1)=4$，则极限 $\lim\limits_{x\to 1}\dfrac{f(x)-2}{x-1}=$__________.

（2）函数曲线 $y=\cos x$ 在点 $\left(\dfrac{\pi}{4},\dfrac{\sqrt{2}}{2}\right)$ 的切线斜率为__________.

（3）设 $y=\mathrm{e}^x$，则 $y^{(n)}=$__________.

2．选择题.

（1）已知 $f'(x_0)=1$，则 $\lim\limits_{\Delta x\to 0}\dfrac{f(x_0+3\Delta x)-f(x_0)}{\Delta x}=$（　　）.

A．1　　B．2　　C．3　　D．4

（2）已知 $y=x^{\frac{3}{2}}$，则 $y'|_{x=1}=$（　　）.

A．$\dfrac{3}{2}$　　B．$\dfrac{1}{2}$　　C．1　　D．2

（3）若函数 $y=\cos x$，则 $y''\big|_{x=0}=$（　　）.

A．2　　B．-1　　C．1　　D．-2

（B）

1．求函数 $y=\sin x$ 在 $x=0$ 和 $x=\dfrac{\pi}{3}$ 处的导数.

2．求下列函数的导数.

（1）$y=\sqrt{x\sqrt[3]{x}}$；　（2）$y=3^{-x}\mathrm{e}^x$；　（3）$y=\cos^2\dfrac{x}{2}-\sin^2\dfrac{x}{2}$.

3．求曲线 $y=\mathrm{e}^x$ 在点(0, 1)处的切线方程与法线方程.

4．设函数 $f(x)=\begin{cases}x^2, & x\leqslant 1,\\ ax+b, & x>1,\end{cases}$ 问 a, b 为何值时函数 $f(x)$ 在 $x=1$ 处既连续也可导.

5．用导数的定义求函数 $y=x^2$ 的导数.

第二节　求导法则

对于一些比较复杂的函数，如果用导数的定义来求导数，则非常麻烦并且不必要，因此有必要研究求导数的各种方法，并将其结果进行归类整理.

引例 2.5　设函数 $y=x\mathrm{e}^x$，用导数的定义求 $\dfrac{\mathrm{d}y}{\mathrm{d}x}$.

解　（1）$\Delta y=(x+\Delta x)\mathrm{e}^{x+\Delta x}-x\mathrm{e}^x=(x+\Delta x)\mathrm{e}^{x+\Delta x}-x\mathrm{e}^{x+\Delta x}+x\mathrm{e}^{x+\Delta x}-x\mathrm{e}^x$

$$=\Delta x\mathrm{e}^{x+\Delta x}+x\mathrm{e}^x(\mathrm{e}^{\Delta x}-1).$$

（2）$\dfrac{\Delta y}{\Delta x}=\mathrm{e}^{x+\Delta x}+x\mathrm{e}^{x}\cdot\dfrac{\mathrm{e}^{\Delta x}-1}{\Delta x}$.

（3）$\dfrac{\mathrm{d}y}{\mathrm{d}x}=\lim\limits_{\Delta x\to 0}\dfrac{\Delta y}{\Delta x}=\lim\limits_{\Delta x\to 0}\mathrm{e}^{x+\Delta x}+x\mathrm{e}^{x}\lim\limits_{\Delta x\to 0}\dfrac{\mathrm{e}^{\Delta x}-1}{\Delta x}=\mathrm{e}^{x}+x\mathrm{e}^{x}$

也就是说$(x\mathrm{e}^{x})'=(x)'\mathrm{e}^{x}+x(\mathrm{e}^{x})'$.

一般地，有如下求导数的四则运算法则.

一、四则运算法则

定理 2.3　设函数 $u=u(x)$，$v(=v(x)$都可导，则

（1）$[u(x)\pm v(x)]'=u'(x)\pm v'(x)$；

（2）$[u(x)v(x)]'=u'(x)v(x)+u(x)v'(x)$；

（3）$\left[\dfrac{u(x)}{v(x)}\right]'=\dfrac{u'(x)v(x)-u(x)v'(x)}{v^2(x)}(v(x)\neq 0)$.

推论　（1）$[cu(x)]'=cu'(x)$；　　（2）$\left[\dfrac{1}{v(x)}\right]'=-\dfrac{v'(x)}{v^2(x)}$.

例 1　求下列函数的导数.

（1）$y=x^2+3^x-2\cos x-\ln 2$；　　（2）$y=4x-\dfrac{1}{x}+\ln x+\sqrt{2}$.

解　（1）$y'=2x+3^x\ln 3+2\sin x$.

（2）$y'=4+\dfrac{1}{x^2}+\dfrac{1}{x}$.

例 2　设 $y=x^2\sin x$，求 y'.

解　$y'=(x^2)'\sin x+x^2(\sin x)'=2x\sin x+x^2\cos x$.

例 3　设 $y=x\cos x+2^x\sin x$，求 y'.

解　$y'=\cos x-x\sin x+2^x\ln 2\sin x+2^x\cos x$.

例 4　设 $y=\dfrac{1+\ln x}{x}$，求 $y'|_{x=\mathrm{e}}$.

解　$y'=\left[\dfrac{1+\ln x}{x}\right]'=\dfrac{(1+\ln x)'x-(1+\ln x)(x)'}{x^2}=-\dfrac{\ln x}{x^2}$，

所以

$$y'|_{x=\mathrm{e}}=-\mathrm{e}^{-2}.$$

例 5　求下列函数的导数.

（1）$y=\tan x$；　　（2）$y=\cot x$；　　（3）$y=\sec x$；　　（4）$y=\csc x$.

解　（1）$y'=\left[\dfrac{\sin x}{\cos x}\right]'=\dfrac{(\sin x)'\cos x-\sin x(\cos x)'}{\cos^2 x}=\dfrac{1}{\cos^2 x}=\sec^2 x$.

（2）$y'=\left[\dfrac{\cos x}{\sin x}\right]'=\dfrac{(\cos x)'\sin x-\cos x(\sin x)'}{\sin^2 x}=-\dfrac{1}{\sin^2 x}=-\csc^2 x$.

（3）$y'=\left[\dfrac{1}{\cos x}\right]'=\dfrac{-(\cos x)'}{\cos^2 x}=\dfrac{\sin x}{\cos^2 x}=\sec x\cdot\tan x$.

（4）$y'=\left[\dfrac{1}{\sin x}\right]'=\dfrac{-(\sin x)'}{\sin^2 x}=\dfrac{-\cos x}{\sin^2 x}=-\csc x\cdot\cot x.$

二、反函数求导法

引例 2.6　（1）设 $y=2x-3$，则 $\dfrac{\mathrm{d}y}{\mathrm{d}x}=2$；从 $y=2x-3$ 解出 $x=\dfrac{y+3}{2}$，则有

$$\frac{\mathrm{d}x}{\mathrm{d}y}=\frac{1}{2}.$$

（2）设 $y=a^x(a>0,a\neq 1)$，则 $\dfrac{\mathrm{d}y}{\mathrm{d}x}=a^x\ln a$；从 $y=a^x$ 解出 $x=\log_a y$，于是有

$$\frac{\mathrm{d}x}{\mathrm{d}y}=\frac{1}{y\ln a}=\frac{1}{a^x\ln a}.$$

从这里我们发现函数与它的反函数的导数之间具有如下关系：

$$\frac{\mathrm{d}y}{\mathrm{d}x}\cdot\frac{\mathrm{d}x}{\mathrm{d}y}=1\Leftrightarrow\frac{\mathrm{d}y}{\mathrm{d}x}=\frac{1}{\frac{\mathrm{d}x}{\mathrm{d}y}}\cdot$$

一般地，我们有

定理 2.4　设可导函数 $y=f(x)$ 的反函数为 $x=f^{-1}(y)$，则 $x=f^{-1}(y)$ 也可导，并且有

$$\frac{\mathrm{d}y}{\mathrm{d}x}=\frac{1}{\frac{\mathrm{d}x}{\mathrm{d}y}}.$$

例 6　求下列函数的导数.

（1）$y=\arcsin x$；　（2）$y=\arccos x$；　（3）$y=\arctan x$；　（4）$y=\mathrm{arc}\cot x$.

解　（1）由 $y=\arcsin x\Rightarrow x=\sin y\left(y\in\left[-\dfrac{\pi}{2},\dfrac{\pi}{2}\right]\right)\Rightarrow\dfrac{\mathrm{d}x}{\mathrm{d}y}=\cos y=\sqrt{1-\sin^2 y}$

$\Rightarrow\dfrac{\mathrm{d}x}{\mathrm{d}y}=\sqrt{1-x^2}\Rightarrow y'=\dfrac{\mathrm{d}y}{\mathrm{d}x}=\dfrac{1}{\sqrt{1-x^2}}.$

（2）由 $y=\arccos x\Rightarrow x=\cos y(y\in[0,\pi])\Rightarrow\dfrac{\mathrm{d}x}{\mathrm{d}y}=-\sin y=-\sqrt{1-\cos^2 y}$

$\Rightarrow\dfrac{\mathrm{d}x}{\mathrm{d}y}=-\sqrt{1-x^2}\Rightarrow y'=\dfrac{\mathrm{d}y}{\mathrm{d}x}=-\dfrac{1}{\sqrt{1-x^2}}.$

同样可以求出 $(\arctan x)'=\dfrac{1}{1+x^2}$，$(\mathrm{arc}\cot x)'=-\dfrac{1}{1+x^2}.$

三、基本求导公式

（1）$(C)'=0$（C 为常数）.　　（2）$(x^\alpha)'=\alpha x^{\alpha-1}$（$\alpha$ 为实常数）.

（3）$(a^x)'=a^x\ln a$　$(a>0,a\neq 1)$.　　（4）$(\mathrm{e}^x)'=\mathrm{e}^x$.

（5）$(\log_a x)'=\dfrac{1}{x\ln a}$　$(a>0,a\neq 1)$.　　（6）$(\ln x)'=\dfrac{1}{x}$.

（7）$(\sin x)'=\cos x$.　　（8）$(\cos x)'=-\sin x$.

（9）$(\tan x)' = \sec^2 x$.　　（10）$(\cot x)' = -\csc^2 x$.

（11）$(\sec x)' = \sec x \cdot \tan x$.　　（12）$(\csc x)' = -\csc x \cdot \cot x$.

（13）$(\arcsin x)' = \dfrac{1}{\sqrt{1-x^2}}$.　　（14）$(\arccos x)' = -\dfrac{1}{\sqrt{1-x^2}}$.

（15）$(\arctan x)' = \dfrac{1}{1+x^2}$.　　（16）$(\operatorname{arc}\cot x)' = -\dfrac{1}{1+x^2}$.

四、复合函数求导法

引例 2.7　设 $y=\sin 2x$，求 $\dfrac{dy}{dx}$.

因为 $y = 2\sin x\cos x$，所以

$$\frac{dy}{dx}=2(\sin x)'\cos x+2\sin x(\cos x)'=2(\cos^2 x-\sin^2 x)=2\cos 2x,$$

如果我们把 $y=\sin 2x$ 看成两个函数 $y=\sin u, u=2x$ 的复合，

$$\frac{dy}{du}=\cos u, \frac{du}{dx}=2,$$

从而

$$\frac{dy}{du}\cdot\frac{du}{dx}=2\cos u=2\cos 2x=\frac{dy}{dx}.$$

定理 2.5　若函数 $y=f(u)$ 可导，$u=\varphi(x)$ 可导，则复合函数 $y=f(\varphi(x))$ 也可导，并且有 $\dfrac{dy}{dx}=\dfrac{dy}{du}\cdot\dfrac{du}{dx}$ 成立.

推广　设 $y=f(u),\ u=\varphi(v),\ v=\psi(x)$ 都可导，则复合函数 $y=f(\varphi(\psi(x)))$ 可导，且有 $\dfrac{dy}{dx}=\dfrac{dy}{du}\cdot\dfrac{du}{dv}\cdot\dfrac{dv}{dx}$ 成立.

例 7　求下列函数的导数.

（1）$y=\ln\cos x$；　（2）$y=\sin\dfrac{1}{x}$；　（3）$y=\arctan x^2$.

解　（1）由于 $y=\ln\cos x$ 是由 $y=\ln u,\ u=\cos x$ 复合而成的，所以

$$y'=\frac{dy}{du}\frac{du}{dx}=\frac{1}{u}\cdot(-\sin x)=\frac{-\sin x}{\cos x}=-\tan x.$$

（2）$y=\sin\dfrac{1}{x}$ 由 $y=\sin u,\ u=\dfrac{1}{x}$ 复合而成，所以

$$\frac{dy}{dx}=\frac{dy}{du}\cdot\frac{du}{dx}=\cos u\cdot\left(-\frac{1}{x^2}\right)=-\frac{1}{x^2}\cos\frac{1}{x}.$$

注　在熟悉复合函数的求导法则之后，中间变量可以不写出而直接由外向内求导后相乘就可以了，原则是对哪个变量求的导数，后面就必须乘上这个变量的导数.

（3）$y'=\dfrac{1}{1+x^4}\cdot 2x=\dfrac{2x}{1+x^4}$.

例 8　求下列函数的导数

（1）$y=\arctan e^x$；　（2）$y=\ln(x+\sqrt{1+x^2})$.

解　（1）$y'=\dfrac{e^x}{1+e^{2x}}$.

（2）$y'=\dfrac{1}{x+\sqrt{1+x^2}}\cdot\left(1+\dfrac{x}{\sqrt{1+x^2}}\right)=\dfrac{1}{\sqrt{1+x^2}}$.

五、隐函数求导法

引例 2.8　由方程 $y+x=\sin x$ 确定函数 $y=y(x)$，求 $\dfrac{dy}{dx}$.

方法一　由 $y+x=\sin x\Rightarrow y=\sin x-x\Rightarrow\dfrac{dy}{dx}=\cos x-1$.

方法二　在方程 $y+x=\sin x$ 两边对 x 求导数得到

$$\frac{dy}{dx}+1=\cos x\Rightarrow\frac{dy}{dx}=\cos x-1.$$

一般地，我们有

定义 2.5　由一个含有 x, y 的二元方程 $F(x,y)=0$ 确定的函数 $y=y(x)$ 称为隐函数.

求由二元方程 $F(x,y)=0$ 确定的隐函数 $y=y(x)$ 的导数的步骤如下：

第一步，在方程 $F(x,y)=0$ 的两边对 x 求导数，凡是遇到 y，要注意 y 是 x 的函数；

第二步，从第一步中解出 y'.

例 9　设函数 $y=y(x)$ 由方程 $xy-e^x+e^y=0$ 确定，求 $y'|_{x=0}$.

解　两边对 x 求导得

$$y+xy'-e^x+e^y y'=0\Rightarrow y'=\frac{e^x-y}{x+e^y},$$

由 $x=0\Rightarrow y=0$，所以 $y'|_{x=0}=1$.

例 10　求曲线 $y^3+y^2=2x$ 在点(1, 1)处的切线方程.

解　在方程 $y^3+y^2=2x$ 的两边对 x 求导得

$$3y^2y'+2yy'=2\Rightarrow y'=\frac{2}{2y+3y^2},$$

于是斜率 $k=\dfrac{2}{5}$，所以切线方程为

$$y-1=\frac{2}{5}(x-1),$$

即

$$2x-5y+3=0.$$

六、取对数求导法

对于由若干个因式的积或商构成的函数，取对数后就变成了若干个初等函数的和或差，比如 $y=\sqrt{x}e^{x^2}\sin x$，两边取对数后得到 $\ln y=\dfrac{1}{2}\ln x+x^2+\ln\sin x$，而和差的导数比积、商的导数简单，所以由若干个因式的积或商构成的函数可以采用“先取对数，后求导数”的方法完成.

引例 2.9　设 $y=\sqrt{x}e^{x^2}\sin x$，求 y'.

解　两边取自然对数有

$$\ln y=\frac{1}{2}\ln x+x^2+\ln\sin x,$$

在等式两边对变量 x 求导得

$$\frac{y'}{y}=\frac{1}{2x}+2x+\frac{\cos x}{\sin x}\Rightarrow y'=\sqrt{x}e^{x^2}\sin x\left(\frac{1}{2x}+2x+\cot x\right).$$

例 11　$y=\sqrt{\dfrac{(x+1)(x+2)}{(x+3)(x+4)}}$，求 y'.

解　先对函数取自然对数得

$$\ln y=\frac{1}{2}[\ln(x+1)+\ln(x+2)-\ln(x+3)-\ln(x+4)],$$

两边对 x 求导数，有

$$\frac{y'}{y}=\frac{1}{2}\left(\frac{1}{x+1}+\frac{1}{x+2}-\frac{1}{x+3}-\frac{1}{x+4}\right)$$

$$\Rightarrow y'=\frac{1}{2}\sqrt{\frac{(x+1)(x+2)}{(x+3)(x+4)}}\left(\frac{1}{x+1}+\frac{1}{x+2}-\frac{1}{x+3}-\frac{1}{x+4}\right).$$

例 12　设 $y=x^{\cos x}$，求 y'.

解　$\ln y=\cos x\cdot\ln x\Rightarrow\dfrac{y'}{y}=-\sin x\cdot\ln x+\dfrac{\cos x}{x}\Rightarrow y'=x^{\cos x}\left(-\sin x\cdot\ln x+\dfrac{\cos x}{x}\right).$

练习题 2.2

（A）

1．填空题.

（1）$(\underline{\qquad\qquad})'=x+\sin x$，

（2）$(\underline{\qquad\qquad})'=3x^2+2x$.

（3）设 $y=\dfrac{1}{x}\cos x$，则 $y'=\underline{\qquad\qquad}$.

（4）设 $y=\sin^2 x$，则 $y'|_{x=0}=\underline{\qquad\qquad}$.

2．选择题.

（1）（　　）$(\cos 3x)'=\sin 3x$.

A．$-\dfrac{1}{3}$　　B．-3　　C．$-\dfrac{1}{2}$　　D．-2

（2）曲线 $y=xe^x$ 在点 $(0,0)$ 处的切线斜率为（　　）.

A．0　　B．1　　C．2　　D．3

（B）

1．求下列函数的导数.

（1）$y=x^3+\dfrac{1}{x}-2\cos x+5^x+\ln 3$；　　（2）$y=4x\tan x+\sec x+\ln x-5$；

（3）$y=\dfrac{1-\ln x}{1+\ln x}$；　（4）$y=(x^2-x+2)^5$；

（5）$y=2\sin(3x-2)$；　（6）$y=\sin^3 x$；

（7）$y=\ln(\cot u)$；　（8）$y=\dfrac{1}{x}\cos x+x\sin\dfrac{1}{x}$.

2．求由下列方程所确定的隐函数的导数 y'.

（1）$x^2+xy+y^2=a^2$；　（2）$x\sin y=(x+y)^2$.

3．求下列函数的导数.

（1）$y=x^{\sin x}$；　（2）$y=\sqrt{\dfrac{x(x+3)}{x+5}}$；　（3）$y=x(x+1)(2x+1)^{\frac{2}{3}}$.

第三节　边 际 分 析

边际是经济学中的一个重要概念，通常指经济变量的变化率，边际分析的方法是经济理论中的一个基本而重要的分析方法.

一、边际成本

引例 2.10　某工厂生产某种产品 Q 件的成本为 $C(Q)=400+6Q+Q^2$ 元，请指出在已经生产 20 件产品的基础上再生产 1 件产品的成本是多少元？

解　在经济学上边际成本是指产量增加一单位所增加的成本，其计算公式为

$$\text{边际成本}=\frac{\text{总成本的变化量}}{\text{产量的变化量}}=\frac{\Delta C}{\Delta Q}.$$

比如一个企业生产 100 张磁盘的总成本为 10000 元，而生产 101 张磁盘的总成本为 10095 元，那么生产第 101 张磁盘的成本就是 95 元.

我们用极限 $\lim\limits_{\Delta Q\to 0}\dfrac{\Delta C}{\Delta Q}=C'(Q)$ 来代替在产量为 Q 单位的基础上再生产 1 单位产品的边际成本，就能够利用导数的性质更好地刻画边际成本的规律.

对引例 2.10，$C'(Q)=6+2Q\Rightarrow C'(20)=46$，也就是说已经生产 20 件产品的基础上再生产 1 件产品的成本是 46 元.

一般地，有

定义 2.6　称总成本 $C(Q)$对产量 Q 的导数 $C'(Q)$为该产品在产量为 Q 时的边际成本；边际成本 $C'(Q)$的**经济意义**是：在产量为 Q 的基础上再生产一个单位产品的成本或生产第 $Q+1$ 个单位产品的成本.

例 1　设某厂每月生产某产品的固定成本为 500 元，生产 Q 件产品的可变成本是 $0.01Q^2+10Q$（元），求边际成本函数.

解　总成本函数为 $C(Q)=500+0.01Q^2+10Q$（元）；

边际成本函数为 $C'(Q)=0.02Q+10$（元/件）.

例 2　假设生产某种商品 Q 件的可变成本为 $\dfrac{Q^2}{5}$ 元，固定成本为 1000 元，求生产该

商品 20 件时的总成本、平均成本、边际成本，并叙述此时边际成本的经济意义．

解 总成本函数 $C(Q)=1000+\dfrac{Q^2}{5}$（元），

平均成本函数 $\mathrm{AC}(Q)=\dfrac{1000}{Q}+\dfrac{Q}{5}$（元/件），

边际成本函数为 $C'(Q)=\dfrac{2Q}{5}$（元/件），

于是生产 20 件该商品的总成本、平均成本、边际成本分别是 $C(20)=1080$（元），$\mathrm{AC}(20)=54$（元/件），$C'(20)=8$（元/件）．

$C'(20)=8$（元/件）的经济意义是生产第 21 件该商品的成本为 8 元．

例 3 如果生产某种物品 Q 件的成本为 $C(Q)=250+5Q+0.05Q^2$（元），完成下列问题：

（1）指出固定成本、可变成本；

（2）写出平均成本函数；

（3）求边际成本函数及产量 $Q=100$（件）时的边际成本并指出其经济意义；

（4）如果国家对该产品征收每单位 5 元的产品税，确定此时的边际成本函数．

解 （1）固定成本为 $C_0=250$（元），可变成本为 $C_1=5Q+0.05Q^2$（元）．

（2）平均成本函数为 $\mathrm{AC}(Q)=\dfrac{250}{Q}+5+0.05Q$（元/件）．

（3）边际成本函数为 $C'(Q)=5+0.1Q$（元/件），$C'(100)=15$（元/件），它的经济意义是在产量为 100 件的基础上再生产 1 件产品的成本为 15 元．

（4）企业对所交的税应计入成本，此时的成本函数为 $C(Q)=250+10Q+0.05Q^2$（元），$C'(Q)=10+0.1Q$（元/件）．

二、边际收益

引例 2.11 设某产品的需求函数为 $p=30-\dfrac{Q}{5}$，其中 p 为价格，Q 为销售量，求出在销售量为 14 件的基础上再销售 1 件产品的收益；销售 15 件产品的总收益和平均收益．

解 在经济学中，边际收益是指增加一单位产品的销售所增加的收益，其计算公式为

$$\text{边际收益}=\frac{\text{总收益的变化量}}{\text{销售量的变化量}}=\frac{\Delta R}{\Delta Q},$$

其中，R 表示收益，Q 表示销量．

比如一个企业销售 1000 张磁盘的总收益为 10000 元，而销售 1001 张磁盘的总收益为 10008 元，那么销售第 1001 张磁盘的收益就是 8 元．

我们用极限 $\lim\limits_{\Delta Q\to 0}\dfrac{\Delta R}{\Delta Q}=R'(Q)$ 来代替在销量为 Q 单位的基础上再销售 1 单位产品的边际收益，就能够利用导数的性质更好地刻画边际收益的规律．

对引例 2.11，$R(Q)=pQ=Q\left(30-\dfrac{Q}{5}\right)=30Q-\dfrac{Q^2}{5}$，于是

$$R'(Q)=30-\frac{2Q}{5}.R'(14)=24.4\text{（元/件）},$$

也就是说在销售量为 14 件的基础上再销售 1 件产品的收益为 24.4 元；销售 15 件产品的总收益为

$$R(15)=405\text{（元）};$$

销售 15 件产品的平均收益为

$$\frac{R(15)}{15}=\frac{405}{15}=27\text{（元/件）}.$$

一般地，有

定义 2.7　称总收益 $R(Q)$ 对销量 Q 的导数 $R'(Q)$ 为该产品在销量为 Q 时的边际收益；边际收益 $R'(Q)$ 的**经济意义**是：在销量为 Q 的基础上再销售一个单位产品的收益或销售第 $Q+1$ 个单位产品的收益.

例 4　设某产品的需求函数为 $p=20-\dfrac{Q}{5}$，其中 p 为价格（单位：元），Q 为销售量（单位：件），求：

（1）销售量为 15 件时的总收益、平均收益和边际收益；

（2）销售量从 15 件增加到 20 件时收益的平均变化率.

解　（1）总收益为 $R(Q)=pQ=Q\left(20-\dfrac{Q}{5}\right)=20Q-\dfrac{Q^2}{5}$，

销售量为 15 件时的总收益为 $R(15)=255$（元）；

平均收益为 $\bar{R}(15)=\left.\dfrac{R(Q)}{Q}\right|_{Q=15}=20-\dfrac{15}{5}=17$（元/件）；

边际收益为 $R'(Q)\big|_{Q=15}=20-\dfrac{30}{5}=14$（元/件）.

（2）销售量从 15 件增加到 20 件时收益的平均变化率为

$$\frac{\Delta R}{\Delta Q}=\frac{R(20)-R(15)}{20-15}=13\text{（元/件）}.$$

例 5　某企业对某商品的需求函数为 $Q=150-2p$，其中 Q 表示需求量，p 表示价格，求出收益函数、边际收益函数.

解　收益函数 $R(p)=pQ=p(150-2p)=150p-2p^2$；

边际收益函数为 $R'(p)=150-4p$；

或者收益函数 $R(Q)=pQ=Q\left(75-\dfrac{Q}{2}\right)=75Q-\dfrac{Q^2}{2}$；

边际收益函数为 $R'(Q)=75-Q$.

三、边际利润

引例 2.12　设某企业生产某种产品 Q 件的总收益为 $R(Q)=100Q-Q^2$（元），总成本为 $C(Q)=200+50Q+Q^2$（元），求销售 $Q=10$ 件产品时的总利润、平均利润以及销售第 12 件产品的利润.

解　在经济学中，边际利润是指增加一单位产品的销售所增加的利润，其计算公式为

$$边际利润=\frac{总利润的变化量}{销售量的变化量}=\frac{\Delta L}{\Delta Q},$$

其中，L 表示收益，Q 表示销量．

比如一个企业销售 10 台机器的总利润为 10000 元，而销售 11 台机器的总利润为 10980 元，那么销售第 11 台机器的利润就是 980 元．

我们用极限 $\lim\limits_{\Delta Q\to 0}\frac{\Delta L}{\Delta Q}=L'(Q)$ 来代替在销量为 Q 个单位的基础上再销售一个单位产品的边际利润，就能够利用导数的性质更好地刻画边际利润的规律．

对引例 2.12，$L(Q)=R(Q)-C(Q)=50Q-2Q^2-200$，所以销售 $Q=10$ 件产品时的总利润为 $L(10)=100$（元），平均利润为

$$\frac{L(10)}{10}=10\ （元/件），$$

销售第 12 件产品的利润为 $L'(11)=50-4\times 11=6$（元）．

一般地，有

定义 2.8 称利润函数 $L(Q)$ 对销量 Q 的导数 $L'(Q)$ 为该产品在销量为 Q 时的边际利润；边际利润 $L'(Q)$ 的**经济意义**是：在销量为 Q 的基础上再销售一个单位产品的利润或销售第 $Q+1$ 个单位产品的利润．

例 6 设某产品的价格函数为 $p=120-0.1Q$，成本函数为 $C=4000+30Q$，其中 Q 表示销售量（单位：件），p 表示价格（单位：元）．求出利润函数及 $Q=300$ 及 $Q=500$ 时的边际利润并解释相应的经济意义．

解
$$R=Qp=Q(120-0.1Q)=120Q-0.1Q^2,$$
$$L=R-C=90Q-0.1Q^2-4000,$$
$$L'=90-0.2Q,$$

$L'(300)=90-0.2\times 300=30$（元/件），其经济意义是销售第 301 件产品的利润为 30 元；

$L'(500)=90-0.2\times 500=-10$，其经济意义是销售第 501 件产品时亏损 10 元．

四、其他边际经济量

引例 2.13 设生产某种产品的产量 Q（单位：件）是时间 t（单位：天）的函数 $Q=200t+4t^2$，确定第 4 天的产量．

解 第 4 天的产量就是在第 3 天的基础上再生产 1 天的产量，与前面类似，$Q'=200+8t\Rightarrow Q'(3)=224$（件/天），即第 4 天的产量为 224 件．

于是就有下面的边际经济量．

定义 2.9 称产量函数 $Q=f(t)$ 对时间 t 的导数 $f'(t)$ 为该产品在时间 t 的边际产量．边际产量 $f'(t)$ 的**经济意义**是：在 t 个单位时间的基础上，再增加一个单位时间的产量或第 $t+1$ 个时间的产量．

定义 2.10 称需求函数 $Q(p)$ 对价格 p 的导数 $Q'(p)$ 为该产品在价格为 p 时的边际需求；边际需求 $Q'(p)$ 的**经济意义**是：在价格为 p 个单位的基础上，价格再增加一个单位产生的需求变化．

例 7 设某商品的需求函数为 $Q(p)=75-p^2$（件），求边际需求及 $p=4$（元）时的

边际需求，并指出其经济意义.

解　边际需求为$Q'(p)=-2p$，$p=4$元时的边际需求为$Q'(4)=-8$（件/元），

其经济意义就是在价格为 4 元的基础上，价格再增加（降低）1 元，需求量将降低（增加）8 件.

定义 2.11　称供给函数$Q(p)$对价格P的导数$Q'(p)$为该产品在价格为P时的边际供给．边际供给$Q'(p)$的**经济意义**是：在价格为P个单位的基础上，价格再增加一个单位产生的供给变化.

练习题 2.3

（A）

1．填空题.

（1）设生产某产品Q件的总成本函数为$C(Q)=100+4Q+2Q^2$（元），则生产 5 件该产品的边际成本为__________.

（2）设销售某产品Q件的利润函数为$L(Q)$元，则表达式$L'(11)=-5$的经济意义是__________.

（3）已知生产某种产品Q件的收益为$R(Q)=40-3Q+2Q^2$（元），则生产 3 件产品时的边际收益为__________.

2．选择题.

（1）设生产某产品Q个单位的总成本为$C(Q)=30000+100Q+0.75Q^2$，当产量为（　　）个单位时，平均成本与边际成本相同.

A．20　　B．200　　C．10　　D．100

（2）设销售某产品Q个单位的利润函数为$L(Q)=300Q-Q^2-1000$，销售量不超过（　　）个单位时，销售该产品会盈利.

A．15　　B．150　　C．1000　　D．100

（B）

1．设生产某产品Q件的总成本函数和总收益函数分别为$C(Q)=3+2\sqrt{Q}$（元）和$R(Q)=\dfrac{5Q}{Q+1}$（元），求该产品的边际成本、平均成本、边际收益、边际利润.

2．某商品的价格p关于需求量Q的函数为$p=10-\dfrac{Q}{4}$，求：

（1）总收益函数、平均收益函数和边际收益函数；

（2）需求量$Q=10$个单位时的总收益、平均收益和边际收益.

3．某个体户以每条 100 元的进价购进一批牛仔裤，设其需求函数为$Q=400-p$，其中P为牛仔裤的销售价格，Q为需求量，求边际利润.

4．设某产品的需求方程和总成本函数分别为$p+0.1Q=80, C(Q)=5000+20Q$，其中Q为该产品的销售量，p为价格．求边际利润函数，计算$Q=100$和$Q=350$时的边际利润，解释其经济意义.

第四节　弹 性 分 析

引例 2.14　甲商品价格为 1 元，涨价 1 元；乙商品的价格为 100 元，涨价 1 元．虽然涨价的金额相同，但是两种商品涨价的幅度有明显差异．怎样来刻画两种商品的涨价幅度呢？

我们用两种商品价格的相对变化率作比值：

$$\frac{甲商品价格变化值}{甲商品的价格}\Bigg/\frac{乙商品价格变化值}{乙商品的价格}=\frac{1}{1}\Bigg/\frac{1}{100}=100,$$

也就是说甲商品价格的涨幅是乙商品价格涨幅的 100 倍．

需求量随价格的变化而变化，不同的商品在不同的价格水平上需求量对价格的反应程度是不一样的，如价格下跌 10%，需求量可能增加 2%，也可能增加 20%．在经济学中，在一定时期内一种商品的需求量的相对变动对于该商品的价格的相对变动的反应程度通常用需求价格弹性 E_η 来表示：

$$E_\eta=\frac{需求量变化\%}{价格变化\%}=\frac{\Delta Q/Q}{\Delta p/p}=\frac{p}{Q}\cdot\frac{\Delta Q}{\Delta p}.$$

为了利用导数研究需求弹性，可用 $\lim\limits_{\Delta p\to 0}\frac{p}{Q}\cdot\frac{\Delta Q}{\Delta p}=\frac{p}{Q}\cdot\frac{\mathrm{d}Q}{\mathrm{d}p}$ 代替需求价格弹性．

一、需求价格弹性

定义 2.12　设某商品的市场需求量 Q 是价格 p 的可导函数 $Q=Q(p)$，则称

$$\frac{EQ}{Ep}=\frac{p}{Q(p)}\cdot\frac{\mathrm{d}Q}{\mathrm{d}p}$$

为该商品在价格为 p 时的需求价格弹性，简称需求弹性，常记为 η_p．

需求弹性 η_p 反映某商品的需求量 Q 对价格 p 的敏感程度．由于需求量通常是价格的减函数，所以需求弹性 η_p 通常也是负数．需求弹性 η_p 的**经济意义**是：在价格为 p 的基础上，价格再增加（降低）1%，需求量将减少（增加）$|\eta_p|$%．在经济学中，比较商品需求弹性的大小时，是指弹性的绝对值 $|\eta_p|$，但我们要清楚 η_p 本身为负值．

（1）当 $\eta_p=-1$（即 $|\eta_p|=1$）时，称为**单位弹性**．此时商品的需求量变动的百分比与价格变动的百分比相同；

（2）当 $\eta_p<-1$（即 $|\eta_p|>1$）时，称为**高弹性**或**富有弹性**．此时商品需求量变动的百分比高于价格变动的百分比，价格的变动对需求量的影响较大；

（3）当 $-1<\eta_p<0$（即 $|\eta_p|<1$）时，称为**低弹性**或**缺乏弹性**．此时商品需求量变动的百分比低于价格变动的百分比，价格的变动对需求量的影响不大．

例 1　设某商品的需求价格函数为 $Q=50-2p$．求：

（1）需求价格弹性；（2）当价格为多少时，需求弹性分别大于 1，等于 1 和小于 1．

解　（1）$\eta_p=\frac{p}{Q(p)}\cdot\frac{\mathrm{d}Q}{\mathrm{d}p}=\frac{-2p}{50-2p}$；

（2）$|\eta_p|>1\Rightarrow\frac{2p}{50-2p}>1\Rightarrow 12.5<p<25$ 时，需求弹性大于 1；

$|\eta_p|=\frac{2p}{50-2p}=1\Rightarrow p=12.5$ 时，需求弹性等于 1；

$|\eta_p|=\frac{2p}{50-2p}<1\Rightarrow 0<p<12.5$ 时，需求弹性小于 1.

二、需求价格弹性与总收益的关系

因为收益函数 $R=pQ(p)$，所以

$$R'=Q(p)+pQ'(p)=Q(p)\left[1+\frac{p}{Q(p)}\cdot Q'(p)\right],$$

因此 $R'=Q(p)(1+\eta_p)$，可见

（1）如果 $\eta_p>-1$，则 $R'>0$，收益函数单调增加，所以价格上涨（下降），总收益增加（减少）；

（2）如果 $\eta_p<-1$，则 $R'<0$，收益函数单调递减，所以价格上涨（下降），总收益减少（增加），所谓薄利多销多收益；

（3）如果 $\eta_p=-1$，$R'=0$，则收益函数取得最大值.

例 2　设某商品的需求函数为 $Q=12-\frac{p}{2}$，（1）求需求弹性函数；（2）求 $p=6$ 时的需求弹性，此时收益随价格上涨如何变化.

解　（1）$\eta_p=-\frac{1}{2}\cdot\frac{p}{12-\frac{p}{2}}=-\frac{p}{24-p}$；

（2）$\eta_p|_{p=6}=-\frac{1}{3}$，因为 $\eta_p|_{p=6}=-\frac{1}{3}>-1$，所以价格上涨，总收益增加.

三、需求价格弹性的应用

1. 用于价格和销售量的分析和估计

例 3　某国为了鼓励本国石油工业的发展，于 1973 年采取措施限制石油进口，估计这些措施将使可得到的石油数量减少 20%，如果石油的需求价格弹性在 0.8 到 1.4 之间，问从 1973 年起该国石油价格预期会上涨多少？

解　由于需求价格弹性=$\frac{\text{需求量变化\%}}{\text{价格变化\%}}$，所以价格变动%=$\frac{\text{需求量变化\%}}{\text{需求价格弹性}}$，当需求价格弹性为 0.8 时，价格变动%=$\frac{20\%}{0.8}$=25%；当需求价格弹性为 1.4 时，价格变动%=14.3%，所以 1973 年起，该国石油价格上涨幅度为 14.3%～25%.

2. 用于决策分析

需求价格弹性对一些经济决策是很有用的．例如：怎样给出口物资定价？如果出口的主要目的是增加外汇收入，那么对需求价格弹性大的物资应规定较低的价格，对价格弹性较小的物资应规定较高的价格；为了提高生产者的收入，人们往往对农产品采取提高价格的办法，对电视机、洗衣机、手表等高级消费品往往采取降低价格的办法．

四、需求收入弹性

需求收入弹性反映需求量对消费者收入水平变化的灵敏程度．其计算公式为

$$\text{收入弹性}=\frac{\text{需求量变化\%}}{\text{消费者收入变化\%}}=\frac{\Delta Q/Q}{\Delta R/R}=\frac{\Delta Q}{\Delta R}\cdot\frac{R}{Q},$$

点收入弹性计算公式为

$$\varepsilon_R=\frac{\mathrm{d}Q}{\mathrm{d}R}\cdot\frac{R}{Q},$$

弧收入弹性计算公式为

$$E_R=\frac{Q_2-Q_1}{R_2-R_1}\cdot\frac{R_2+R_1}{Q_2+Q_1}.$$

例 4 政府为了解决居民住房问题，要制订一个住房的长远规划．假定根据研究资料，已知租房需求的收入弹性在 0.8～1.0，买房需求的收入弹性在 0.7～1.5．估计今后 10 年内，每人每年平均可增加收入 2%～3%．问 10 年后，对住房的需求量将增加多少？

解 如果收入每年增加 2%，则 10 年后可增加到 $(1.02)^{10}=121.9\%$，也就是 10 年后每人的收入将增加 21.9%；如果收入每年增加 3%，则 10 年后可增加到 $(1.03)^{10}=134.4\%$，也就是 10 年后每人的收入将增加 34.4%.

$\text{收入弹性}=\dfrac{\text{需求量变化\%}}{\text{收入变化\%}}$，所以需求量变化%=收入弹性×收入变化%.

10 年后租房需求量增加幅度见表 2-1.

表 2-1 租房需求量增加幅度

收入弹性	收入增加	
	21.9%	34.4%
0.8	17.5%	27.5%
1.0	21.9%	34.4%

也就是说，租房需求量增加的幅度在 17.4%～34.3%.

10 年后买房需求量增加幅度见表 2-2.

表 2-2 买房需求量增加幅度

收入弹性	收入增加	
	21.9%	34.4%
0.7	15.3%	24.1%
1.5	32.9%	51.6%

也就是说，买房需求量增加的幅度在 15.3%～51.5%.

五、其他弹性

定义 2.13　设某种商品的收益 R 是价格 p 的可导函数 $R=R(p)$，则称 $\dfrac{ER}{Ep}=\dfrac{p}{R}\cdot\dfrac{\mathrm{d}R}{\mathrm{d}p}$ 为该商品在价格为 p 时的收益价格弹性．其经济意义是：在价格为 p 的基础上，价格再变化 1%，收益变化的百分比.

注　从上述弹性的定义可以看出函数 $y=f(x)$ 对自变量 x 的弹性就是 $\dfrac{Ey}{Ex}=\dfrac{x}{y}\cdot\dfrac{\mathrm{d}y}{\mathrm{d}x}$.

练习题 2.4

（A）

1．填空题.

（1）设某商品的需求价格函数为 $Q=100\mathrm{e}^{-1.5p}$，其中 Q 为需求量，Q 为价格，则该商品的需求价格弹性 $\eta_p=$__________.

（2）某商品的需求价格弹性为 η_p，则 $\eta_p\big|_{p=10}=-5$ 的经济意义是__________.

（3）设某商品的需求价格函数 $Q=a\mathrm{e}^{bp}$ 的需求价格弹性 $\eta_p=-\dfrac{p}{2}$，则 $b=$__________.

2．选择题.

（1）设某商品的需求函数为 $Q=75-p^2$，当价格 $p=4$ 时，若价格上涨，总收益（　　）.

A．增加　　B．减少　　C．取得最大值　　D．不确定

（2）设某商品的需求函数为 $Q=3\mathrm{e}^{-\frac{p}{5}}$，则当价格 p 满足条件（　　）时，发生高弹性.

A．$p>5$　　B．$p<5$　　C．$p=5$　　D．A、B、C 都不对

（3）设某商品的需求函数为 $Q=150-5p-2p^2$，当价格 $p=4$ 时发生（　　）.

A．高弹性　　B．单位弹性　　C．低弹性　　D．无弹性

（B）

1．设某商品的需求函数为 $Q=120-6p$，其中价格 $p\in(0,20)$，Q 为需求量．求需求量对价格的弹性 η_p.

2．指出下列需求关系中，价格 p 为何值时，其需求是高弹性或低弹性.

（1）$Q=100(3-\sqrt{p})$；　　（2）$p=\sqrt{a-bQ}\,(a,b>0)$.

3．设某商品的需求价格函数为 $Q=100-4p$，求

（1）需求价格弹性；　　（2）求 $p=15$ 时的需求价格弹性.

4．设某商品的需求价格函数为 $Q=150-10p-5p^2$，当价格 $p=4$ 时收益函数如何随价格的变化而变化？

第五节　微分及其应用

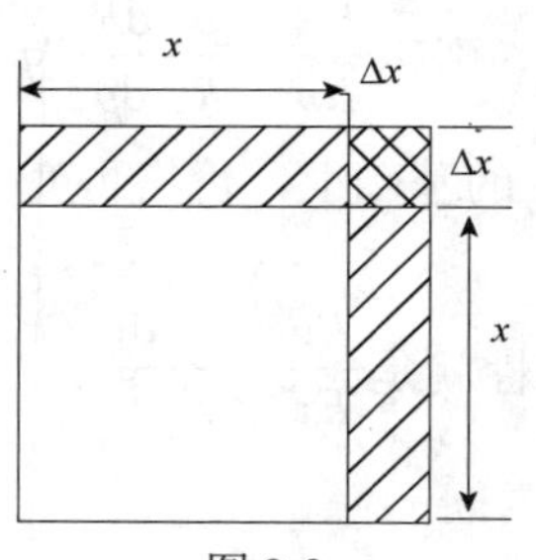

图 2-3

引例 2.15　如图 2-3 所示，设有一块边长为 x 的均匀铁皮，受热膨胀，其边长变成 $x+\Delta x$，求铁皮面积的增量.

很明显，面积的增量 $\Delta S=(x+\Delta x)^2-x^2=2x\Delta x+(\Delta x)^2$，由于 Δx 的值很小，因而 $(\Delta x)^2$ 就更小，所以可以将面积的增量近似地看成是 $\Delta S\approx 2x\Delta x$，其中 $2x=(x^2)'$.

一、微分的定义

定义 2.14　设函数 $y=f(x)$ 在点 x 的某个邻域内有定义，如果函数的增量 $\Delta y=f(x+\Delta x)-f(x)$ 可以近似写成 $\Delta y\approx f'(x)\Delta x$，则称函数 $y=f(x)$ 在点 x 可微，称 $f'(x)\Delta x$ 为函数 $y=f(x)$ 在点 x 的微分，记为 $\mathrm{d}y$，即 $\mathrm{d}y=f'(x)\Delta x$.

注　函数的微分 $\mathrm{d}y$ 可以作为增量 $\Delta y=f(x+\Delta x)-f(x)$ 的近似值，即 $\mathrm{d}y\approx\Delta y$.

定理 2.6　函数 $y=f(x)$ 在点 x 可微分的充分必要条件是 $y=f(x)$ 在点 x 可导，并且有 $\mathrm{d}y=f'(x)\Delta x$.

取 $y=x\Rightarrow \mathrm{d}y=\mathrm{d}x=1\cdot\Delta x\Rightarrow\Delta x=\mathrm{d}x$，所以函数 $y=f(x)$ 在点 x 的微分可写成 $\mathrm{d}y=f'(x)\mathrm{d}x$. 因此有 $\dfrac{\mathrm{d}y}{\mathrm{d}x}=f'(x)$，所以导数又称微商.

注　函数的微分等于函数的导数乘以自变量的微分，所以只要能求函数的导数就可以求函数的微分.

例 1　求下列函数的微分.

（1）$y=\ln(x+x^2)$；　（2）$y=\sin 2t$；　（3）$y=\sqrt{x^2+2x+3}$.

解　（1）$y'=\dfrac{1+2x}{x+x^2}\Rightarrow \mathrm{d}y=\dfrac{1+2x}{x+x^2}\mathrm{d}x$.

（2）$y'=\cos 2t\cdot 2=2\cos 2t\Rightarrow \mathrm{d}y=2\cos 2t\mathrm{d}t$.

（3）$y'=\dfrac{x+1}{\sqrt{x^2+2x+3}}\Rightarrow \mathrm{d}y=\dfrac{x+1}{\sqrt{x^2+2x+3}}\mathrm{d}x$.

二、一阶微分的形式不变性

定理 2.7　设函数 $y=f(u),\ u=\varphi(x)$ 都可微分，则复合函数 $y=f(\varphi(x))$ 也可微，且有

$$\mathrm{d}y=\frac{\mathrm{d}y}{\mathrm{d}u}\mathrm{d}u=\frac{\mathrm{d}y}{\mathrm{d}x}\mathrm{d}x.$$

一阶微分的形式不变性是指：不论是自变量还是中间变量可以同等对待，对哪个变量求导就乘上这个变量的微分就是函数的微分.

例 2　求下列函数的微分.

（1）$y=\sin x^2$；　（2）$y=\ln\cos(2x+1)$.

解　（1）$\mathrm{d}y=\cos x^2\mathrm{d}x^2=\cos x^2\cdot 2x\mathrm{d}x=2x\cos x^2\mathrm{d}x$；

（2）$dy=\frac{1}{\cos(2x+1)}d\cos(2x+1)=\frac{-\sin(2x+1)}{\cos(2x+1)}d(2x+1)=-2\tan(2x+1)dx$.

三、微分的应用

1. 利用微分求由参数方程确定函数的导数

利用微分可以非常方便地求出由参数方程确定的函数的导数.

设由参数方程 $x=\varphi(t)$，$y=\psi(t)$ 确定函数 $y=y(x)$，则有

$$dx=\varphi'(t)dt, dy=\psi'(t)dt \Rightarrow \frac{dy}{dx}=\frac{\psi'(t)}{\varphi'(t)}.$$

例 3　求由 $x=a(t-\sin t)$, $y=a(1-\cos t)$ 确定的函数 $y=y(x)$ 的导数.

解　$\frac{dy}{dx}=\frac{a\sin t dt}{a(1-\cos t)dt}=\frac{\sin t}{1-\cos t}$.

2. 利用微分作近似计算

由于

$$\eta_p=\frac{p}{Q}\cdot\frac{dQ}{dp}\approx\frac{p}{Q}\cdot\frac{\Delta Q}{\Delta p}\Rightarrow\frac{\Delta Q}{Q}\approx\eta_p\cdot\frac{\Delta p}{p},$$

同时

$$\Delta R\approx dR=d(pQ)=Qdp+pdQ=Q(1+\eta_p)dp\approx Q(1+\eta_p)\Delta p$$

$$\Rightarrow\frac{\Delta R}{R}\approx\frac{Q(1+\eta_p)\Delta p}{Qp}=(1+\eta_p)\frac{\Delta p}{p},$$

所以有如下结果：如果价格变化 1%，相应地需求量变化 $|\eta_p|$%，收益变化 $|1+\eta_p|$%.

例 4　已知某企业某种产品的需求弹性为 2.1~1.3，如果该企业准备明年将价格降低 10%，问这种商品的销售量预期会增加多少，总收益预期会增加多少？

解　由于 $\frac{\Delta Q}{Q}\approx\eta_p\frac{\Delta p}{p}$, $\frac{\Delta R}{R}\approx\frac{Q(1+\eta_p)\Delta p}{Qp}=(1+\eta_p)\frac{\Delta p}{p}$.

当 $\eta_p=-2.1$ 时，

$$\frac{\Delta Q}{Q}\approx(-2.1)\times(-0.1)=0.21=21\%,\quad\frac{\Delta R}{R}\approx(1-2.1)\times(-0.1)=11\%.$$

当 $\eta_p=-1.3$ 时，

$$\frac{\Delta Q}{Q}\approx(-1.3)\times(-0.1)=0.13=13\%,\quad\frac{\Delta R}{R}\approx(1-1.3)\times(-0.1)=3\%.$$

也就是说，这种商品明年的销量预期增加为 13%～21%，总收益预期增加为 3%～11%.

练习题 2.5

（A）

1．填空题．

（1）$\mathrm{d}(x^2\sin x)=$__________．（2）$\mathrm{d}\sqrt{x}=(\qquad)\dfrac{1}{\sqrt{x}}\mathrm{d}x$.

（3）$(\qquad)\mathrm{d}x=\mathrm{d}(x^2+x+2)$．

2．选择题．

（1）函数 $y=f(x)$ 在 x_0 点可微是函数 $y=f(x)$ 在 x_0 点可导的（　　）．

A．充分条件　　B．必要条件　　C．充要条件　　D．无关条件

（2）利用微分的形式不变性，可以得到（　　）．

A．$\mathrm{d}\sin^2 x=2\sin x\mathrm{d}x$　　B．$\mathrm{d}\sin^2 x=2\sin x\mathrm{d}\sin x$

C．$\mathrm{d}\sin^2 x=2\sin x\mathrm{d}\cos x$　　D．$\mathrm{d}\sin^2 x=2\cos x\mathrm{d}x$

（3）$\mathrm{d}\sqrt{x}=(\quad)\mathrm{d}x$.

A．$\dfrac{1}{\sqrt{x}}$　　B．$\dfrac{1}{2\sqrt{x}}$　　C．$\dfrac{2}{\sqrt{x}}$　　D．$-\dfrac{1}{\sqrt{x}}$

（B）

1．求下列函数的微分．

（1）$y=x^3\cos x$；　（2）$y=\sin(3x-2)$；　（3）$y=\tan(2x+3)$.

2．求由 $x=a\sin t, y=b\cos t$ 确定的函数 $y=y(x)$ 的导数 $\dfrac{\mathrm{d}y}{\mathrm{d}x}$．

3．设某商品的需求函数为 $Q=12-\dfrac{p}{2}$，在价格 $p=6$ 时，价格增加 1%，总收益是增加还是减少？增加或减少多少？

第六节　函数的单调性与极值

引例 2.16　对于函数 $y=x^2$，当 $x>0$ 时 $y'>0$，而函数 $y=x^2$ 单调递增；当 $x<0$ 时 $y'<0$，而函数 $y=x^2$ 单调递减．这就意味着可以利用函数导数的符号来判定函数的单调性．从而有以下结论．

一、函数的单调性判别法

定理 2.8　设函数 $f(x)$ 在 (a,b) 内可导，则：

（1）如果 $\forall x\in(a,b)$ 都有 $f'(x)>0$，则 $f(x)$ 在 (a,b) 内单调增加；

（2）如果 $\forall x\in(a,b)$ 都有 $f'(x)<0$，则 $f(x)$ 在 (a,b) 内单调减少．

注　将定理 2.8 中的开区间改为其他类型的区间，结论仍成立．

确定函数的单调区间需要找出单调增加和减少的分界点，而单调增加和减少的分界

点只可能是导数为零的点或导数不存在的点．于是求函数 $y=f(x)$ 的单调区间可采用如下步骤完成：

第一步：求函数 $y=f(x)$ 的定义域；

第二步：求函数 $y=f(x)$ 的导数为零的点和不可导点；

第三步：用第二步所求出的点将定义域分成若干小区间，确定各小区间内导数的符号，判定单调性．

例 1　某商品的需求量 Q 是价格 p 的函数 $Q(p)=75-p^2$，求收益函数的单调区间．

解　收益函数 $R=pQ=p(75-p^2)=75p-p^3$，由收益及价格非负知 $0<p<\sqrt{75}$．$R'=75-3p^2=0\Rightarrow p=5$，而且该函数没有不可导点（表 2-3）．

表 2-3

p	$(0,5)$	5	$(5,5\sqrt{3})$
R'	+	0	—
R	↗		↘

例 2　设某种商品的单价为 p 时，售出的商品数量 $Q=\dfrac{200}{p+4}-18$，确定销售收入函数的单调区间．

解　销售收入函数 $R=pQ=\dfrac{200p}{p+4}-18p$，由收入及价格非负知 $0<p<\dfrac{64}{9}$．

由于 $R'=0\Rightarrow\dfrac{800}{(p+4)^2}-18=0\Rightarrow p=\dfrac{8}{3}$，而且函数没有不可导点（表 2-4）．

表 2-4

p	$\left(0,\dfrac{8}{3}\right)$	$\dfrac{8}{3}$	$\left(\dfrac{8}{3},\dfrac{64}{9}\right)$
R'	+	0	—
R	↗		↘

利用单调性，可以解决一些比较复杂不等式的证明．

例 3　有甲、乙两种产品的产量 Q 是时间的函数：$Q=t$ 和 $Q=\ln(1+t)$，请比较两种产品产量的高低．

分析　产量的高低就是产量的大小，而比较大小通常有求差比较和求商比较两种方式，今作求差比较即可．

解　作差函数 $f(t)=t-\ln(1+t)$ 在 $t>0$ 时连续、可导，并且有 $f'(t)=1-\dfrac{1}{1+t}=\dfrac{t}{1+t}>0$，所以函数 $f(t)$ 在 $t>0$ 时单调递增，而 $f(0)=0$，所以 $t>0$ 时有 $f(t)>f(0)=0$，于是在 $t>0$ 时有 $f(t)=t-\ln(1+t)>0$，即 $t>\ln(1+t)$，也就是说甲产品的产量比乙产品的产量高．

二、函数的极值

定义 2.15　设函数 $y=f(x)$ 在 x_0 点的邻域 $U(x_0,\delta)$ 内有定义，如果 $\forall x\in U(x_0,\delta)$，都有 $f(x)\leqslant f(x_0)(f(x)\geqslant f(x_0))$ 成立，则称 $f(x_0)$ 为函数 $f(x)$ 的**极大值（极小值）**，称 x_0 为

函数 $f(x)$ 的**极大值点**（**极小值点**）．极大值与极小值统称为**极值**；极大值点和极小值点统称为**极值点**．

注　（1）极值是一个局部概念，所以极大值不一定大于极小值．

（2）极值只能在一个区间的内部取得，不能在区间的端点取得．

定理 2.9（**极值存在的必要条件**）　如果函数 $f(x)$ 在 x_0 点处取得极值，并且 $f(x)$ 在 x_0 点可导，则 $f'(x_0)=0$．

注　（1）此命题的逆不成立，即导数为零的点不一定是函数的极值点．

（2）导数为零的点称为函数的**驻点**或**稳定点**．

（3）导数不存在的点也可能是函数的极值点．所以函数的极值只能在驻点或不可导点取得，我们称函数的驻点和不可导点为函数的**可能极值点**．

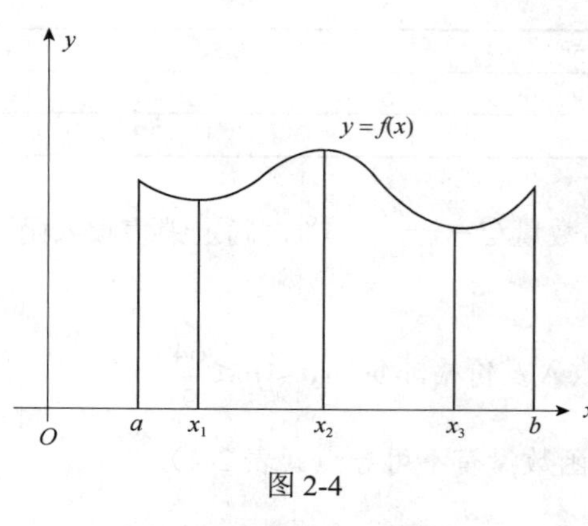

图 2-4

引例 2.17　对于如下函数 $y=f(x)$ 的图像（图 2-4），在 x_1,x_3 的左侧近旁函数递减，在其右侧近旁函数递增，所以函数在 x_1,x_3 取得极小值；在 x_2 左侧近旁函数递增，在其右侧近旁函数递减，所以函数在 x_2 处取得极大值．这就意味着可以利用导数确定函数的极值．

定理 2.10（**极值存在的第一充分条件**）　设函数 $f(x)$ 在 x_0 点的邻域 $U(x_0,\delta)$ 内可导（x_0 点可以除外）．

（1）如果自变量 x 由小到大经过 x_0 时，$f'(x)$ 由正变到负，则 x_0 是函数的极大值点；

（2）如果自变量 x 由小到大经过 x_0 时，$f'(x)$ 由负变到正，则 x_0 是函数的极小值点；

（3）如果自变量 x 由小到大经过 x_0 时，$f'(x)$ 不改变符号，则 x_0 不是函数的极值点．

求函数 $y=f(x)$ 的极值的步骤：

（1）求出函数 $y=f(x)$ 的定义域 D_f；

（2）求函数 $y=f(x)$ 的可能极值点也就是驻点和不可导点；

（3）用可能极值点将函数的定义域 D_f 分成若干小区间和若干点，列表考察各小区间上 $f'(x)$ 的符号，确定单调性并求出极值．

例 4　设生产某种商品 Q 件的成本为 $C(Q)=20+2Q+0.5Q^2$（万元），收益函数 $R(Q)=R(Q)=20Q-0.5Q^2$，求利润函数的极值．

解　由于收益及销量非负知 $0<Q<40$，函数 $L(Q)=R(Q)-C(Q)=18Q-Q^2-20$（万元），由 $L'(Q)=18-2Q=0$ 得到 $Q=9$（件），函数 $L(Q)$ 没有不可导点（表 2-5）．

表 2-5

Q	(0, 9)	9	(9, 40)
L'	+	0	—
L	↗	极大值 61	↘

定理 2.11（**极值存在第二充分条件**）　设函数 $f(x)$ 在点 x_0 存在二阶导数，且

$f'(x_0)=0$，$f''(x_0)\neq 0$，则

（1）当 $f''(x_0)<0$ 时，$f(x_0)$ 是函数 $f(x)$ 的极大值；

（2）当 $f''(x_0)>0$ 时，$f(x_0)$ 是函数 $f(x)$ 的极小值.

例 5　设某种商品的收益函数为 $R=20Q-\dfrac{Q^2}{4}$，求收益函数的极值.

解　因为销量、收益非负，所以 $0<Q<80$，由

$$R'=20-\frac{Q}{2}=0\Rightarrow Q=40，\ R''(40)=-\frac{1}{2}<0，$$

所以收益函数在销量 $Q=40$ 时取得极大值 $R(40)=400$.

练习题 2.6

（A）

1．填空题.

（1）函数 $y=f(x)$ 在 x_0 可导且在该点取得极值，则 $f'(x_0)=$________.

（2）函数 $y=f(x)$ 的可能极值点包含该函数的驻点和________.

（3）如果函数 $y=f(x)$ 在 x_0 可导且 $f'(x_0)=0$，则函数 $y=f(x)$ 在 x_0 点________（一定或不一定）取得极值.

2．选择题.

（1）如果函数 $f(x)$ 在点 x_0 存在二阶导数，且 $f'(x_0)=0$，当 $f''(x_0)<0$ 时，$f(x_0)$ 是函数 $f(x)$ 的（　　）.

A．极小值　B．极大值　C．不确定极值　D．A，B，C 都不对

（2）如果函数 $f(x)$ 在整个实数区间上都可导，且 $f'(x_0)=0$，只要 $x\neq x_0$ 都有 $f'(x)>0$，则（　　）.

A．函数 $f(x)$ 在整个实数区间上都单调递增

B．函数 $f(x)$ 在整个实数区间上都单调递减

C．函数 $f(x)$ 只在 $(-\infty,x_0)$ 递增

D．函数 $f(x)$ 只在 $(x_0,+\infty)$ 递增

（3）如果函数 $f(x)$ 在 (a,b) 内满足条件 $f''(x)>0$，则 $f'(x)$ 在 (a,b) 内（　　）.

A．单调递增　B．单调递减　C．向上凸　D．向下凸

（B）

1．已知某企业的收益函数为 $R(Q)=10+2Q-0.1Q^2$，求此收益函数的单调区间和极值.

2．设生产某种产品 Q 个单位的成本为 $C(Q)=5Q+200$，收入函数为 $R(Q)=10Q-0.001Q^2$，求利润函数的单调区间和极值.

第七节　最优化问题

在工农业生产、工程技术实践和经济分析中，常常会遇到“产品最多”“用料最省”“成本最低”“利润最大”等问题，这类问题通常归结为在一定条件下求某个目标函数的

最值问题，也就是最优化问题.

引例 2.18 把一根 100cm 长的铁丝弯成一个矩形，问矩形的长和宽各为多少时矩形的面积最大.

设矩形的长为 x，则矩形的宽为 $(100-2x)/2=50-x$，记矩形的面积为 y，则容易知道 $y=(50-x)x=50x-x^2$，这里的 x 满足 $0<x<50$.

由 $y=50x-x^2=625-(25^2-50x+x^2)=625-(x-25)^2$ 可知，当长 $x=25$ cm，宽为 25cm 时，矩形的面积最大.

由第一章可知：在闭区间上连续的函数一定存在最大值和最小值，但那里并没有介绍如何确定最大值和最小值，当然也不能仅仅依靠画出函数的图像或配方等一般方法确定最大值与最小值．下面介绍求解函数 $y=f(x)$ 在区间 $[a,b]$ 上的最大值和最小值的方法.

一、函数在闭区间[*a*, *b*]上的最大值与最小值

求函数 $y=f(x)$ 在区间 $[a,b]$ 上的最值的步骤：

（1）求出函数 $y=f(x)$ 在区间 $[a,b]$ 中的可能极值点；

（2）求出函数 $y=f(x)$ 在（1）中各点的值及 $f(a),f(b)$；

（3）比较（2）中各个函数值的大小，最大者即为所求的最大值，最小者即为所求的最小值.

例 1 求函数 $y=x^3-3x^2-9x+15$ 在区间 $[-2,4]$ 上的最大值和最小值.

解 $y'=3x^2-6x-9=0 \Rightarrow x=-1,3\in[-2,4]$，该函数没有不可导点；

$$f(-2)=13, \qquad f(4)=-5, \qquad f(-1)=20, \qquad f(3)=-12,$$

所以函数 $y=x^3-3x^2-9x+15$ 在区间 $[-2,4]$ 上的最大值为 $f(-1)=20$，在区间 $[-2,4]$ 上的最小值为 $f(3)=-12$.

注 （1）如果可导函数 $y=f(x)$ 在 $[a,b]$ 上的驻点唯一，则极值就是相应的最值.

（2）对于实际问题，如果最大值或最小值一定存在，函数可导且驻点唯一，那么驻点处的值就是所求的最大值或最小值，不需要判定.

二、生活中的优化问题

例 2 一块正方形纸板的边长为 a，将它的四个角各截去一个大小相同的边长为 x 的小正方形，使余下部分折叠做成一个无盖的盒子，问所截小正方形的边长为多少时，才能使盒子的容积最大？

解 由于截取的小正方形边长为 x，从而盒子的底面边长为 $a-2x$，设容积为 V，则有

$$V=x(a-2x)^2,\ x\in\left(0,\frac{a}{2}\right)$$

$$V'=(a-2x)^2-4x(a-2x)=(a-2x)(a-6x)=0,\ 得x=\frac{a}{6}.$$

所以截取小正方形的边长为 $\frac{a}{6}$ 时，盒子的容积最大.

此问题还可以用中学数学的方法完成，因为$V=x(a-2x)^2$，所以

$$4V=4x\cdot(a-2x)(a-2x),$$

由于$4x+a-2x+a-2x=2a$，所以当且仅当$4x=a-2x$即$x=\dfrac{a}{6}$时$4V$达到最大值.

例 3　要靠墙用长为l米篱笆造一个矩形鸡舍，问鸡舍的长和宽各为多少时最划算？

解　设鸡舍的长、宽分别为x、y米，则$x+2y=l\Rightarrow y=\dfrac{l-x}{2}$，鸡舍的面积为

$$S=xy=\frac{l}{2}x-\frac{x^2}{2},$$

而

$$S'=\frac{l}{2}-x=0\Rightarrow x=\frac{l}{2},\quad y=\frac{l}{4}.$$

也就是说，鸡舍的长、宽分别为$\dfrac{l}{2}$米、$\dfrac{l}{4}$米时最划算.

例 4　要做一个容积为72立方分米的有盖的长方体纸箱，已知其长和宽的比为1∶2，问该纸箱的长、宽、高各为多少时，用料最省？

解　设纸箱的长、宽、高分别为x、y、z分米，则

$$xyz=72,x:y=1:2\Rightarrow y=2x,$$

所以纸板的面积

$$S=2(xy+yz+zx)=2\left(2x^2+\frac{72}{x}+\frac{36}{x}\right)=2\left(2x^2+\frac{108}{x}\right),$$

$$S'=2\left(4x-\frac{108}{x^2}\right)=0\Rightarrow x=3,y=6,z=4,$$

所以纸箱的长、宽、高分别为3、6、4分米时，所用材料最省.

另解：

$$S=2\left(2x^2+\frac{108}{x}\right)=2\left(2x^2+\frac{54}{x}+\frac{54}{x}\right)\geqslant 2\cdot3\cdot\sqrt[3]{2x^2\cdot\frac{54}{x}\cdot\frac{54}{x}}=6\sqrt[3]{2\cdot54^2},$$

等号当且仅当$2x^2=\dfrac{54}{x}$即$x=3,y=6,z=4$分米时，所用材料最省.

三、经济管理中的优化问题

例 5　已知某商品的需求函数为$Q=1000-100p$，总成本函数为$C=1000+3Q$. 求使总利润最大时的价格.

解　由于收益为$R(p)=pQ=1000p-100p^2$，所以总利润为

$$L(p)=1000p-100p^2-[1000+3(1000-100p)]=1300p-100p^2-4000,$$

$$L'(p)=1300-200p=0\Rightarrow p=6.5.$$

由于驻点唯一，经济问题存在最大利润，所以当价格为6.5个单位时利润最大.

例 6　设某厂每批生产某种产品Q单位的总成本为$C(Q)=aQ^3-bQ^2+cQ(a,b,c>0)$问每批生产多少个单位产品时，其平均成本最低，并求最低平均成本和相应的边际成本.

解 平均成本为

$$AC(Q)=aQ^2-bQ+c\Rightarrow AC'(Q)=2aQ-b=0\Rightarrow Q=\frac{b}{2a},$$

所以每批生产 $\frac{b}{2a}$ 个单位产品时平均成本最低，最低平均成本为 $\frac{4ac-b^2}{4a}$ ，相应的边际成本为 $C'\left(\frac{b}{2a}\right)=\frac{4ac-b^2}{4a}$.

一般地，如果平均成本函数 $\mathrm{AC}(Q)=\frac{C(Q)}{Q}$ 可导，则当 $\mathrm{AC}(Q)$ 取得最小值时有

$$\mathrm{AC}'(Q)=\left[\frac{C(Q)}{Q}\right]'=\frac{QC'(Q)-C(Q)}{Q^2}=\frac{1}{Q}[C'(Q)-\mathrm{AC}(Q)]=0\Rightarrow C'(Q)=\mathrm{AC}(Q),$$

也就是说，对于一般的成本函数，都有最小平均成本等于其相应的边际成本.

例 7 某厂生产的产品年销售量为 100 万件．假设这些产品分成若干批生产，每批的生产准备费为 1000 元，产品均匀销售，每件产品的年库存费用为 0.05 元，试求使每年生产的生产准备费与库存费之和为最小时的最佳批量.

解 设每年生产的生产准备费与库存费之和为 y，批量为 x，则

$$y=1000\times\frac{1000000}{x}+0.05\times\frac{x}{2},$$

$$y'=-1000\times\frac{1000000}{x^2}+0.05\times\frac{1}{2}=0，得x=200000 .$$

所以，最佳批量为 20 万件.

例 8 某厂生产某种产品 Q 个的总成本为 $C(Q)=8Q+Q^2$ ，总收入为 $R(Q)=26Q-2Q^2-4Q^3$，问生产多少个产品时利润最大？最大利润是多少？

解 利润函数 $L(Q)=R(Q)-C(Q)=18Q-3Q^2-4Q^3$,

$$L'(Q)=18-6Q-12Q^2=0\Rightarrow Q=1,-\frac{3}{2},$$

所以，生产 1 个产品时，利润最大，最大利润为 11.

例 9 某种商品的平均成本 $\bar{C}(Q)=2$ ，价格函数为 $p(Q)=20-4Q$（Q 为商品数量），国家向企业每单位商品征税为 t.（1）生产多少商品时，利润最大？（2）在企业取得最大利润的情况下，t 为何值时才能使总税收最大？

解 （1）$R=pQ=20Q-4Q^2,\ C=2Q\Rightarrow L=R-C-tQ=(18-t)Q-4Q^2$,

$$L'=18-t-8Q=0\Rightarrow Q=\frac{18-t}{8},$$

也就是说生产产品 $\frac{18-t}{8}$ 单位时利润最大.

（2）设总税收为 T ，则

$$T=tQ=\frac{18-t}{8}\cdot t=\frac{9}{4}t-\frac{t^2}{8}\Rightarrow T'=\frac{9}{4}-\frac{t}{4}=0\Rightarrow t=9,$$

也就是说 $t=9$ 时总税收最大.

例 10 某商场每年销售某商品 a 件，分为 x 批采购进货．已知每批采购费用为 b 元，

而未售商品的库存费用为 c 元/件．设销售商品是均匀的，问每年分多少批进货时，才能使以上两种费用的总和为最省？（a, b, c 为常数且 $a, b, c>0$）

解 由于销售是均匀的，所以库存量等于批量的一半．由条件易知批量为 $\frac{a}{x}$，所以采购费为 bx 元，库存费为 $\frac{a}{2x}\cdot c$，两种费用的和为

$$y = bx + \frac{ac}{2x} \Rightarrow y' = b - \frac{ac}{2x^2} = 0 \Rightarrow x = \sqrt{\frac{ac}{2b}},$$

即每年分 $\sqrt{\frac{ac}{2b}}$ 批进货可以使以上两种费用之和最少．

练习题 2.7

（A）

1．填空题．

（1）某厂生产某种产品 Q 件的总成本函数为 $C(Q) = Q^2 + 10Q + 36$（元），当产量为__________件时，平均成本最低．

（2）某厂销售某种产品 Q 件的利润函数为 $L(Q) = -2Q^2 + 120Q - 507$（元），当销售量为__________件时，总利润最大．

（3）某单位生产某种产品 Q 件的总收益函数为 $R(Q) = 3Q^2 - 60Q + 800$（元），当销售量为__________件时，总收益最大．

2．选择题．

（1）已知某产品的价格 p 与需求量 Q 满足关系：$p = 20 - \frac{Q}{4}$，总成本为 $C(Q) = 60 + 4Q$，问产量 Q 为 32 个单位时，可以获得最大利润，最大利润为（ ）．

A．98　　B．190　　C．196　　D．192

（2）某种商品的价格函数为 $p = 15\mathrm{e}^{-\frac{Q}{5}}$（$Q$ 为销量），当销量 Q 为（ ）收益最大．

A．3　　B．4　　C．5　　D．6

（3）已知某产品的价格 p 与需求量 Q 满足关系：$Q = 100 - 5p$，成本函数为 $C(Q) = 60 + 10Q$，当产量 Q 为（ ）个单位时，利润最大．

A．25　　B．20　　C．15　　D．10

（B）

1．设某企业的总利润函数为 $L(Q) = 10 + 2Q - 0.1Q^2$，求使总利润最大时的产量 x．

2．设某厂每天生产某种产品 Q 个单位时的总成本函数为 $C(Q) = 9800 + 36Q + 0.5Q^2$（元），问每天生产多少个单位产品时，其平均成本最低？

3．从长为 10cm，宽为 8cm 的矩形纸板的四个角上各剪去一个相同的小正方形，余下部分折成一个无盖的盒子，要使盒子的容积最大，剪去的小正方形的边长是多少？

4．设某厂销售某种产品 Q 个单位时，其销售收入为 $R(Q) = 3\sqrt{Q}$，成本函数为

$C(Q)=\frac{1}{4}Q+1$，求使总利润达到最大时的销量Q.

5．一商家销售某种商品的价格满足关系$p=7-0.2Q$（万元/吨），Q为销售量（单位：吨）．商品的成本函数为$C(Q)=3Q+1$（万元）.（1）若每销售1吨商品，政府要征税t万元，求该商品获得最大利润时的销售量；（2）当t为多少时，政府税收总额最大？

第八节　偏导数与条件极值

在现实生活中，除了一元函数外，经常还会遇到多个变量的函数，以及在一定条件下确定多个变量函数的极值与最值的问题.

引例 2.19　现实世界中许多变量不只是某一个变量的函数而是多个变量的函数．在20世纪20年代后期，美国经济学家科布和道格拉斯给出了企业的生产函数：$Q=\alpha K^{\beta}L^{\gamma}$，其中$Q$表示产量，$K$表示资本，$L$表示劳动力，$\alpha,\beta,\gamma$为常数．这是一个有两个自变量的函数，这个函数的引进，极大地促进了计量经济学的发展.

引例 2.20　长宽高分别为x, y, z的长方体的体积为$V=xyz$，这是一个有三个自变量的函数.

一、多元函数的概念

定义 2.16　设有三个变量x，y，z，如果对于变量x，y在它们的变化范围D内任意取定一组值(x,y)，按照某个对应法则f，变量z都有唯一确定的值与之对应，则称z为x，y在集合D上的二元函数，记为$z=f(x,y)$．其中D称为函数$z=f(x,y)$的定义域，x，y称为自变量，z称为函数，$\{z\,|\,z=f(x,y),\ (x,y)\in D\}$称为函数$z=f(x,y)$的值域.

类似地可以定义三元函数及三元以上的函数，称二元及二元以上的函数为多元函数.

注　二元函数$z=f(x,y)$的定义域是一个平面点集，也称为平面区域；二元函数$z=f(x,y)$的图形是三维空间中的一个曲面.

定义 2.17　设$P_0(x_0,y_0)$是xoy平面上一点，$\delta>0$，与点$P_0(x_0,y_0)$的距离小于δ的点$P(x, y)$的全体组成的集合称为点$P_0(x_0,y_0)$的δ邻域，记为$\mathrm{U}(P_0,\delta)$，即

$$\mathrm{U}(P_0,\delta)=\{(x,y)\,|\,\sqrt{(x-x_0)^2+(y-y_0)^2}<\delta\},$$

同样称

$$\mathring{\mathrm{U}}(P_0,\delta)=\{(x,y)\,|\,0<\sqrt{(x-x_0)^2+(y-y_0)^2}<\delta\}$$

为点$P_0(x_0,y_0)$的去心δ邻域.

二、偏导数

定义 2.18　设函数$z=f(x,y)$在点$P_0(x_0,y_0)$的某个邻域内有定义，当y固定为y_0而x在x_0点有增量Δx时，相应的函数增量为$f(x_0+\Delta x,y_0)-f(x_0,y_0)$，如果

$$\lim_{\Delta x\to 0}\frac{f(x_0+\Delta x,y_0)-f(x_0,y_0)}{\Delta x}$$

存在，则称此极限值为 $z=f(x,y)$ 在点 $P_0(x_0,y_0)$ 处对 x 的偏导数，记为

$$f_x(x_0,y_0)\text{ 或 }z_x(x_0,y_0)\text{ 或 }\left.\frac{\partial z}{\partial x}\right|_{(x_0,y_0)}.$$

类似地，定义函数 $z=f(x,y)$ 在点 $P_0(x_0,y_0)$ 处对 y 的偏导数为

$$\lim_{\Delta y\to 0}\frac{f(x_0,y_0+\Delta y)-f(x_0,y_0)}{\Delta y},$$

记为

$$f_y(x_0,y_0)\text{ 或 }z_y(x_0,y_0)\text{ 或 }\left.\frac{\partial z}{\partial y}\right|_{(x_0,y_0)}.$$

如果函数 $z=f(x,y)$ 在区域 D 内每一点 (x,y) 处都存在对 x,y 的偏导数，则这个偏导数仍是 x, y 的函数，分别称为函数 $z=f(x,y)$ 对自变量 x, y 的偏导数，记为 z_x，$\frac{\partial z}{\partial x}$，$f_x(x,y)$，$z_x(x,y)$ 和 z_y，$\frac{\partial z}{\partial y}$，$f_y(x,y)$，$z_y(x,y)$．

二元以上的多元函数的偏导数可类似定义.

注　(1) 偏导数 $f_x(x,y)$ 与 $f_x(x_0,y_0)$ 的关系为：$f_x(x_0,y_0)$ 就是函数 $f_x(x,y)$ 在点 (x_0,y_0) 处的值.

(2) 求函数 $z=f(x,y)$ 对 $x(y)$ 的偏导数，就是将 $y(x)$ 看成常数后的一元函数求导数问题；求 $u=f(x,y,z)$ 对 $x(y,z)$ 的偏导数，就是将 $y,z(x,z;x,y)$ 看成常数后的一元函数求导数问题. 由此可见，求偏导数的问题本质上就是求一元函数的导数问题，不需要其他新方法.

例 1　设 $z=2x^3y^2+y^4+xy$，求 $\frac{\partial z}{\partial x},\frac{\partial z}{\partial y}$.

解　$\frac{\partial z}{\partial x}=6x^2y^2+y$，$\frac{\partial z}{\partial y}=4x^3y+4y^3+x$．

例 2　求 $z=y^x$ 的偏导数.

解　$\frac{\partial z}{\partial x}=y^x\ln y$，$\frac{\partial z}{\partial y}=xy^{x-1}$．

三、二阶偏导数

引例 2.21　对于函数 $z=3x^2y+2xy^4+x-2y+5$，有

$$z_x=6xy+2y^4+1,\quad z_y=3x^2+8xy^3-2,$$

它们仍然是两个变量 x,y 的函数，可以继续考虑对 $x(y)$ 求偏导数的问题. 一般地有

定义 2.19　设函数 $z=f(x,y)$ 在区域 D 内每一点 (x,y) 处都存在对 x, y 的偏导数 $f_x(x,y)$，$f_y(x,y)$，一般来说 $f_x(x,y)$，$f_y(x,y)$ 仍然是 x,y 的函数，如果对这两个函数再对 x,y 求偏导数，则将它们称为函数 $z=f(x,y)$ 的二阶偏导数. 函数 $z=f(x,y)$ 有下列四个二阶偏导数：

$$\frac{\partial}{\partial x}\left(\frac{\partial z}{\partial x}\right)=\frac{\partial^2 z}{\partial x^2}=f_{xx}(x,y)=z_{xx}(x,y),\quad \frac{\partial}{\partial y}\left(\frac{\partial z}{\partial x}\right)=\frac{\partial^2 z}{\partial x\partial y}=f_{xy}(x,y)=z_{xy}(x,y),$$

$$\frac{\partial}{\partial x}\left(\frac{\partial z}{\partial y}\right)=\frac{\partial^2 z}{\partial y\partial x}=f_{yx}(x,y)=z_{yx}(x,y),\quad \frac{\partial}{\partial y}\left(\frac{\partial z}{\partial y}\right)=\frac{\partial^2 z}{\partial y^2}=f_{yy}(x,y)=z_{yy}(x,y),$$

其中 $f_{xy}(x,y), f_{yx}(x,y)$ 称为二阶混合偏导数.

定理 2.12 如果函数 $z=f(x,y)$ 在区域 D 上的二阶混合偏导数 $f_{xy}(x,y), f_{yx}(x,y)$ 连续，则在该区域上有 $f_{xy}(x,y)=f_{yx}(x,y)$.

例 3 设 $z=x\ln(xy)$，求 z_{xx}, z_{yy}, z_{xy}.

解 $z_x=\ln(xy)+x\dfrac{y}{xy}=\ln(xy)+1, z_y=x\dfrac{x}{xy}=\dfrac{x}{y}$,

$$z_{xx}=\frac{1}{x},\quad z_{yy}=-\frac{x}{y^2},\quad z_{xy}=\frac{1}{y}.$$

四、偏导数的经济意义

前面已知边际经济量是一元经济函数的导数，而对于二元经济函数的偏导数也有类似的经济意义.

引例 2.22 我国南方和北方人对主要食品的需求存在差异，设南方人对食品的需求量 Q_1 是主要食品大米价格 p_1 和辅助食品面粉价格 p_2 的函数

$$Q_1=40+3p_1+p_2-0.1p_1^2-0.3p_2^2,$$

北方人对食品的需求量 Q_2 是辅助食品大米价格 p_1 和主要食品面粉价格 p_2 的函数

$$Q_2=50+2p_1+5p_2-0.2p_1^2-0.1p_2^2,$$

则 Q_1 对主要食品价格 p_1 的边际需求为 $\dfrac{\partial Q_1}{\partial p_1}$ 及 Q_2 关于辅助食品价格 p_1 的边际需求为 $\dfrac{\partial Q_2}{\partial p_1}$.

定义 2.20 设甲乙两种商品的价格分别为 p_1, p_2，需求量分别为 Q_1, Q_2，设 $Q_1=Q_1(p_1,p_2), Q_2=Q_2(p_1,p_2)$，称 $\dfrac{\partial Q_1}{\partial p_1}$ 为 Q_1 关于自身价格 p_1 的边际需求，表示甲商品价格 p_1 发生变化时，甲商品需求量 Q_1 的变化率；称 $\dfrac{\partial Q_1}{\partial p_2}$ 为 Q_1 关于相关价格 p_2 的边际需求，表示乙商品价格 p_2 发生变化时，甲商品需求量 Q_1 的变化率；称 $\dfrac{\partial Q_2}{\partial p_1}$ 为 Q_2 关于相关价格 p_1 的边际需求，表示甲商品价格 p_1 发生变化时，乙商品需求量 Q_2 的变化率；称 $\dfrac{\partial Q_2}{\partial p_2}$ 为 Q_2 关于自身价格 p_2 的边际需求，表示乙商品价格 p_2 发生变化时，乙商品需求量 Q_2 的变化率.

对应于一元经济函数的弹性，二元经济函数也有相应的偏弹性如下：

定义 2.21 设甲乙两种商品的价格分别为 p_1, p_2，需求量分别为 Q_1, Q_2，设

$$Q_1=Q_1(p_1,p_2),\ Q_2=Q_2(p_1,p_2),$$

记

$$E_{11}=\frac{p_1}{Q_1}\cdot\frac{\partial Q_1}{\partial p_1}=\frac{\partial(\ln Q_1)}{\partial(\ln p_1)},\quad E_{21}=\frac{p_1}{Q_2}\cdot\frac{\partial Q_2}{\partial p_1}=\frac{\partial(\ln Q_2)}{\partial(\ln p_1)},$$

$$E_{12}=\frac{p_2}{Q_1}\cdot\frac{\partial Q_1}{\partial p_2}=\frac{\partial(\ln Q_1)}{\partial(\ln p_2)},\quad E_{22}=\frac{p_2}{Q_2}\cdot\frac{\partial Q_2}{\partial p_2}=\frac{\partial(\ln Q_2)}{\partial(\ln p_2)}.$$

称E_{11}为甲商品需求量Q_1对自身价格p_1的**直接价格偏弹性**；称E_{12}为甲商品需求量Q_1对相关价格p_2的**交叉价格偏弹性**；其余定义类似.

例 4　设南方人对食品的需求量Q_1是主要食品大米价格p_1和辅助食品面粉价格p_2的函数

$$Q_1=40-7p_1+p_2+p_1p_2+0.1p_1^2-0.3p_2^2,$$

北方人对食品的需求量Q_2是辅助食品大米价格p_1和主要食品面粉价格p_2的函数

$$Q_2=50+2p_1-5p_2-0.1p_1p_2-0.2p_1^2+0.1p_2^2,$$

计算在$p_1=6,p_2=5$时的直接价格偏弹性E_{11},E_{22}.

解　$E_{11}=\dfrac{p_1}{Q_1}\cdot\dfrac{\partial Q_1}{\partial p_1}=\dfrac{p_1(-7+p_2+0.2p_1)}{40-7p_1+p_2+p_1p_2+0.1p_1^2-0.3p_2^2}$,

$$E_{22}=\frac{p_2}{Q_2}\cdot\frac{\partial Q_2}{\partial p_2}=\frac{p_2(-5-0.1p_1+0.2p_2)}{50+2p_1-5p_2-0.1p_1p_2-0.2p_1^2+0.1p_2^2},$$

在$p_1=6,p_2=5$时，直接价格偏弹性$E_{11}=-0.165$，$E_{22}=-0.785$.

例 5　已知某种商品的需求量Q_1是该商品的价格p_1和另一相关商品的价格p_2及消费者收入y的函数：$Q_1=\dfrac{1}{200}p_1^{-\frac{3}{8}}p_2^{-\frac{2}{5}}y^{\frac{5}{2}}$. 求需求的直接价格偏弹性$E_{11}$，交叉价格偏弹性$E_{12}$和需求的收入偏弹性$E_{1y}$.

解　$\ln Q_1=-\ln 200-\dfrac{3}{8}\ln p_1-\dfrac{2}{5}\ln p_2+\dfrac{5}{2}\ln y$，所以

$$E_{11}=\frac{\partial(\ln Q_1)}{\partial(\ln p_1)}=-\frac{3}{8},\quad E_{12}=\frac{\partial(\ln Q_1)}{\partial(\ln p_2)}=-\frac{2}{5},\quad E_{1y}=\frac{\partial(\ln Q_1)}{\partial(\ln y)}=\frac{5}{2}.$$

五、多元函数的极值

定义 2.22　设函数$z=f(x,y)$在点$P_0(x_0,y_0)$的某个邻域内有定义，如果对于该邻域内异于点$P_0(x_0,y_0)$的任何点$P(x,y)$，都有

$$f(x,y)<f(x_0,y_0)\quad (f(x,y)>f(x_0,y_0))$$

成立，则称函数$z=f(x,y)$在$P_0(x_0,y_0)$处取得极大（小）值，点$P_0(x_0,y_0)$称为函数$z=f(x,y)$的极大（小）值点. 函数的极大值和极小值统称极值，极大值点和极小值点统称极值点.

定理 2.13　设函数$z=f(x,y)$在点$P_0(x_0,y_0)$存在偏导数，且在该点取得极值，则必有

$$f_x(x_0,y_0)=f_y(x_0,y_0)=0.$$

使$f_x(x,y),f_y(x,y)$同时为零的点(x_0,y_0)称为函数$z=f(x,y)$的驻点.

注　该命题的逆不一定成立.

定理 2.14　设函数$z=f(x,y)$在点$P_0(x_0,y_0)$的某个邻域内有连续的一阶及二阶偏导数，且(x_0,y_0)是函数$z=f(x,y)$的驻点，即$f_x(x_0,y_0)=f_y(x_0,y_0)=0$，记$A=f_{xx}(x_0,y_0)$，$B=f_{xy}(x_0,y_0)$, $C=f_{yy}(x_0,y_0)$. 则有如下结论.

（1）当$B^2-AC<0$时，函数$z=f(x,y)$在(x_0,y_0)点取得极值．如果$A<0$，$f(x_0,y_0)$是极大值；如果$A>0$，则$f(x_0,y_0)$是极小值．

（2）当$B^2-AC>0$时，函数$z=f(x,y)$在(x_0,y_0)点不取极值．

（3）当$B^2-AC=0$时，函数在(x_0,y_0)是否取得极值需进一步讨论．

求二元函数$z=f(x,y)$的极值的步骤：

（1）求$z=f(x,y)$的所有驻点，即求方程组$f_x(x,y)=f_y(x,y)=0$的一切实数解；

（2）求出函数$z=f(x,y)$的二阶偏导数f_{xx},f_{xy},f_{yy}并对每一个驻点，求出A,B,C，判定B^2-AC的符号，确定每个驻点是否为极值点．

例 6 求$f(x,y)=x^3+y^3-3(x^2+y^2)$的极值．

解 $f_x=3x^2-6x=0\Rightarrow x=0,2$； $f_y=3y^2-6y=0\Rightarrow y=0,2$，

$$f_{xx}=6x-6，\ f_{yy}=6y-6,\ f_{xy}=0.$$

在$(0,0)$点，

$$A=-6,\ B=0,\ C=-6,\ B^2-AC=-36<0,$$

所以函数$f(x,y)=x^3+y^3-3(x^2+y^2)$在$(0,0)$点取得极大值$0$；

在$(0,2)$点，

$$A=-6，B=0,\ C=6,\ B^2-AC=36>0,$$

所以$(0,2)$不是极值点；

在$(2,0)$点，

$$A=6,\ B=0,\ C=-6,\ B^2-AC=36>0,$$

所以$(2,0)$不是极值点；

在$(2,2)$点，

$$A=6,\ B=0,\ C=6,\ B^2-AC=-36<0,$$

所以函数$f(x,y)=x^3+y^3-3(x^2+y^2)$在$(2,2)$点取得极小值$-8$．

求函数$z=f(x,y)$在有界闭区域D上的最大值和最小值的方法是：先求函数$z=f(x,y)$在区域D内的所有驻点处的函数值，然后再求函数在区域D的边界上的最大值和最小值，最后比较这些函数值的大小，其中最大者就是所求的最大值，最小者就是所求的最小值．

对于实际问题，根据问题的性质容易判定函数的最大值和最小值一定在区域的内部取得，如果此时函数在区域内只有唯一的驻点，那么就可以断定该驻点处的函数值就是我们所求的最大值或最小值．

例 7 某工厂生产的一种产品同时在两个市场销售，售价分别为p_1，p_2，销售量分别为q_1,q_2，且$q_1=24-0.2p_1$，$q_2=10-0.05p_2$，总成本函数为$C=35+40(q_1+q_2)$，问厂家如何确定两个市场的售价，才能使其获得的总利润最大，最大总利润为多少？

解 总收益为

$$R=p_1q_1+p_2q_2=24p_1-0.2p_1^2+10p_2-0.05p_2^2.$$

总利润为

$$L=R-C=32p_1-0.2p_1^2+12p_2-0.05p_2^2-1395.$$

由

$$L_{p_1}=32-0.4p_1=0, L_{p_2}=12-0.1p_2=0 \Rightarrow p_1=80, p_2=120,$$

也就是说，在两个市场的价格分别为 80 和 120 时，总利润最大，最大总利润为 605.

例 8　要做一个容积为 512 立方米的有盖长方体箱子，问箱子的各边尺寸多大时，所用材料最省？

解　设箱子的长、宽、高分别为 x, y, z 米，则高 $z=\dfrac{512}{xy}$，于是箱子所用材料的面积为

$$S=2(xy+yz+zx)=2\left(xy+\frac{512}{x}+\frac{512}{y}\right),$$

$$S_x=2\left(y-\frac{512}{x^2}\right)=0, S_y=2\left(x-\frac{512}{y^2}\right)=0,$$

可得 $x=8, y=8, z=8$，所以箱子的长、宽、高都是 8 米时，所用材料最省.

如果用中学数学中不等式的知识，可以很方便地解决该问题：

$$S=2(xy+yz+zx)\geqslant 2\cdot 3\cdot\sqrt[3]{xy\cdot yz\cdot zx}=6\cdot\sqrt[3]{512^2}=6\times 64=384,$$

当且仅当 $xy=yz=zx$ 即 $x=y=z=8$ 米时，所用材料最省.

六、条件极值

引例 2.23　已知某制造商的生产函数为 $f(x,y)=100x^{3/4}y^{1/4}$，其中 x 表示劳动力数量，y 表示资本单位的数量. 设每个劳动力与每单位资本的成本分别为 150 元和 250 元，该制造商的总预算是 50000 元. 问该制造商如何分配这笔钱才能使产量最高？

解　问题相当于在 $150x+250y=50000$ 的条件下，求函数 $f(x,y)=100x^{3/4}y^{1/4}$ 的最大值问题. 更一般的问题是求函数 $z=f(x,y)$ 在 $\varphi(x,y)=0$ 的条件下的极值，可以从 $\varphi(x,y)=0$ 解出 $y=y(x)$，代入 $z=f(x,y)$ 中，将问题转化为求一元函数 $z=f(x,y(x))$ 的极值.

为此从 $150x+250y=50000$ 中解出 $y=\dfrac{1000-3x}{5}$，代入 $f(x,y)=100x^{3/4}y^{1/4}$ 得

$$f=100x^{3/4}\left(\frac{1000-3x}{5}\right)^{1/4},$$

由 $\dfrac{\mathrm{d}f}{\mathrm{d}x}=0 \Rightarrow x=250, y=50$，所以该制造商应该雇佣 250 个劳动力，50 个单位资本才能使产量最高.

这种代入法求多元函数的极值比较麻烦而且容易出错，一般来说求函数 $z=f(x,y)$ 在 $\varphi(x,y)=0$ 的条件下的极值可以采用如下方法：

（1）作拉格朗日函数 $F(x,y,\lambda)=f(x,y)+\lambda\varphi(x,y)$，其中 λ 称为拉格朗日乘数.

（2）求 $F(x,y,\lambda)$ 对 x,y,λ 的偏导数，并令其为零，得方程组

$$\begin{cases} f_x(x,y)+\lambda\varphi_x(x,y)=0, \\ f_y(x,y)+\lambda\varphi_y(x,y)=0, \\ \varphi(x,y)=0, \end{cases}$$

解出 x,y,λ，则 (x,y) 就是可能的极值点.

注　拉格朗日乘数法还可以推广到多于两个自变量的函数或多于一个约束条件的情形.

重解引例 2.23 如下：

令 $F(x,y,\lambda)=100x^{\frac{3}{4}}y^{\frac{1}{4}}+\lambda(3x+5y-1000)$. 求 $F(x,y,\lambda)$ 对 x,y,λ 的偏导数，并令其为零，得方程组

$$\begin{cases}F_x=100\cdot\dfrac{3}{4}x^{-\frac{1}{4}}y^{\frac{1}{4}}+3\lambda=0\\F_y=100\cdot\dfrac{1}{4}x^{\frac{3}{4}}y^{-\frac{3}{4}}+5\lambda=0\\F_\lambda=3x+5y-1000=0\end{cases}$$

$$\Rightarrow\begin{cases}x=5y\\3x+5y=1000\end{cases}$$

$$\Rightarrow\begin{cases}x=250,\\y=50.\end{cases}$$

这种方法具有规范的格式，统一将求条件极值的问题转化为解方程组的问题.

例 9　设某厂生产 A 和 B 两种产品，产量分别为 x,y 千件，利润函数为 $L(x,y)=6x-x^2+16y-4y^2-2$（万元），已知生产这两种产品时，每千件产品需消耗某种原料 2000 千克. 现有该原料 12000 千克，问两种产品各生产多少千件时，总利润最大，最大总利润是多少？

解　由条件有 $2000x+2000y=12000$，即 $x+y=6$. 问题就是在条件 $x+y=6$ 之下求 $L(x,y)=6x-x^2+16y-4y^2-2$ 的最大值问题. 为此，令

$$F(x,y,\lambda)=6x-x^2+16y-4y^2-2+\lambda(x+y-6),$$

则由 $F_x=F_y=F_\lambda=0$ 可得 $x=3.8,\ y=2.2$，也就是说，生产 A 和 B 两种商品分别为3.8千件和 2.2 千件时，总利润最大，最大总利润为22.2 万元.

练习题 2.8

（A）

1．填空题.

（1）设 $f(x,y)=x^2-2xy+3y^3$，则 $f_x(1,2)=$________.

（2）设 $f(x,y)=\mathrm{e}^{xy}+\sin(x+y)$，则 $f_{xy}\left(\dfrac{\pi}{2},0\right)=$________.

（3）二元函数 $f(x,y)$ 在点 (x_0,y_0) 存在对 x,y 的一阶连续偏导数，且 $f'_x(x_0,y_0)=0,f'_y(x_0,y_0)=0$，则函数 $f(x,y)$ 在点 (x_0,y_0)________.

2．选择题.

（1）当 $f(x,y)=$（　　）时，$f_x(0,1)=1,f_y(0,1)=0$.

A．x^2+xy+1　　B．$x+xy+1$　　C．e^x+xy+1　　D．$x^2+xy+\mathrm{e}^y$

（2）函数 $f(x,y)=xy(2-x-y)$ 在点（　　）处取得极大值.

A．$(0,0)$　　B．$\left(\dfrac{2}{3},0\right)$　　C．$\left(0,\dfrac{2}{3}\right)$　　D．$\left(\dfrac{2}{3},\dfrac{2}{3}\right)$

（3）设 $f(x,y)=x^2+3xy+y^3+2x-3y+5$，则 $\frac{\partial^2 f(x,y)}{\partial x\partial y}=$（　　）.

A．2　　B．3　　C．$2x$　　D．$3x$

（B）

1．求下列函数的偏导数.

（1）$z=\mathrm{e}^{xy}$；　　（2）$z=\arctan\frac{y}{x}$.

2．设函数 f 有一阶连续偏导数，求函数 $z=f(x^2+y^2)$ 的一阶偏导数.

3．求函数 $z=\ln(x^2+y^2)$ 的二阶偏导数 z_{xx},z_{xy},z_{yy}.

4．求函数 $f(x,y)=4x-4y-x^2-y^2$ 的极值.

5．建造一个容积为 V 的开顶的长方体水池，长、宽、高各为多少时，才能使水池的表面积最小？

6．用一捆长为 100m 的篱笆，靠一堵墙壁围城一个矩形鸡舍，问矩形的长和宽各为多少米时最划算？

7．某企业生产两种商品的产量分别为 x,y 单位，利润函数为

$$L=64x-2x^2+4xy-4y^2+32y-14,$$

求最大利润.

8．某公司通过电台和报纸两种方式做销售广告．根据统计资料分析，销售收入 R 万元与电台广告费 x 万元、报纸广告费 y 万元间有经验公式

$$R=15+14x+32y-8xy-2x^2-10y^2.$$

（1）在广告费用不限制的情况下，求使总利润最大的广告策略；

（2）若公司只提供 1.5 万元的广告费，求相应的最优广告策略.

9．设生产某产品必须投入两种要素，x,y 分别代表两种要素的投入量，Q 为产出量，且 $Q=2x^\alpha y^\beta$，α,β 为正常数且 $\alpha+\beta=1$，假设两种要素的价格分别为 p_1,p_2．问产出量为 12 时，两种要素各投入多少可以使投入的总费用最少？

自 测 题 二

1．填空题.

（1）某种产品的收益函数为 $R(Q)=200Q-\frac{5}{2}Q^2-1000$ 元，其中 Q 为销售量（单位：件），则其边际收益函数为__________元/件.

（2）已知 $f(1)=0,f'(1)=5$，则 $\lim\limits_{x\to1}\frac{f(x)}{x-1}=$__________.

（3）函数 $y=\mathrm{e}^{2x}$ 的微分 $\mathrm{d}y=$__________.

（4）某种商品的需求函数为 $Q=12-\frac{p}{3}$，则价格 $p=6$ 时的需求价格弹性为__________.

（5）设 $f(x,y)=\ln(x^2+y^3)$，则 $f_x(1,1)=$__________.

2．选择题.

（1）已知 $y=\sin x$，则 $y^{(6)}=$（　　）.

A．$\sin x$　　B．$-\sin x$　　C．$\cos x$　　D．$-\cos x$

（2）销售某种商品 Q 单位的总收益为 $R=12Q-Q^2$，则当产量 $Q=$（　　）个单位时，总收益最大.

A．3　　B．4　　C．5　　D．6

（3）如果具有二阶连续导数的函数 $f(x)$ 满足 $f'(x_0)=0, f''(x_0)<0$，则（　　）.

A．函数 $f(x)$ 在 x_0 点取得极大值　　B．函数 $f(x)$ 在 x_0 点取得极小值

C．函数 $f(x)$ 在 x_0 点不能取得极值　　D．A，B，C 都不对

（4）某种商品需求量 Q_1 是主要原料钢材价格 p_1 和辅助原料塑料价格 p_2 的函数 $Q_1=40+3p_1+p_2-0.1p_1^2-0.3p_2^2$，则 Q_1 对辅助原料塑料价格 p_2 边际需求为（　　）.

A．$1-6p_2$　　B．$1-0.6p_2$　　C．$1+6p_1$　　D．$1+0.6p_2$

（5）函数 $z=f(x,y)$ 在点 (x_0,y_0) 的某个邻域内有连续的一阶及二阶偏导数，且 $f_x(x_0,y_0)=f_y(x_0,y_0)=0$，$A=f_{xx}(x_0,y_0)=-6$，$B=f_{xy}(x_0,y_0)=0,\ C=f_{yy}(x_0,y_0)=-12$，则函数 $f(x,y)$ 在点 (x_0,y_0) 处（　　）.

A．取得极大值　　B．取得极小值　　C．不取得极值　　D．可能取得极值

（6）生产某种产品 Q 件的成本为 $C(Q)=100+6Q$（元），相应的收益为 $R(Q)=50+2Q+Q^2$（元），则生产该产品的利润函数的驻点是 $Q=$（　　）件.

A．5　　B．4　　C．3　　D．2

3．求下列函数的导数或微分.

（1）$y=x^2+\sqrt{x}+\sin\dfrac{\pi}{5}$，求 y'　　（2）$y=x\left(x^3+\dfrac{1}{x}-\dfrac{1}{x^2}\right)$，求 y'

（3）$y=x^2\ln x$，求 y', y''　　（4）$y=\dfrac{\sin x}{x}$，求 $\mathrm{d}y$

（5）$y=\sin(3x+1)$，求 $\mathrm{d}y$　　（6）$y=(x^3+4)^5$，求 y'

（7）$y=\ln\cos x$，求 $y',\mathrm{d}y$　　（8）$y=e^{\sqrt{x}}$，求 y'

（9）$y=\tan\dfrac{x}{2}$，求 $y'(0)$　　（10）$y=x\cos 2x$，求 $\mathrm{d}y$

4．求曲线 $y=x\mathrm{e}^x$ 在 $(1,\mathrm{e})$ 点处的切线方程和法线方程.

5．生产某种商品 Q 件的总成本函数为 $C(Q)=10+2Q$（元），销售这种商品 Q 件的收益为 $R(Q)=200+6Q-Q^2$（元），求：

（1）边际成本；　　（2）边际收益；　　（3）边际利润.

6．某种商品的需求价格函数为 $Q(p)=75-p^2$.

（1）求 $\eta_p|_{p=4}$，说明其经济意义；

（2）价格 $p=4$ 时，总收益随价格的变化而如何变化；

（3）价格 p 为多少时，总收益最大？

7．设某产品的价格 p 和需求量 Q 之间满足关系：$p=20-\dfrac{Q}{5}$，求收益函数的单调

区间和极值.

8．求下列函数的偏导数或全微分.

（1）$z=x^y$，求z_x, z_y, z_{xy}；　　（2）$z=x^2y+xy^3$，求$\frac{\partial z}{\partial x},\frac{\partial z}{\partial y}$；

（3）$z=\mathrm{e}^{xy}$，求全微分 $\mathrm{d}z$.

9．设某企业生产一种产品Q件的总收益为$R(Q)=150Q-Q^2$（万元），总成本函数为$C(Q)=200+50Q+Q^2$（万元）．问企业生产多少件这种产品时，才能获得最大利润，最大利润是多少？

10．某工厂生产某种产品，总成本为 C 元，其中固定成本为 50 元，每生产 1 个单位产品，成本增加 10 元．该商品的需求量$Q=50-2p$，p为价格．问Q为多少时工厂总利润最大？

11．一商家销售某种商品的价格满足关系$p=8-0.1Q$（万元/吨），Q为销售量（单位吨）．商品的成本函数为$C(Q)=3Q+1$（万元）.

（1）若每销售 1 吨商品，政府要征税t万元，求该商品获得最大利润时的销售量；

（2）当t为多少时，政府税收总额最大？

12．设某厂生产产量分别为 x,y（千件）的 A，B 两种产品，其利润函数为$L(x,y)=6x-x^2+16y-4y^2+200$（万元）．已知生产 A，B 两种产品 1000 件分别要耗费某种原料 2000 千克和 1000 千克，现有该原料 25000 千克，问两种产品分别生产多少千件时，利润最大，最大利润是多少？

第三章 不 定 积 分

前面两章讨论了一元函数微分学，它的基本问题是求已知函数的导数或微分．在科学技术领域中，还会遇到与此相反的问题，即已知一个函数的导数或微分，求此函数．这类问题在数学中归纳为求导运算的逆运算，即求函数的不定积分．

第一节 不定积分的概念及性质

一、原函数

引例 3.1 已知曲线 $y=F(x)$ 在横坐标 x 为处的切线斜率为 $2x$，且曲线过点(1,0)，求该曲线 $y=F(x)$ 的方程．

由题设知，切线斜率 $k=2x$．又由导数的几何意义，切线斜率 $k=F'(x)=2x$．

我们知道，$(x^2+C)'=2x$，所以所求的曲线方程满足

$$y=x^2+C,$$

又曲线过点(1,0)，即当 $x=1$ 时，$y=0$，得 $C=-1$．从而，所求的曲线方程为

$$y=F(x)=x^2-1.$$

引例 3.2 已知某产品产量的变化率是时间 t 的函数 $q(t)=\frac{1}{4}t+1$，设此产品在时刻 t 时的产量为 $Q(t)$，且 $Q(0)=0$，求 $Q(t)$．

解 根据题意，要求的是产量函数 $Q(t)$．由微分学可知，$Q'(t)=q(t)$．又因为

$$\left(\frac{1}{8}t^2+t+C\right)'=q(t)=\frac{1}{4}t+1,$$

所以

$$Q(t)=\frac{1}{8}t^2+t+C;$$

又因 $Q(0)=0$，代入上式可得 $C=0$，得产量函数

$$Q(t)=\frac{1}{8}t^2+t.$$

微分学是从已知函数求出其导函数，这两个问题是已知它的导函数 $F'(x)$，要求函数 $F(x)$．显然，这是微分学的逆问题．

定义 3.1 设 $F(x)$ 是定义在某区间上的已知函数，如有

$$F'(x)=f(x) \quad 或 \quad \mathrm{d}F(x)=f(x),$$

则称函数 $F(x)$ 是函数 $f(x)$ 在该区间上的**一个原函数**．

从上面可以看出：如果某函数有一个原函数，那么它就有无限多个原函数，并且其**中任意两个原函数之间只差一个常数**．例如，x^2 是 $2x$ 在 $(-\infty,+\infty)$ 上的一个原函数；

x^2+1，$x^2-\sqrt{3}$，…，即 x^2+C 都是 $2x$ 的原函数.

由此我们有下面的定理：

定理 3.1 若 $F(x)$是 $f(x)$的一个原函数，则 $F(x)+C$ 是 $f(x)$的全部原函数，其中 C 为任意常数.

二、不定积分的概念

定义 3.2 设 $F(x)$是 $f(x)$的一个原函数，我们把函数 $f(x)$的全体原函数 $F(x)+C$（C 为任意常数）叫作 $f(x)$的**不定积分**，记作 $\int f(x)\,\mathrm{d}x$，即

$$\int f(x)\,\mathrm{d}x = F(x)+C,$$

其中 $F'(x)=f(x)$. 上式中 $\int$ 叫作**积分号**，$f(x)$叫作**被积函数**，x 叫作**积分变量**，$f(x)\mathrm{d}x$ 叫作**被积表达式**，任意常数 C 叫作**积分常数**.

这就是说，要求一个函数的不定积分，只需找出它的一个原函数，再加上积分常数 C 就可以了.

例如，根据前面所述，

$$\int 2x\mathrm{d}x = x^2+C,$$

$$\int\left(\frac{1}{4}t+1\right)\mathrm{d}t = \frac{1}{8}t^2+t+C.$$

例 1 由导数的基本公式，写出下列函数的不定积分.

（1）$\int \sin x\mathrm{d}x$；　　（2）$\int \frac{1}{x}\mathrm{d}x$.

解 （1）因为 $(-\cos x)'=\sin x$，所以 $-\cos x$ 是 $\sin x$ 的一个原函数，由不定积分的定义知

$$\int \sin x\,\mathrm{d}x = -\cos x + C;$$

（2）因为在 $(0,+\infty)$ 上有

$$(\ln x)' = \frac{1}{x},$$

而在 $(-\infty,0)$ 上也有

$$[\ln(-x)]' = \frac{1}{-x}\cdot(-1) = \frac{1}{x},$$

所以当 $x\neq 0$ 时，$\ln|x|$是 $\frac{1}{x}$ 的一个原函数，从而

$$\int \frac{1}{x}\mathrm{d}x = \ln|x|+C \quad (x\neq 0).$$

例 2 根据不定积分的定义验证

$$\int \frac{2x}{1+x^2}\mathrm{d}x = \ln(1+x^2)+C.$$

解 由于 $[\ln(1+x^2)]' = \frac{1}{1+x^2}\cdot(1+x^2)' = \frac{2x}{1+x^2}$，所以 $\int \frac{2x}{1+x^2}\mathrm{d}x = \ln(1+x^2)+C$.

例 3 设某工厂生产 x 单位产品的总成本 C 是 x 的函数，已知其成本的变化率是 0.2，当生产 1000 个单位产品时，其成本是 500 元，求总成本与产量的函数关系式.

解 根据题意，要求的是总成本函数 $C(x)$，而总成本函数是边际成本的原函数，因为

$$C'(x)=0.02,$$

又有

$$(0.02x)'=0.02,$$

所以

$$\int 0.02\mathrm{d}x=0.02x+C,$$

又因 $C(1000)=500$，代入上式可得 $C=480$，得总成本函数

$$C(x)=0.02x+480.$$

例 4 设某商品的边际收益函数为

$$R'(x)=9-2x,$$

试求收益函数.

解 收益函数是边际收益函数的原函数，因为

$$(9x-x^2)'=9-2x,$$

所以

$$\int(9-2x)\mathrm{d}x=9x-x^2+C,$$

将 $R(0)=0$ 代入得 $C=0$，所以收益函数

$$R(x)=9x-x^2.$$

三、不定积分的性质

1. 不定积分与导数（微分）的互逆性质

由不定积分定义知，不定积分与导数（微分）之间有如下的关系：

（1）$\left[\int f(x)\mathrm{d}x\right]'=f(x)$，或 $\mathrm{d}\left[\int f(x)\mathrm{d}x\right]=f(x)\mathrm{d}x$；

（2）$\int F'(x)\mathrm{d}x=F(x)+C$，或 $\int \mathrm{d}F(x)=F(x)+C$.

这说明微分运算与积分运算是互逆的. 对一个函数先积分再微分，结果两种运算互相抵消；如果先微分再积分，其结果只差一个常数. 例如

$$\left(\int \tan x\mathrm{d}x\right)'=\tan x,$$

而

$$\int(\tan x)'\,\mathrm{d}x=\tan x+C.$$

2. 不定积分的运算性质

性质 1 被积函数中不为零的常数因子可提到积分号外，即

$$\int kf(x)\mathrm{d}x=k\int f(x)\mathrm{d}x\quad(k\neq 0).$$

性质 2 两个函数代数和的积分，等于各函数积分的代数和，即

$$\int[f(x)\pm g(x)]\,\mathrm{d}x=\int f(x)\mathrm{d}x\pm\int g(x)\,\mathrm{d}x\ .$$

性质 2 可推广到有限个函数代数和的情形.

综合两条性质，可得不定积分的**线性性质**:

$$\int[af(x)+bg(x)]\,\mathrm{d}x=a\int f(x)\mathrm{d}x+b\int g(x)\mathrm{d}x\ .$$

其中 a，b 为不全为零的常数.

四、不定积分的积分公式

既然积分运算是微分运算的逆运算，那么，从每个导数公式就可得到相应的积分公式.

引例 3.3 求 $\int x^2\mathrm{d}x$.

在求导公式中有$(x^3)'=3x^2$，而$\left(\dfrac{1}{3}x^3\right)'=x^2$，所以

$$\int x^2\mathrm{d}x=\frac{1}{3}x^3+C\ .$$

一般地，由于$\left(\dfrac{x^{\alpha+1}}{\alpha+1}\right)'=x^{\alpha}\ (\alpha\neq-1)$，所以在$\alpha\neq-1$时$\dfrac{x^{\alpha+1}}{\alpha+1}$就是$x^{\alpha}$的一个原函数，有积分公式

$$\int x^{\alpha}\mathrm{d}x=\frac{x^{\alpha+1}}{\alpha+1}+C\quad(\alpha\neq-1)\ .$$

又如，由$(a^x)'=a^x\ln a$，得积分公式

$$\int a^x\mathrm{d}x=\frac{a^x}{\ln a}+C\ .$$

类似地可以得到其他的积分公式:

(1) $\int\mathrm{d}x=x+C$

(2) $\int x^{\alpha}\mathrm{d}x=\dfrac{x^{\alpha+1}}{\alpha+1}+C\quad(\alpha\neq-1)$

(3) $\int\dfrac{1}{x}\mathrm{d}x=\ln|x|+C\quad(x\neq0)$

(4) $\int a^x\mathrm{d}x=\dfrac{a^x}{\ln a}+C\quad(a>0,a\neq1)$

(5) $\int\mathrm{e}^x\mathrm{d}x=\mathrm{e}^x+C$

(6) $\int\cos x\mathrm{d}x=\sin x+C$

(7) $\int\sin x\mathrm{d}x=-\cos x+C$

(8) $\int\sec^2x\mathrm{d}x=\tan x+C$

(9) $\int\csc^2x\mathrm{d}x=-\cot x+C$

(10) $\int\sec x\tan x\mathrm{d}x=\sec x+C$

(11) $\int\csc x\cot x\mathrm{d}x=-\csc x+C$

(12) $\int\dfrac{1}{\sqrt{1-x^2}}\mathrm{d}x=\arcsin x+C$

(13) $\int\dfrac{1}{1+x^2}\mathrm{d}x=\arctan x+C$

以上基本积分公式是计算不定积分的基础，请大家一定要熟记.

例 5 求不定积分：$\int\left(\frac{2}{x^3}-3\sqrt{x}+5\right)\mathrm{d}x$.

解
$$\begin{aligned}\int\left(\frac{2}{x^3}-3\sqrt{x}+5\right)\mathrm{d}x&=2\int\frac{1}{x^3}\mathrm{d}x-3\int\sqrt{x}\mathrm{d}x+5\int\mathrm{d}x\\&=2\int x^{-3}\mathrm{d}x-3\int x^{\frac{1}{2}}\mathrm{d}x+5\int\mathrm{d}x\\&=2\cdot\frac{1}{-2}x^{-2}+C_1-3\cdot\frac{1}{\frac{1}{2}+1}x^{\frac{1}{2}+1}-C_2+5x+C_3\\&=-x^{-2}-2x^{\frac{3}{2}}+5x+C\quad(C=C_1-C_2+C_3).\end{aligned}$$

今后在分项积分时，不必分别加任意常数，只要将各常数合并成一个常数 C 就可以了.

检验积分结果是否正确，只要把结果求导，看它的导数是否等于被积函数即可. 如上例，由于
$$\left(-x^{-2}-2x^{\frac{3}{2}}+5x+C\right)'=2x^{-3}-3x^{\frac{1}{2}}+5=\frac{2}{x^3}-3\sqrt{x}+5,$$
所以结果是正确的.

例 6 求下列不定积分.

（1）$\int(\sqrt{x}+1)\left(x-\frac{1}{\sqrt{x}}\right)\mathrm{d}x$；（2）$\int\frac{(x+1)^3}{x^2}\mathrm{d}x$；（3）$\int\frac{x^2}{1+x^2}\mathrm{d}x$.

解（1）首先把被积函数化为和式，然后逐项积分：
$$\begin{aligned}\int(\sqrt{x}+1)\left(x-\frac{1}{\sqrt{x}}\right)\mathrm{d}x&=\int\left(x\sqrt{x}+x-1-\frac{1}{\sqrt{x}}\right)\mathrm{d}x\\&=\int x\sqrt{x}\mathrm{d}x+\int x\,\mathrm{d}x-\int1\mathrm{d}x-\int\frac{1}{\sqrt{x}}\mathrm{d}x\\&=\frac{2}{5}x^{\frac{5}{2}}+\frac{1}{2}x^2-x-2x^{\frac{1}{2}}+C;\end{aligned}$$

（2）
$$\begin{aligned}\int\frac{(x+1)^3}{x^2}\mathrm{d}x&=\int\frac{x^3+3x^2+3x+1}{x^2}\mathrm{d}x\\&=\int(x+3+3x^{-1}+x^{-2})\,\mathrm{d}x\\&=\frac{1}{2}x^2+3x+3\ln|x|-\frac{1}{x}+C;\end{aligned}$$

（3）
$$\begin{aligned}\int\frac{x^2}{1+x^2}\mathrm{d}x&=\int\frac{x^2+1-1}{1+x^2}\mathrm{d}x=\int\left(1-\frac{1}{1+x^2}\right)\mathrm{d}x=\int\mathrm{d}x-\int\frac{1}{1+x^2}\mathrm{d}x\\&=x-\arctan x+C.\end{aligned}$$

例 6 的解题思路——先将被积函数通过恒等变形，化为基本积分公式中已知可积函数的代数和，然后再逐项积分.

例 7 设某商品的需求量 Q 是价格 p 的函数，该商品的最大需求量为 1000（即 p=0 时的需求量），已知需求对价格的变化率（边际需求）为 $Q'(p)=35-2p^2$，求需求量与价格

的函数关系.

解　根据题意，要求的是需求函数 $Q(p)$，因为需求函数是边际需求函数的原函数，而

$$\int(35-2p^2)\mathrm{d}p=35p-\frac{2}{3}p^3+C,$$

将 $Q(0)=1000$ 代入上式可得 $C=1000$，所以所求需求函数为

$$Q(p)=35p-\frac{2}{3}p^3+1000.$$

练习题 3.1

(A)

1．填空题.

(1) $\int\left(\frac{1}{\sqrt{x}}-1\right)\mathrm{d}x=$__________.　　(2) $\int\left(-\frac{3}{x}\right)\mathrm{d}x=$__________.

(3) $\int\left(\frac{1}{2}\sin x+3\cos x\right)\mathrm{d}x=$__________.　　(4) $\int(1-\mathrm{e}^x)\,\mathrm{d}x=$__________.

(5) $\int 5^x\,\mathrm{d}x=$__________.　　(6) $\int\frac{2}{1+x^2}\,\mathrm{d}x=$__________.

(7) 已知边际收益函数 $R'(Q)=10-2Q$，则收益函数 $R(Q)=$__________；当产量为 $Q=5$ 时的收益 $R(5)=$__________；$R(6)=$__________.

2．选择题.

(1) $\int f(x)\mathrm{d}x$ 的意义是（　　）.

A．表示一个极限值　　B．表示一个常数
C．表示一个函数　　D．表示一个函数族

(2) 设 $f(x)$ 是可导函数，则 $\left(\int f(x)\mathrm{d}x\right)'=$（　　）.

A．$f(x)$　　B．$f(x)+C$　　C．$f'(x)$　　D．$f'(x)+C$

(3) $\sqrt{x}$ 是函数（　　）的一个原函数？

A．$\frac{2}{3}x\sqrt{x}$　　B．$\frac{1}{2}\sqrt{x}$　　C．$\frac{1}{2\sqrt{x}}$　　D．$x\sqrt{x}$

(4) 设 $\frac{1}{x}$ 是 $f(x)$的一个原函数，则 $f'(x)=$（　　）.

A．$\ln|x|$　　B．$-\frac{1}{x^2}$　　C．$\frac{1}{x^3}$　　D．$\frac{2}{x^3}$

(5) 已知边际成本函数为 $C'(Q)=2$，固定成本为 10，则成本函数为（　　）.

A．$2Q$　　B．$2Q+10$　　C．10　　D．12

3．已知曲线 $y=F(x)$在横坐标为 x 处的切线斜率为 $\sqrt{x}+1$，且曲线过点(0, 0)，求该曲线的方程.

4．已知物体以速度 $v(t)=3t^2$ 米/秒做直线运动．当 $t=1$ 秒时，物体经过的路程为 3 米，求物体的运动轨迹．

5．某工厂生产某产品的边际成本函数为 $C'(x)=3x^2-14x+100$，固定成本 $C(0)=10000$．求生产 x 个产品的总成本函数．

（B）

1．下列各对函数中，（　　）是同一个函数的原函数．

A．$\arctan x$ 和 $\operatorname{arccot} x$　　B．$\sin^2 x$ 和 $\cos^2 x$

C．$(\mathrm{e}^x+\mathrm{e}^{-x})^2$ 和 $\mathrm{e}^{2x}+\mathrm{e}^{-2x}$　　D．$\dfrac{2^x}{\ln 2}$ 和 $2^x+\ln 2$

2．求下列不定积分．

（1）$\displaystyle\int(\sqrt{x}-1)\left(\frac{1}{\sqrt{x}}-2\right)\mathrm{d}x$；　　（2）$\displaystyle\int\frac{x^2+2x-1}{x^2}\mathrm{d}x$；

（3）$\displaystyle\int\frac{1}{\sin^2\frac{x}{2}\cos^2\frac{x}{2}}\mathrm{d}x$；　　（4）$\displaystyle\int\frac{1}{\sin^2 x\cos^2 x}\mathrm{d}x$；

（5）$\displaystyle\int\frac{\cos 2x}{\cos x-\sin x}\mathrm{d}x$；　　（6）$\displaystyle\int\frac{1+x+x^2}{x(1+x^2)}\mathrm{d}x$．

3．已知边际成本为 $C'(x)=7+\dfrac{20}{\sqrt{x}}$，固定成本为 1000，求总成本函数．

4．设某商品的需求量 Q 是价格 P 的函数，该商品的最大需求量为 1000（即 $p=0$ 时的需求量），已知需求对价格的变化率（边际需求）为 $Q'(p)=-1000\ln 3\left(\dfrac{1}{3}\right)^p$，求需求量与价格的函数关系．

第二节　不定积分的换元积分法

不定积分是求导的逆运算，由上节的例子可以看出，与数学中各种逆运算类似，求积分要比求微分困难．如果被积函数恰好是基本积分表中的类型，或通过简单的代数、三角变形可化为基本积分表中的类型，那么不定积分就容易求得．但事实上被积函数往往不那么简单．为此，我们需要学习一些基本的积分技巧，这就是换元积分法和分部积分法，熟练、灵活地运用这些方法，可以求出许多常见的初等函数的积分．

下面首先介绍不定积分的换元积分法．

引例 3.4　求不定积分 $\int \mathrm{e}^{3x}\mathrm{d}x$．

解　考虑到在基本积分公式中有

$$\int \mathrm{e}^x\mathrm{d}x=\mathrm{e}^x+C,$$

能否直接套用呢，即是否有 $\int \mathrm{e}^{3x}\mathrm{d}x=\mathrm{e}^{3x}+C$ 成立呢？

由于不定积分与求导是逆运算关系，所以，要验证积分结果是否正确，只需对结果求导即可．而

$$(\mathrm{e}^{3x}+C)'=\mathrm{e}^{3x}\cdot(3x)'=3\mathrm{e}^{3x}\neq\mathrm{e}^{3x}.$$

所以，此积分错误！

事实上，基本积分公式针对的是基本初等函数，而本例中被积函数e^{3x}是复合函数，不能直接套用基本积分公式，但是，我们可以把原积分作下列变形后计算：

$$\int\mathrm{e}^{3x}\mathrm{d}x=\frac{1}{3}\int\mathrm{e}^{3x}\cdot 3\mathrm{d}x=\frac{1}{3}\int\mathrm{e}^{3x}(3x)'\mathrm{d}x=\frac{1}{3}\int\mathrm{e}^{3x}\mathrm{d}(3x)$$

$$\overset{令u=3x}{=\!=\!=}\frac{1}{3}\int\mathrm{e}^{u}\mathrm{d}u=\frac{1}{3}\mathrm{e}^{u}+C\overset{回代}{=\!=}\frac{1}{3}\mathrm{e}^{3x}+C.$$

验证得知，计算结果正确.

上述解法的特点是引入新变量$u=\varphi(x)$，从而把原积分化为关于 u 的一个简单的积分，再套用基本积分公式求解.现在的问题是，在公式$\int\mathrm{e}^{x}\mathrm{d}x=\mathrm{e}^{x}+C$中，将$x$换成$u=\varphi(x)$是否还成立？回答是肯定的，我们有下述定理.

定理 3.2 如果积分

$$\int f(x)\mathrm{d}x=F(x)+C$$

成立，则当u是x的任一可导函数$u=\varphi(x)$时，积分

$$\int f(u)\mathrm{d}u=F(u)+C$$

也成立.

证 由于

$$\int f(x)\mathrm{d}x=F(x)+C,$$

所以

$$\mathrm{d}F(x)=f(x)\mathrm{d}x.$$

根据微分形式不变性，则有

$$\mathrm{d}F(u)=f(u)\mathrm{d}u,$$

其中$u=\varphi(x)$，由此得

$$\int f(u)\mathrm{d}u=\int\mathrm{d}F(u)=F(u)+C.$$

这个结论表明：在基本积分公式中，自变量x换成任一可导函数$u=\varphi(x)$时，积分公式的形式不变，公式仍然成立．这就大大扩大了基本积分公式的使用范围.

如上例中就利用了

$$\int\mathrm{e}^{u}\mathrm{d}u=\mathrm{e}^{u}+C,$$

这里$u=3x$.

再如，若$u=x^2$，就有

$$\int\mathrm{e}^{x^2}\mathrm{d}x^2=\mathrm{e}^{x^2}+C.$$

于是类似于例 1，如果求$\int 2x\mathrm{e}^{x^2}\mathrm{d}x$，可作如下变化

$$\int 2x\mathrm{e}^{x^2}\mathrm{d}x=\int\mathrm{e}^{x^2}(x^2)'\mathrm{d}x=\int\mathrm{e}^{x^2}\mathrm{d}(x^2)\overset{令u=x^2}{=\!=\!=}\int\mathrm{e}^{u}\mathrm{d}u=\mathrm{e}^{u}+C\overset{回代}{=\!=}\mathrm{e}^{x^2}+C.$$

一般地，如果被积函数的形式是$f[\varphi(x)]\varphi'(x)$（或可以化为这种形式），$u=\varphi(x)$，且$f(u)$具有原函数$F(u)$，则有下面的积分方法：

$$\int f[\varphi(x)]\varphi'(x)\,\mathrm{d}x=\int f[\varphi(x)]\mathrm{d}\varphi(x)\xlongequal{\text{令 }\varphi(x)=u}\int f(u)\,\mathrm{d}u=F(u)+C$$

$$\xlongequal{\text{回代 }u=\varphi(x)}F[\varphi(x)]+C\cdot$$

这种积分方法称为**第一换元积分法**，因其实质是将被积函数的部分因子$\varphi'(x)$和 $\mathrm{d}x$ 凑成微分 $\mathrm{d}\varphi(x)$，然后再利用基本积分公式求解，故又称为**凑微分法**.

例 1 求$\int(2x-1)^{10}\mathrm{d}x$.

解 注意到积分公式有

$$\int x^{\alpha}\mathrm{d}x=\frac{x^{\alpha+1}}{\alpha+1}+C,$$

就有

$$\int u^{\alpha}\mathrm{d}u=\frac{u^{\alpha+1}}{\alpha+1}+C\quad(u=\varphi(x)),$$

而当$u=2x-1$，$\alpha=10$时有

$$\int(2x-1)^{10}\,\mathrm{d}(2x-1)=\frac{1}{11}(2x-1)^{11}+C.$$

因为

$$\mathrm{d}(2x-1)=(2x-1)'\,\mathrm{d}x=2\mathrm{d}x,$$

所以

$$\int(2x-1)^{10}\mathrm{d}x=\frac{1}{2}\int(2x-1)^{10}\,\mathrm{d}(2x-1)\xlongequal{2x-1=u}\frac{1}{2}\int u^{10}\mathrm{d}u=\frac{1}{22}u^{11}+C$$

$$\xlongequal{u=2x-1}\frac{1}{22}(2x-1)^{11}+C.$$

例 2 求$\int\cos 5x\mathrm{d}x$.

解
$$\int\cos 5x\mathrm{d}x=\int\cos 5x\cdot\frac{1}{5}\cdot 5\mathrm{d}x=\frac{1}{5}\int\cos 5x\cdot(5x)'\,\mathrm{d}x=\frac{1}{5}\int\cos 5x\,\mathrm{d}(5x)$$

$$\xlongequal{\text{令}u=5x}\frac{1}{5}\int\cos u\mathrm{d}u=\frac{1}{5}\sin u+C\xlongequal{\text{回代}}\frac{1}{5}\sin 5x+C.$$

例 3 求$\int\frac{2}{1-2x}\mathrm{d}x$.

解 $\int\frac{2}{1-2x}\mathrm{d}x=-\int\frac{1}{1-2x}\mathrm{d}\,(1-2x)=-\int\frac{1}{u}\mathrm{d}u=-\ln|u|+C=-\ln|1-2x|+C.$

当运算熟练后，所选新变量$u=\varphi(x)$只需记在心里，可以不写出来：

$$\int\frac{2}{1-2x}\mathrm{d}x=-\int\frac{1}{1-2x}\mathrm{d}\,(1-2x)=-\ln|1-2x|+C.$$

由上面例题可以看出，用凑微分法计算积分时，关键是把被积表达式凑成两部分，使其中一部分为$\mathrm{d}\varphi(x)$，另一部分为$\varphi(x)$的函数$f[\varphi(x)]$.

例 4 求$\int \tan x \mathrm{d}x$.

解 $\int \tan x \mathrm{d}x = \int \frac{\sin x}{\cos x} \mathrm{d}x = -\int \frac{1}{\cos x} \mathrm{d}(\cos x) = -\ln|\cos x| + C$.

同理得

$$\int \cot x \mathrm{d}x = \ln|\sin x| + C.$$

例 5 求$\int \frac{1}{x^2+a^2} \mathrm{d}x$.

解
$$\int \frac{1}{x^2+a^2} \mathrm{d}x = \int \frac{\mathrm{d}x}{a^2\left(1+\frac{x^2}{a^2}\right)} = \frac{1}{a^2}\int \frac{\mathrm{d}x}{1+\left(\frac{x}{a}\right)^2}$$
$$= \frac{1}{a}\int \frac{\mathrm{d}\left(\frac{x}{a}\right)}{1+\left(\frac{x}{a}\right)^2} = \frac{1}{a}\arctan\frac{x}{a} + C.$$

例 6 求$\int \frac{\mathrm{d}x}{\sqrt{a^2-x^2}} (a>0)$.

解
$$\int \frac{\mathrm{d}x}{\sqrt{a^2-x^2}} = \int \frac{1}{a} \cdot \frac{\mathrm{d}x}{\sqrt{1-\left(\frac{x}{a}\right)^2}} = \int \frac{\mathrm{d}\left(\frac{x}{a}\right)}{\sqrt{1-\left(\frac{x}{a}\right)^2}} = \arcsin\frac{x}{a} + C.$$

例 7 经市场调查，某企业的某种商品销售增长率服从函数关系$f(t)=80-2\mathrm{e}^{-2t}$（其中$t$是商品销售时间，单位：月），试确定该商品的销售总量函数.

解 该商品的销售总量为$F(t)$，则$F'(t)=f(t)$，而

$$\int f(t)\mathrm{d}t = \int (80-2\mathrm{e}^{-2t})\,\mathrm{d}t$$
$$= 80t + \int (\mathrm{e}^{-2t})\,\mathrm{d}(-2t) = 80t + \mathrm{e}^{-2t} + C.$$

一般地，初始月份，商品的销售量为0，即$t=0$时，$F(t)=0$，则$C=-1$，则该商品的销售总量函数为

$$F(t) = 80t + \mathrm{e}^{-2t} - 1.$$

练习题 3.2

(A)

1．填空题.

（1）$\mathrm{d}x =$ __________ $\mathrm{d}(ax)$；$x\mathrm{d}x =$ __________ $\mathrm{d}(x^2)$；

$\mathrm{e}^{2x}\mathrm{d}x =$ __________ $\mathrm{d}(\mathrm{e}^{2x})$；$\frac{\mathrm{d}x}{x} =$ __________ $\mathrm{d}(3\ln x)$.

（2）$\int \mathrm{e}^{-x}\mathrm{d}x =$ __________.　　（3）$\int \cos\frac{x}{2}\mathrm{d}x =$ __________.

（4）$\int\frac{1}{\sqrt{1-x^2}}\mathrm{d}x=$__________.　　（5）$\int\frac{1}{1+x^2}\mathrm{d}x=$__________.

（6）已知函数 $f(x)=\mathrm{e}^{\frac{x}{2}}$，则 $f(x)$ 的一个原函数为__________.

（7）设 $f'(x)=1,\ f(0)=0$，则 $\int f(x)\mathrm{d}x$ __________.

2．选择题.

（1）下列凑微分正确的是（　　）.

A．$\ln x\mathrm{d}x=\mathrm{d}\left(\frac{1}{x}\right)$　　B．$\frac{1}{\sqrt{1-x^2}}\mathrm{d}x=\mathrm{d}\sin x$

C．$\frac{1}{x^2}\mathrm{d}x=\mathrm{d}\left(-\frac{1}{x}\right)$　　D．$\sqrt{x}\mathrm{d}x=\mathrm{d}\sqrt{x}$

（2）$\int\sin 3x\mathrm{d}x=$（　　）.

A．$\cos 3x+C$　　B．$-\cos 3x+C$　　C．$\frac{1}{3}\cos 3x+C$　　D．$-\frac{1}{3}\cos 3x+C$

（3）$\int\frac{1}{1+x}\mathrm{d}x=$（　　）.

A．$\arctan\sqrt{x}+C$　　B．$\ln|1+x|+C$

C．$\frac{1}{2(1+x)^2}+C$　　D．$\sqrt{1+x}+C$

（4）$\int\frac{\mathrm{d}x}{\sqrt{3-x^2}}=$（　　）.

A．$\sqrt{3}\arcsin\frac{x}{\sqrt{3}}+C$　　B．$\frac{1}{\sqrt{3}}\arcsin\frac{x}{\sqrt{3}}+C$

C．$\arcsin\frac{x}{\sqrt{3}}+C$　　D．$x\arcsin\frac{x}{\sqrt{3}}+C$

（5）$\int\frac{1}{4+x^2}\mathrm{d}x=$（　　）.

A．$\ln(4+x^2)+C$　　B．$\arctan\frac{x}{2}+C$

C．$2\arctan\frac{x}{2}+C$　　D．$\frac{1}{2}\arctan\frac{x}{2}+C$

3．求下列不定积分.

（1）$\int(3x-1)^{10}\mathrm{d}x$；　　（2）$\int\cot x\mathrm{d}x$；

（3）$\int\mathrm{e}^{\sin x}\cos x\mathrm{d}x$；　　（4）$\int\sqrt{1-x}\,\mathrm{d}x$.

4．经市场调查，某企业的某种商品销售增长率服从函数关系 $f(t)=1340-850\mathrm{e}^{-t}$（其中 t 是商品销售时间，单位：年），试确定该商品的销售总量函数 $F(x)$.

5．已知生产某产品的边际成本和边际收入分别为

$$C'(x)=3+\frac{1}{3}x\text{（万元/台）},$$

$$R'(x)=7-x\text{（万元/台）},$$

其中 $C(x)$和 $R(x)$分别是总成本函数和总收入函数．问：产量为多少时，总利润最大，最大总利润是多少？

（B）

1．某商品一年中的销售速度为$v(t)=100+100\sin\left(2\pi t-\frac{\pi}{2}\right)$（$t$ 的单位：月），此商品的销售函数 $Q(t)$=（　　）．（设年初时销售量为零）

A．$100t+100\cos\left(2\pi t-\frac{\pi}{2}\right)+C$　　B．$100t-100\cos\left(2\pi t-\frac{\pi}{2}\right)$

C．$100t+\frac{50}{\pi}\cos\left(2\pi t-\frac{\pi}{2}\right)+C$　　D．$100t-\frac{50}{\pi}\cos\left(2\pi t-\frac{\pi}{2}\right)$

2．计算下列不定积分．

（1）$\int\frac{1}{\sqrt{1+x}}\mathrm{d}x$；　　（2）$\int\frac{1}{1-3x}\mathrm{d}x$；

（3）$\int\frac{x}{x^2+1}\mathrm{d}x$；　　（4）$\int\frac{\ln x}{x}\mathrm{d}x$；

（5）$\int x\mathrm{e}^{-x^2}\mathrm{d}x$；　　（6）$\int\cos^2 x\sin x\mathrm{d}x$．

第三节　分部积分法

上一节的换元积分法是求不定积分的一种常用的重要方法，但当被积函数是两种不同类型函数的乘积（如$\int x^2\mathrm{e}^x\mathrm{d}x$，$\int\mathrm{e}^x\cos x\mathrm{d}x$等）时，换元积分法不一定有效，往往需要用下面所讲的分部积分法来解决．

设函数$u=u(x)$，$v=v(x)$具有连续导数，根据乘积微分公式有

$$\mathrm{d}(uv)=u\mathrm{d}v+v\mathrm{d}u,$$

移项得

$$u\mathrm{d}v=\mathrm{d}(uv)-v\mathrm{d}u$$

两边积分得

$$\int u\mathrm{d}v=uv-\int v\mathrm{d}u$$

该公式称为**分部积分公式**，它可以将求$\int u\mathrm{d}v$的积分问题转化为求$\int v\mathrm{d}u$的积分．当后面这个积分较容易求时，分部积分公式就起到了化难为易的作用．

下面通过例题说明如何应用分部积分公式．

例 1　求$\int x\mathrm{e}^x\mathrm{d}x$.

解　求该积分的难点在于如何去掉被积函数中的 x. 若将 e^x "缩进"微分号中（凑微分），则可利用分部积分公式，在转化后的新积分中对 x 进行一次微分，从而在被积函数中消去了因子 x，不定积分很容易被求出.

选取 $x=u$，而 $\mathrm{e}^x\mathrm{d}x=\mathrm{d}(\mathrm{e}^x)=\mathrm{d}v$，即 $v=\mathrm{e}^x$，则

$$\int x\mathrm{e}^x\,\mathrm{d}x=\int x\,\mathrm{d}(\mathrm{e}^x)=x\mathrm{e}^x-\int \mathrm{e}^x\mathrm{d}x$$

右端中的积分显然容易算出，于是

$$\int x\mathrm{e}^x\mathrm{d}x=x\mathrm{e}^x-\mathrm{e}^x+C\ .$$

注　本题若选取 $\mathrm{e}^x=u,\ x\mathrm{d}x=\mathrm{d}v$，则有 $v=\frac{1}{2}x^2$，代入公式后，得到

$$\int x\mathrm{e}^x\mathrm{d}x=\int \mathrm{e}^x\,\mathrm{d}\left(\frac{1}{2}x^2\right)=\frac{1}{2}x^2\mathrm{e}^x-\frac{1}{2}\int x^2\mathrm{e}^x\mathrm{d}x\,,$$

新得到的积分$\int x^2\mathrm{e}^x\mathrm{d}x$ 反而比原积分更难求，说明这样设 u，$\mathrm{d}v$ 是不合适的. 由此可见，运用好分部积分法关键是恰当地选择好 u 和 $\mathrm{d}v$，一般要考虑如下两点：

（1）v 要容易求得（可用凑微分法求出）；

（2）$\int v\mathrm{d}u$ 要比$\int u\,\mathrm{d}v$ 容易积出.

例 2　求$\int x\cos x\mathrm{d}x$.

解　选取 $x=u,\ \cos x\mathrm{d}x=\mathrm{d}(\sin x)=\mathrm{d}v$，即 $v=\sin x$，则

$$\int x\cos x\mathrm{d}x=\int x\,\mathrm{d}(\sin x)=x\sin x-\int \sin x\mathrm{d}x=x\sin x+\cos x+C\ .$$

当熟悉分部积分法后，u，$\mathrm{d}v$ 可心算完成，不必具体写出.

例 3　求$\int x\sin 2x\mathrm{d}x$.

解　$$\int x\sin 2x\mathrm{d}x=-\frac{1}{2}\int x\,\mathrm{d}(\cos 2x)=-\frac{1}{2}x\cos 2x+\frac{1}{2}\int \cos 2x\mathrm{d}x$$

$$=-\frac{1}{2}x\cos 2x+\frac{1}{4}\int \cos 2x\,\mathrm{d}(2x)=-\frac{1}{2}x\cos 2x+\frac{1}{4}\sin 2x+C\ .$$

例 4　求$\int x\ln x\mathrm{d}x$.

解　$$\int x\ln x\mathrm{d}x=\int \ln x\,\mathrm{d}\left(\frac{1}{2}x^2\right)=\frac{1}{2}x^2\ln x-\int \frac{x^2}{2}\mathrm{d}(\ln x)$$

$$=\frac{x^2}{2}\ln x-\frac{1}{2}\int x\mathrm{d}x=\frac{x^2}{2}\ln x-\frac{1}{4}x^2+C\ .$$

例 5　求$\int \arcsin x\mathrm{d}x$.

解　$$\int \arcsin x\mathrm{d}x=x\arcsin x-\int x\,\mathrm{d}(\arcsin x)$$

$$
\begin{aligned}
&= x\arcsin x - \int x\cdot\frac{1}{\sqrt{1-x^2}}\mathrm{d}x \\
&= x\arcsin x + \frac{1}{2}\int\frac{\mathrm{d}(1-x^2)}{\sqrt{1-x^2}} \\
&= x\arcsin x + \sqrt{1-x^2} + C .
\end{aligned}
$$

从这些例子可以看到，应用分部积分法求不定积分时，关键步骤仍然是凑微分法，但这是“部分地凑微分”，即把被积函数中的一部分和 $\mathrm{d}x$ 凑成微分 $\mathrm{d}v$，使积分成为 $\int u\mathrm{d}v$ 的形式，如例 1 中把 $\mathrm{e}^x\mathrm{d}x$ 凑成 $\mathrm{d}(\mathrm{e}^x)$，例 2 中把 $\cos x\mathrm{d}x$ 凑成 $\mathrm{d}(\sin x)$，例 3 中把 $x\mathrm{d}x$ 凑成 $\mathrm{d}\left(\frac{1}{2}x^2\right)$.

有些积分需要连续使用几次分部积分公式才能求出.

例 6　求 $\int x^2\mathrm{e}^x\mathrm{d}x$.

解
$$
\begin{aligned}
\int x^2\mathrm{e}^x\mathrm{d}x &= \int x^2\,\mathrm{d}(\mathrm{e}^x) = x^2\mathrm{e}^x - \int \mathrm{e}^x\,\mathrm{d}(x^2) \\
&= x^2\mathrm{e}^x - 2\int x\mathrm{e}^x\mathrm{d}x = x^2\mathrm{e}^x - 2\int x\,\mathrm{d}(\mathrm{e}^x) \\
&= x^2\mathrm{e}^x - 2(x\mathrm{e}^x - \int \mathrm{e}^x\mathrm{d}x) \\
&= x^2\mathrm{e}^x - 2x\mathrm{e}^x + 2\mathrm{e}^x + C \\
&= (x^2-2x+2)\mathrm{e}^x + C .
\end{aligned}
$$

上面介绍的凑微分法、换元积分法和分部积分法是积分的基本方法，虽然解决了一些积分的计算问题，但仍有大量积分用这些方法无法解决，如 $\int \mathrm{e}^{-x^2}\mathrm{d}x$, $\int\frac{\sin x}{x}\mathrm{d}x$, $\int\frac{\mathrm{d}x}{\ln x}$ 等，虽然存在，却不能用初等函数表达所求的原函数，这时称为“积不出”，在实际应用中对于这种积分常采用数值积分法.

在工程技术问题中，我们还可以借助查积分表来求一些较复杂的不定积分，也可以利用数学软件在计算机上求原函数.

练习题 3.3

（A）

1．选择题.

（1）下列分部积分中，对 u 和 $\mathrm{d}v$ 选择正确的有（　　）.

A．$\int x^2\cos x\mathrm{d}x,\ u=\cos x,\ \mathrm{d}v=x^2\mathrm{d}x$　　B．$\int (x+1)\ln x\mathrm{d}x,\ u=x+1,\ \mathrm{d}v=\ln x\mathrm{d}x$

C．$\int x\mathrm{e}^{-x}\mathrm{d}x,\ u=x,\ \mathrm{d}v=\mathrm{e}^{-x}\mathrm{d}x$　　D．$\int \arcsin x\mathrm{d}x,\ u=1,\ \mathrm{d}v=\arcsin x\mathrm{d}x$

（2）$\int x\,\mathrm{d}(\sin x)=$（　　）.

A．$\frac{x^2}{2}\sin x+C$　　B．$x\sin x+\cos x+C$

C．$x\sin x+C$　　D．$x\sin x-\cos x+C$

（3）$\int x\,\mathrm{d}(\mathrm{e}^{-x})=$（　　）.

A．$x\mathrm{e}^{-x}+C$　　B．$\mathrm{e}^{-x}+C$　　C．$(x-1)\,\mathrm{e}^{x}+C$　　D．$(x+1)\,\mathrm{e}^{-x}+C$

（4）$\int xf''(x)\,\mathrm{d}x=$（　　）.

A．$xf'(x)+C$　　B．$xf'(x)+f(x)+C$　　C．$xf(x)+C$　　D．$xf'(x)-f(x)+C$

2．求下列不定积分.

（1）$\int x\sin x\mathrm{d}x$；　　（2）$\int x\mathrm{e}^{2x}\mathrm{d}x$；

（3）$\int \ln x\mathrm{d}x$；　　（4）$\int \arctan x\mathrm{d}x$.

（B）

1．求下列不定积分.

（1）$\int x^2\mathrm{e}^{-x}\mathrm{d}x$；　　（2）$\int x^2\sin x\mathrm{d}x$；

（3）$\int x\sin 3x\mathrm{d}x$；　　（4）$\int x\cos 2x\mathrm{d}x$；

（5）$\int x\arctan x\mathrm{d}x$；　　（6）$\int \ln^2 x\mathrm{d}x$.

2．在电力需求的电涌时期，消耗电能的速度 v 可以近似地表示为 $v=t\mathrm{e}^{-t}$（单位：h），求消耗的电能函数 E（单位：J）（提示：电能 $E=\int v\mathrm{d}t$）.

自测题三

1．填空题.

（1）$\int\left(\frac{1}{x\sqrt{x}}-\sqrt{x}\right)\mathrm{d}x=$__________.　　（2）$\int(3\sin x-2)\mathrm{d}x=$__________.

（3）$\int\cos 3x\mathrm{d}x=$__________.　　（4）$\int\frac{1}{\cos^2 x}\mathrm{d}x=$__________.

（5）$\int 3^x\mathrm{d}x=$__________.　　（6）$\int\mathrm{e}^{-5x}\mathrm{d}x=$__________.

（7）若 $f(x)$ 的一个原函数是 $\cos x$，则 $\int f(x)\mathrm{d}x=$__________.

（8）设某工厂生产 x 单位产品的总成本 C 是 x 的函数，已知其成本的变化率是−0.01，当生产 1000 个单位产品时，其成本是 490 元，则 $C(x)=$__________.

（9）已知生产某产品的产量 P 是消耗某种生产要素的数量 Q 的函数 $P(Q)$，若该生产要素的边际产量为 $P'(Q)=4Q+1$，且 $P(0)=0$，则产量函数 $P(Q)=$__________.

2．选择题.

（1）$F(x)$ 和 $G(x)$ 是函数 $f(x)$ 的任意两个原函数，$f(x)\neq 0$，则下列等式正确的是（　　）.

A．$F(x)=C\cdot G(x)$　　B．$F(x)=C+G(x)$

C．$F(x)+G(x)=C$　　D．$F(x)\cdot G(x)=C$

（2）下列等式中，正确的是（　　）.

A. $\int f'(x)\mathrm{d}x = f(x)$　　B. $\int \mathrm{d}f(x) = f(x)$

C. $\frac{\mathrm{d}}{\mathrm{d}x}\int f(x)\mathrm{d}x = f(x)+C$　　D. $\mathrm{d}\int f(x)\mathrm{d}x = f(x)\mathrm{d}x$

（3）如果$\int \mathrm{d}f(x)=\int \mathrm{d}g(x)$，则一定有（　　）.

A. $f(x)=g(x)$　　B. $f'(x)=g'(x)$

C. $f'(x)=g'(x)+C$　　D. 以上都不对

（4）设$\int f(x)\mathrm{d}x = x\ln x + C$，则$f(x)=$（　　）.

A. $\ln x+1$　　B. $\ln x$　　C. x　　D. $x\ln x$

（5）下列不定积分正确的是（　　）.

A. $\int \frac{1}{x}\mathrm{d}x = \ln x + C$　　B. $\int \frac{1}{x^2}\mathrm{d}x = \frac{1}{x}+C$

C. $\int \sqrt{x}\mathrm{d}x = \frac{2}{3}x^{\frac{3}{2}}+C$　　D. $\int \frac{1}{\sqrt{x}}\mathrm{d}x = \sqrt{x}+C$

（6）设$f(x)$的一个原函数是$\tan x$，则$f(x)$等于（　　）.

A. $\sec^2 x$　　B. $-\sec^2 x$　　C. $\csc^2 x$　　D. $-\csc^2 x$

（7）若$f(x)$的导函数为$\sin x$，则$f(x)$的一个原函数是（　　）.

A. $1-\sin x$　　B. $1+\sin x$　　C. $1-\cos x$　　D. $1+\cos x$

（8）已知边际利润函数为$L'(Q)$=2Q+5，又$L(2)=20$，则利润函数$L(Q)$为（　　）.

A. Q^2+5Q+C　　B. Q^2+5Q+6　　C. 20　　D. $Q^2+5Q+20$

3．计算下列各积分.

（1）$\int \frac{1}{1-x}\mathrm{d}x$；　　（2）$\int x\sqrt{x^2+1}\mathrm{d}x$；

（3）$\int \frac{1}{\sqrt{1+x}}\mathrm{d}x$；　　（4）$\int \sin x\cos x\mathrm{d}x$；

（5）$\int x\mathrm{e}^{-2x}\mathrm{d}x$　　（6）$\int x^2\ln x\mathrm{d}x$.

4．曲线在任意一点处的切线斜率为$2x$，且曲线过点(2,5)，求曲线方程.

5．池塘结冰的速度由$\frac{\mathrm{d}y}{\mathrm{d}t}=k\sqrt{t}$给出，其中$y$是自结冰起到时刻$t$（单位: h）冰的厚度（单位: cm），$k$是正的常数．求$y$关于$t$的函数.

6．某公司经营的边际收益函数为$R'(x)=60-2x-2x^2$，其中x为销售量，即需求量，求总收益函数.

7．某商品固定成本为144，边际成本为$C'(Q)=2Q$，产量Q为多少时平均成本最少.

8．设边际成本是$C'(Q)=1000-20Q+Q^2$，Q是产品单位数，固定成本是9000元，且单位售价固定在3400元，试求：

（1）成本函数、收益函数、利润函数；

（2）销售量是多少时可得最大利润？

第四章　定积分及其应用

第一节　定积分的概念

定积分是积分学的重要概念之一，它在自然科学、工程技术及经济领域中有着广泛的应用．本章从具体实例出发，对定积分的基本概念与基本运算加以介绍，并用积分知识解决一些经济问题．

一、三个实例

引例 4.1　求曲边梯形的面积．

所谓曲边梯形是指在直角坐标系中，由连续曲线 $y=f(x)$ $(f(x)\geqslant 0)$，直线 $x=a$，$x=b$ $(a<b)$ 以及 x 轴所围成的图形 $AabB$，如图 4-1 所示．

讨论曲边梯形的面积具有普遍的意义，如图 4-2 所表示的平面图形 $ACDB$ 的面积，就是曲边梯形 $AabB$ 与曲边梯形 $CabD$ 面积之差．下面讨论如何计算曲边梯形的面积．

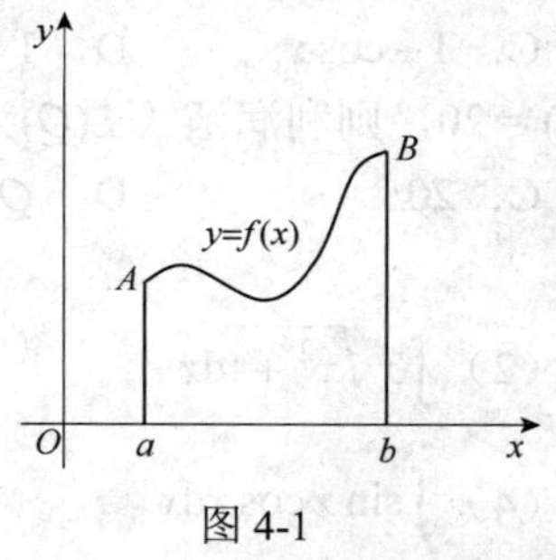

图 4-1

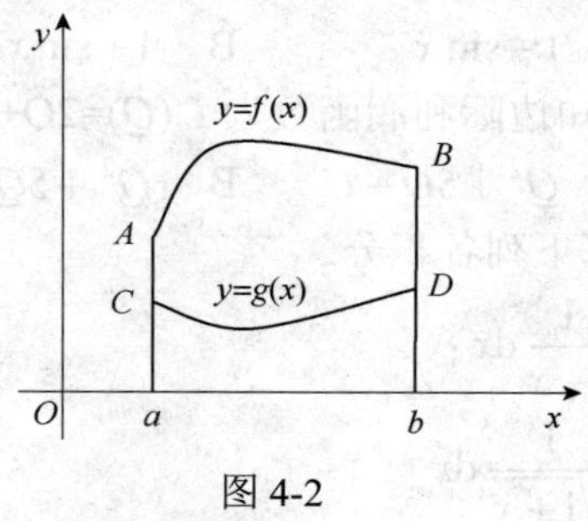

图 4-2

在中学已经学习了一些规则的平面图形（矩形、三角形、梯形等）面积的计算问题，如

矩形的面积=高×底．

解决这个问题的困难之处在于曲边梯形的上部边界是一条曲线．不能直接使用公式．但由于曲线是连续的，在很小一段区间上它的变化很小．如图 4-3 所示，若把曲边梯形分割成许多细小的曲边梯形，然后用我们易求的矩形面积近似代替小曲边梯形的面积，则大曲边梯形面积的近似值就是所有小矩形的面积之和．显然，分割得越细，小曲边梯形的宽度越小，小矩形和小曲边梯形的近似程度就越高，误差就越小．当所有的小曲边梯形的宽度都趋于零时，所有小矩形面积之和的极限值就是这个大曲边梯形面积的精确值．

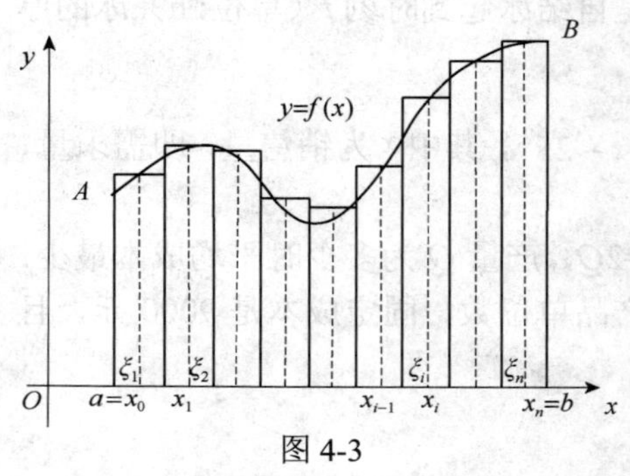

图 4-3

基于以上分析，我们通过以下步骤来计算曲边梯形的面积．

（1）**分割**　用分点 $a=x_0<x_1<x_2<\cdots<x_{n-1}<x_n=b$ 将区间 $[a,b]$ 分成任意 n 个小区间 $[x_{i-1},x_i](i=1,2,3,\cdots,n)$，其长度为 $\Delta x_i=x_i-x_{i-1}\ (i=1,2,3,\cdots,n)$，过每一个分点作垂直于 x 轴的直线，把曲边梯形分为 n 个小曲边梯形，如图 3.3 所示．

（2）**近似**　在每个小区间 $[x_{i-1},\ x_i](i=1,\ 2,\ 3,\cdots,n)$ 上，任取一点 $\xi_i\in[x_{i-1},\ x_i]$，那么，以 Δx_i 为底，$f(\xi_i)$ 为高的矩形面积为 $f(\xi_i)\,\Delta x_i$．设第 $i(i=1,\ 2,\cdots,\ n)$ 个小曲边梯形的面积为 $\Delta A_i\ (i=1,\ 2,\cdots,\ n)$，则

$$\Delta A_i\approx f(\xi_i)\Delta x_i\quad (i=1,\ 2,\ 3,\cdots,\ n).$$

（3）**求和**　将 n 个小矩形的面积相加，得曲边梯形面积 A 的近似值，即

$$A=\sum_{i=1}^{n}\Delta A_i\approx\sum_{i=1}^{n}f(\xi_i)\Delta x_i\ ;$$

（4）**取极限**　当 n 无限增大时，每个小区间的长度趋向于零，记 $\lambda=\max\limits_{1\leqslant i\leqslant n}\{\Delta x_i\}$，则

$$A=\lim_{\lambda\to 0}\sum_{i=1}^{n}f(\xi_i)\Delta x_i\ .$$

引例 4.2（变速直线运动的路程）　设一物体做变速直线运动，已知运动速度 v 为时间 t 的连续函数 $v=v(t)$，求在时间间隔 $[a,b]$ 内物体运动的路程 S.

对于匀速直线运动，由于速度 v 是不变的，因此有：路程＝速度×时间，而对于变速运动就不能用此方法进行解决，但是，考虑到在很短时间间隔内，速度的变化是微小的，可以近似地理解为物体在做匀速直线运动．于是，我们也可以采用分割、近似代替、求和、取极限的方法来处理这个问题．

（1）**分割**　用分点 $a=t_0<t_1<t_2<\cdots<t_{n-1}<t_n=b$ 将时间间隔区间 $[a,b]$ 分成任意 n 个小时间段

$$[t_0,\ t_1],\ [t_1,\ t_2],\cdots,\ [t_{n-1},\ t_n],$$

第 i 个小时间间隔记为 $[t_{i-1},\ t_i](i=1,\ 2,\ 3,\cdots,\ n)$，其长度为 $\Delta t_i=t_i-t_{i-1}\ (i=1,\ 2,\ 3,\cdots,\ n)$；

（2）**近似**　在每个小时间区间 $[t_{i-1},t_i](i=1,\ 2,\ 3,\cdots,n)$ 上任取一个时刻 $\xi_i(t_{i-1}\leqslant\xi_i\leqslant t_i)$，在 ξ_i 处物体运动的速度为 $v(\xi_i)$，那么，在时间段 Δt_i 上物体运动路程的近似值为 $\Delta s_i\approx v(\xi_i)\Delta t_i\ (i=1,\ 2,\ 3,\cdots,\ n)$；

（3）**求和**　物体在时间间隔 $[a,b]$ 内走过路程的近似值为

$$S\approx\sum_{i=1}^{n}v(\xi_i)\Delta t_i;$$

（4）**取极限**　令 $\lambda=\max\limits_{1\leqslant i\leqslant n}\{\Delta t_i\}$，当 $\lambda\to 0$ 时，上述和式的极限就是物体在时间间隔 $[a,b]$ 上运动的路程，即

$$S=\lim_{\lambda\to 0}\sum_{i=1}^{n}v(\xi_i)\Delta t_i\ .$$

引例 4.3　设某种产品其成本 C 对产量 q 的变化率（即边际成本）是产量 q 的连续函数 $C'(q)=f(q)$，现求产量从 a 增加到 b 时的总成本.

解　（1）**分割**　用分点 $a=q_0<q_1<q_2<\cdots<q_{n-1}<q_n=b$，把区间 $[a,b]$ 分成 n 个小区间 $[q_{i-1},q_i](i=1,2,\cdots,n)$，每段产量间隔的长度为 $\Delta q_i=q_i-q_{i-1}(i=1,2,\cdots,n)$；

（2）**近似**　在每个小区间 $[q_{i-1},q_i](i=1,2,\cdots,n)$ 上，任取一点 $\xi_i\in[q_{i-1},q_i]$，在区间

$[q_{i-1},q_i](i=1,2,\cdots,n)$ 内，成本 $\Delta C_i\ (i=1,2,\cdots,n)$ 的近似值为

$$\Delta C_i \approx f(\xi_i)\Delta q_i \quad (i=1,2,3,\cdots,n);$$

（3）**求和**　总成本 C 的近似值为

$$C=\sum_{i=1}^{n}\Delta C_i \approx \sum_{i=1}^{n} f(\xi_i)\Delta q_i;$$

（4）**取极限**　记 $\lambda=\max\limits_{1\leqslant i\leqslant n}\{\Delta q_i\}$，则总成本

$$C=\lim_{\lambda\to 0}\sum_{i=1}^{n} f(\xi_i)\Delta q_i .$$

上面三个问题虽然实际意义不同，但计算的思想方法和步骤是相同的，都是通过“分割、近似、求和、取极限”这四个步骤，最终归结为函数在某一区间上一种特定的和式的极限，并通过这种方法解决了以前不能解决的问题，这种思想方法抽象出来，就有了下面定积分的概念.

二、定积分的概念

定义 4.1　设函数 $f(x)$ 在区间 $[a,b]$ 上有定义且有界，用分点

$$a=x_0<x_1<x_2<\cdots<x_{n-1}<x_n=b,$$

将区间 $[a,b]$ 分成任意 n 个小区间 $[x_{i-1},x_i](i=1,2,3,\cdots,n)$，其长度为 $\Delta x_i=x_i-x_{i-1}\ (i=1,2,3,\cdots,n)$，记 $\lambda=\max\limits_{1\leqslant i\leqslant n}\{\Delta x_i\}$，在每个小区间 $[x_{i-1},x_i](i=1,2,3,\cdots,n)$ 上，任取一点，$\xi_i\in[x_{i-1},x_i]$ 作和式（称为积分和式）$\sum\limits_{i=1}^{n} f(\xi_i)\Delta x_i$，如果极限 $\lim\limits_{\lambda\to 0}\sum\limits_{i=1}^{n} f(\xi_i)\Delta x_i$ 存在，则称此极限值为函数 $f(x)$ 在 $[a,b]$ 上的**定积分**，记作 $\int_a^b f(x)\mathrm{d}x$，即

$$\int_a^b f(x)\mathrm{d}x=\lim_{\lambda\to 0}\sum_{i=1}^{n} f(\xi_i)\Delta x_i ,$$

其中 $\int$ 称为**积分号**，a，b 分别称为**积分下限**和**积分上限**，$[a,\ b]$ 称为**积分区间**，$f(x)$ 称为**被积函数**，x 称为**积分变量**，$f(x)\mathrm{d}x$ 称为**被积表达式**.

如果定积分 $\int_a^b f(x)\mathrm{d}x$ 存在，则也称 $f(x)$ 在区间 $[a,\ b]$ 上可积.

根据定积分的定义，前面三个实际问题可以记为

曲边梯形的面积　$A=\int_a^b f(x)\mathrm{d}x$；

物体运动的路程　$s=\int_a^b f(t)\mathrm{d}t$；

产量从 a 增加 b 时的总成本　$C=\int_a^b f(q)\mathrm{d}q$.

注　（1）定积分 $\int_a^b f(x)\mathrm{d}x$ 是一个数值，与被积函数 $f(x)$ 及积分区间 $[a,b]$ 有关，与区间 $[a,b]$ 的分割方法和点 ξ_i 的取法无关，与积分变量用什么字母表示无关，即

$$\int_a^b f(x)\mathrm{d}x=\int_a^b f(t)\mathrm{d}t=\int_a^b f(u)\mathrm{d}u;$$

（2）在定积分 $\int_a^b f(x)\mathrm{d}x$ 的定义中，我们假定 $a<b$，即定积分的下限小于上限. 如果 $a>b$，我们规定：

$$\int_a^b f(x)\mathrm{d}x = -\int_b^a f(x)\mathrm{d}x,$$

即定积分上下限互换时，定积分仅改变符号．显然，当 $a=b$ 时，有

$$\int_a^a f(x)\mathrm{d}x = 0.$$

三、定积分的几何意义

（1）如果函数 $f(x)$ 在 $[a, b]$ 上连续，且 $f(x)\geqslant 0$，那么定积分 $\int_a^b f(x)\mathrm{d}x$ 就表示由连续曲线 $y=f(x)$、直线 $x=a$，$x=b$ 与 x 轴所围成的曲边梯形的面积 A（图 4-1）．

$$\int_a^b f(x)\mathrm{d}x = A.$$

（2）如果函数 $f(x)$ 在 $[a, b]$ 上连续，且 $f(x)\leqslant 0$，$f(\xi_i)\Delta x_i$ 都是负值 $(\Delta x_i\geqslant 0)$，因此，定积分 $\int_a^b f(x)\mathrm{d}x$ 是一个负数，从而

$$\int_a^b f(x)\mathrm{d}x = -A.$$

此时该曲边梯形位于 x 轴的下方（图 4-4）．

（3）如果函数 $f(x)$ 在 $[a, b]$ 上连续，且有时为正有时为负，定积分 $\int_a^b f(x)\mathrm{d}x$ 在几何上表示由连续曲线 $y=f(x)$、直线 $x=a$、直线 $x=b$ 与 x 轴所围成的各曲边梯形面积的代数和．

如图 4-5 所示，连续曲线 $y=f(x)$、直线 $x=a$、直线 $x=b$ 与 x 轴所围成的图形是由三个曲边梯形组成，那么由定积分的定义可得

$$\int_a^b f(x)\mathrm{d}x = A_1 - A_2 + A_3,$$

此时

$$A = \int_a^b |f(x)|\mathrm{d}x.$$

（4）由曲线 $y=f(x)$ 与 $y=g(x)$（假设 $f(x)\geqslant g(x)$）及直线 $x=a$，$x=b(a<b)$ 所围成图形，如图 4-6 所示，面积为 $A=\int_a^b [f(x)-g(x)]\mathrm{d}x$．

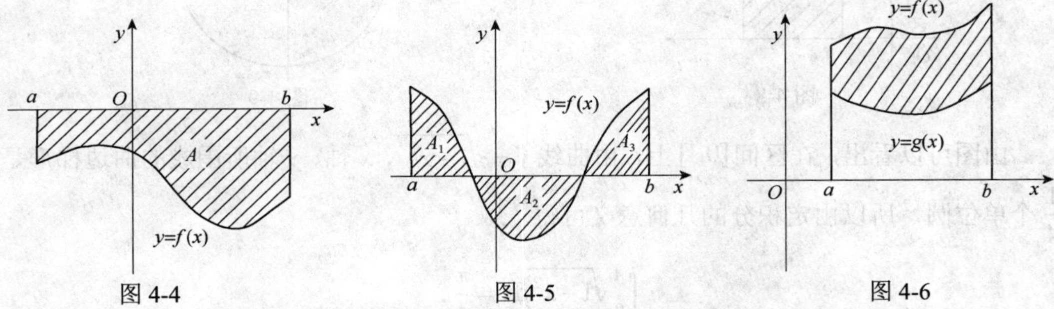

图 4-4　　图 4-5　　图 4-6

例 1　用定积分表示图 4-7 中两个图形阴影部分的面积．

解　（1）$A=\int_a^b \mathrm{d}x = b-a$．

（2）$A=\int_{-1}^0 (x^2-2x)\mathrm{d}x - \int_0^2 (x^2-2x)\mathrm{d}x$．

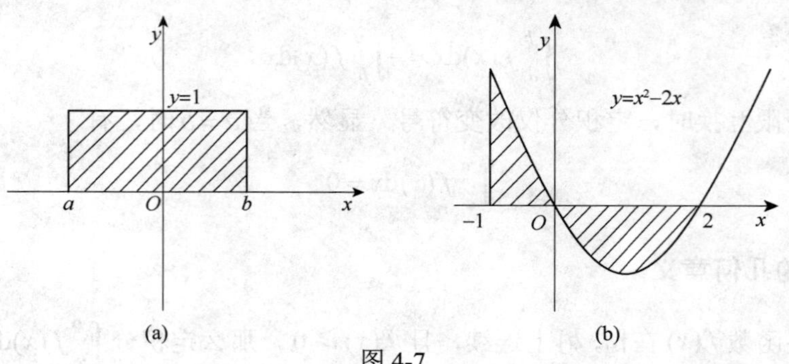

图 4-7

例 2　一辆汽车以速度 $v(t)=2t+1$ 米/秒做直线运动，试用定积分表示汽车在 $t_1=1$ 秒到 $t_2=3$ 秒期间所经过的路程 s，并利用定积分的几何意义求出 s 的值.

解　根据题意：被积函数为 $v(t)=2t+1$，时间间隔[1,3]的两个端点即为积分下限和上限，积分变量为时间 t. 由定积分的定义，汽车在 1～3 秒内所经过的路程为

$$s=\int_1^3 v(t)\mathrm{d}t=\int_1^3(2t+1)\mathrm{d}t.$$

因为被积函数的图像是一条直线，如图 4-8 所示. 由定积分的几何意义知，所求路程 s 是上底为 $v(1)=3$，下底为 $v(3)=7$ 的梯形面积，即

$$s=\int_1^3(2t+1)\mathrm{d}t=\frac{1}{2}(3+7)\times 2=10\text{（米）}.$$

例 3　利用定积分的几何意义求 $\int_0^1\sqrt{1-x^2}\,\mathrm{d}x$.

解　画出被积函数 $y=\sqrt{1-x^2}$ 在区间[0, 1]上的图形，如图 4-9 所示.

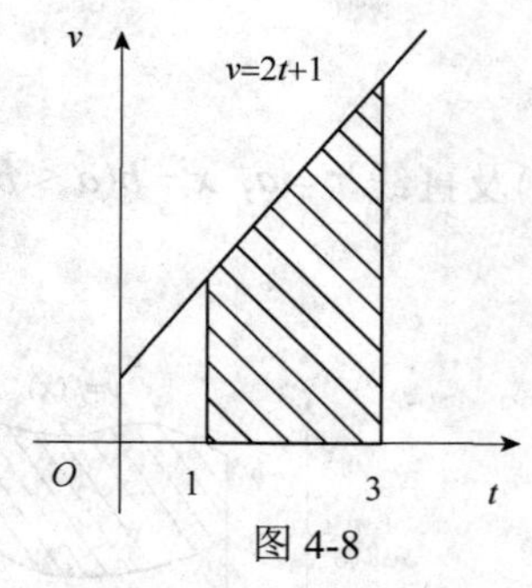

图 4-8

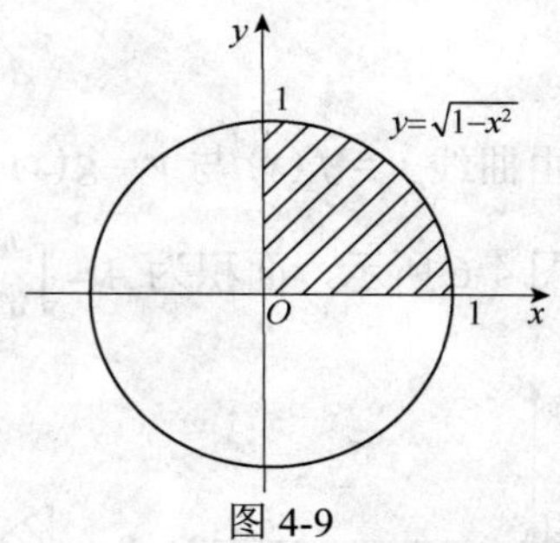

图 4-9

由图可以看出，在区间[0,1]上，由曲线 $y=\sqrt{1-x^2}$ 、x 轴、y 轴所围成的曲边梯形是 $\frac{1}{4}$ 个单位圆，所以由定积分的几何意义可得

$$\int_0^1\sqrt{1-x^2}\,\mathrm{d}x=\frac{\pi}{4}.$$

四、定积分的性质

利用定积分的定义及极限的运算法则，可以直接推出定积分的一些性质，在下面的

讨论中，我们假定函数在所讨论的区间上都是可积的.

性质 1　两个函数代数和的积分等于积分的代数和，即

$$\int_a^b [f_1(x) \pm f_2(x)]\mathrm{d}x = \int_a^b f_1(x)\mathrm{d}x \pm \int_a^b f_2(x)\mathrm{d}x.$$

性质 2　被积函数中的常数因子可以提到积分号外，即

$$\int_a^b kf(x)\mathrm{d}x = k\int_a^b f(x)\mathrm{d}x \quad (k\text{ 为常数}).$$

性质 2 可以推广到有限多个函数代数和的情形.

性质 3（定积分对区间的可加性）　对任意点 c 有

$$\int_a^b f(x)\mathrm{d}x = \int_a^c f(x)\mathrm{d}x + \int_c^b f(x)\mathrm{d}x.$$

点 c 的任意性是指，不论 c 是区间 $[a,b]$ 内的点，还是区间 $[a,b]$ 外的点，这一性质均成立．根据性质 3 和定积分的几何意义（图 4-10），可以得到以下结论.

推论　(1) 如果 $f(x)$ 在 $[-a, a]$ 上连续，且为奇函数，则有 $\int_{-a}^a f(x)\mathrm{d}x = 0$.

(2) 如果 $f(x)$ 在 $[-a, a]$ 上连续，且为偶函数，则有 $\int_{-a}^a f(x)\mathrm{d}x = 2\int_0^a f(x)\mathrm{d}x$.

例如

$$\int_{-\frac{\pi}{2}}^{\frac{\pi}{2}} \sin^5 x\mathrm{d}x = 0, \quad \int_{-1}^1 |x|\mathrm{d}x = 2\int_0^1 x\mathrm{d}x = 1.$$

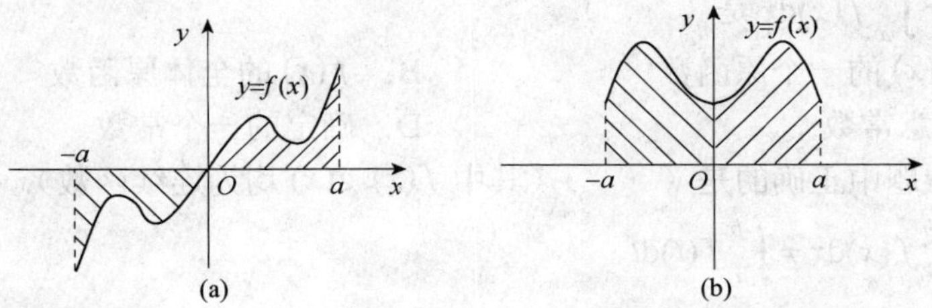

(a)　(b)

图 4-10

性质 4（积分的比较性质）　在区间 $[a,b]$ 上若 $f(x) \geqslant g(x)$，则

$$\int_a^b f(x)\mathrm{d}x \geqslant \int_a^b g(x)\mathrm{d}x.$$

推论　在区间 $[a,b]$ 若 $f(x) \geqslant 0$，则

$$\int_a^b f(x)\mathrm{d}x \geqslant 0.$$

性质 5（定积分中值定理）　如果函数 $f(x)$ 在区间 $[a,b]$ 上连续，则在 $[a,b]$ 上至少存在一点 ξ，使得

$$\int_a^b f(x)\mathrm{d}x = f(\xi)(b-a) \quad (a \leqslant \xi \leqslant b).$$

特别地，当 $f(x) = 1$ 时，$\int_a^b \mathrm{d}x = b - a$.

定积分中值定理的几何意义是：设 $f(x) \geqslant 0$，则该性质表示以区间 $[a,b]$ 为底，以连续曲线 $y = f(x)$ 为曲边的曲边梯形的面积，总可以等于底边相同而高为 $f(\xi)$ 的一个矩形的面积，如图 4-11 所示.

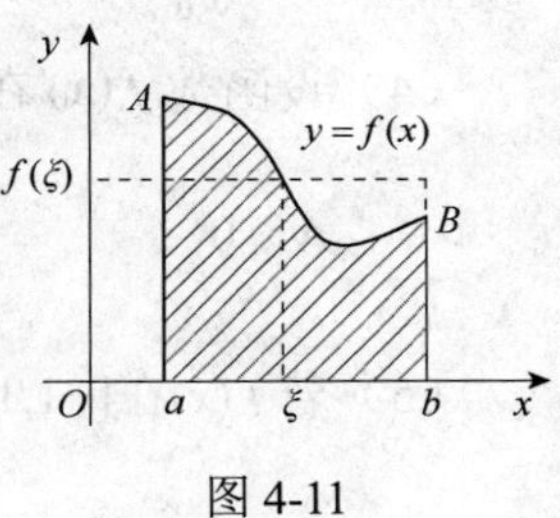

图 4-11

通常我们把 $f(\xi)=\dfrac{1}{b-a}\int_a^b f(x)\mathrm{d}x$ 叫作连续曲线 $y=f(x)$ 在闭区间 $[a,b]$ 上的平均高度，或叫作函数 $y=f(x)$ 在区间 $[a,b]$ 上的平均值．因此，定积分中值定理也叫作平均值定理．

连续函数的平均值概念应用广泛，如求平均速度、平均电压、平均温度、人均收入等．例如，以初速度为 v_0，加速度为 a 做匀变速直线运动的物体，在时间［0，T］上的平均速度可表示为

$$\bar{v}=\frac{1}{T-0}\int_0^T (v_0+at)\mathrm{d}t .$$

例 4　利用定积分的性质，比较 $\int_0^1 x\mathrm{d}x$ 与 $\int_0^1 \sqrt{x}\mathrm{d}x$ 值的大小．

解　当 $x\in[0,1]$ 时，$x\leqslant\sqrt{x}$，所以根据定积分性质 4 知：

$$\int_0^1 x\mathrm{d}x\leqslant\int_0^1\sqrt{x}\mathrm{d}x .$$

练习题 4.1

（A）

1．选择题．

（1）定积分 $\int_a^b f(x)\mathrm{d}x$ 是（　　）．

A．$f(x)$ 的一个原函数　　B．$f(x)$ 的全体原函数

C．任意常数　　D．确定的一个常数

（2）下列命题中正确的是（　　）（其中 $f(x),g(x)$ 均为连续函数）．

A．$\int_a^b f(x)\mathrm{d}x\neq\int_a^b f(t)\mathrm{d}t$

B．$\mathrm{d}\int_a^b f(x)\mathrm{d}x=f(x)\mathrm{d}x$

C．在 $[a,b]$ 上若 $f(x)\neq g(x)$ 则 $\int_a^b f(x)\mathrm{d}x\neq\int_a^b g(x)\mathrm{d}x$

D．若 $f(x)\neq g(x)$，则 $\int f(x)\mathrm{d}x\neq\int g(x)\mathrm{d}x$

（3）在下列不等式中，正确的是（　　）．

A．$\int_0^1 \mathrm{e}^x\mathrm{d}x<\int_0^1 \mathrm{e}^{x^2}\mathrm{d}x$　　B．$\int_1^2 \mathrm{e}^x\mathrm{d}x<\int_1^2 \mathrm{e}^{x^2}\mathrm{d}x$

C．$\int_0^1 \mathrm{e}^{-x}\mathrm{d}x<\int_1^2 \mathrm{e}^{-x}\mathrm{d}x$　　D．$\int_{-2}^{-1} x^2\mathrm{d}x\leqslant\int_{-2}^{-1} x^3\mathrm{d}x$

（4）设函数 $f(x)$ 在区间 $[-a, a]$ 上连续，且为偶函数，则 $\int_{-a}^a f(x)\mathrm{d}x=$（　　）．

A．0　　B．$2\int_0^a f(x)\mathrm{d}x$　　C．$\int_{-a}^0 f(x)\mathrm{d}x$　　D．$\int_0^a f(x)\mathrm{d}x$

（5）若 $f(x)$ 在 $[-1,1]$ 上连续，其平均值为 2，则 $\int_{-1}^1 f(x)\mathrm{d}x=$（　　）．

A. $\frac{1}{4}$　　B. -1　　C. 4　　D. -4

2．根据定积分的几何意义，判断下列定积分的符号．

（1）$\int_0^{\frac{\pi}{2}} \sin x\mathrm{d}x$ __________ 0；　（2）$\int_{-\frac{\pi}{2}}^{0} \sin x\mathrm{d}x$ __________ 0；

（3）$\int_1^{\mathrm{e}} \ln x\mathrm{d}x$ __________ 0；　（4）$\int_{\frac{1}{\mathrm{e}}}^{1} \ln x\mathrm{d}x$ __________ 0.

3．利用定积分的几何意义，求出下列积分的值．

（1）$\int_{-\pi}^{\pi} \sin x\mathrm{d}x =$ __________；（2）$\int_0^2 3\mathrm{d}x =$ __________；（3）$\int_1^2 x\mathrm{d}x =$ __________.

4．不计算积分，比较下列各组积分值的大小．

（1）$\int_0^1 x\mathrm{d}x$ __________ $\int_0^1 x^2\mathrm{d}x$；（2）$\int_{-1}^0 \mathrm{e}^x\mathrm{d}x$ __________ $\int_{-1}^0 x\mathrm{d}x$.

5．设 $C(t)$（单位：元/天）为某一房间每天取暖的花费，$t=0$ 对应于 2018 年 1 月 1 日，则 $\int_0^{31} C(t)\,\mathrm{d}t$ 的实际意义为__________.

6．用定积分表示图 4-12 中阴影部分的面积．

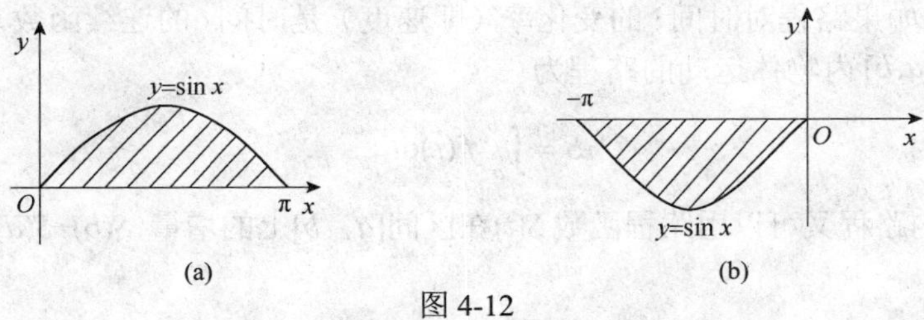

图 4-12

7．某工厂生产某商品在时刻 t 的总产量变化率为 $P(t)=100+12t$（单位/时）．用定积分表示由 $t=2$ 到 $t=4$ 这两小时的总产量．

（B）

1．根据定积分的几何意义，判断下列定积分的符号．

（1）$\int_{-2}^1 x\mathrm{d}x$ __________ 0；（2）$\int_{-2}^1 x^2\mathrm{d}x$ __________ 0；（3）$\int_{-2}^1 x^3\mathrm{d}x$ __________ 0.

2．用定积分表示图 4-13 中阴影部分的面积．

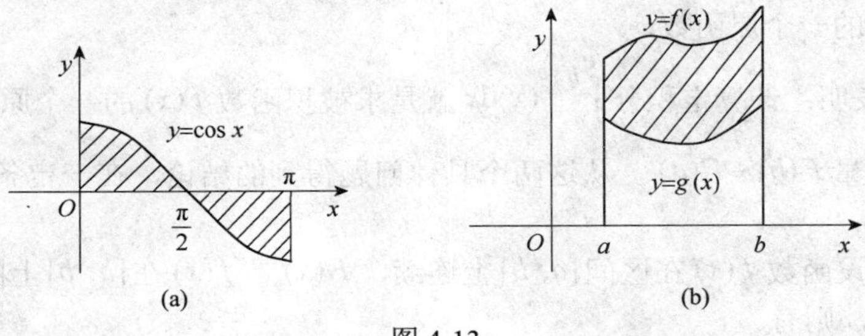

图 4-13

3．利用$\int_0^1 x^2\mathrm{d}x=\frac{1}{3}$和定积分的性质，计算下列各定积分.

（1）$\int_0^1 (x^2+1)\mathrm{d}x$；（2）$\int_0^1 (x-\sqrt{2})(x+\sqrt{2})\mathrm{d}x$；

（3）$\int_{-2}^2 x^3\mathrm{d}x$；（4）$\int_{-\pi}^{\pi} \frac{x}{1+\cos x}\mathrm{d}x$.

4．生产某产品的边际成本为$C'(x)=150-0.2x$，当产量由 200 增加到 300 时，用定积分表示需追加多少成本.

5．已知销售某种产品 x 件时，边际收益为$R'(x)=1000-\frac{x}{2}(x\geqslant 0)$，用定积分表示销售 100 件该产品时的总收益（单位：元）.

第二节　微积分基本公式

我们已经学习了有关定积分的概念和性质，掌握了用定义或几何意义来计算定积分的方法，用定义直接计算定积分并不是一件容易的事，如果被积函数较复杂，其难度就更大．为此，必须寻求简便计算定积分的方法，在定积分与不定积分之间寻求联系，并通过求原函数来计算定积分，本节将给出计算定积分的基本公式——牛顿-莱布尼茨公式.

引例 4.4　如果路程对时间 t 的变化率（即速度）是时间 t 的连续函数 $s'(t)=v(t)$，那么在时间间隔$[a,b]$内物体运动的路程为

$$S=\int_a^b f(t)\mathrm{d}t,$$

此外，这期间的路程又可以用路程函数 $S(t)$在区间$[a，b]$上的增量 $S(b)-S(a)$来表示，从而可得

$$\int_a^b v(t)\mathrm{d}t=S(b)-S(a).$$

而 $S'(t)=v(t)$，即 $S(t)$是 $v(t)$的一个原函数.

引例 4.5　如果生产某种产品其成本 C 对产量 q 的变化率（即边际成本）是时间 q 的连续函数 $C'(q)=f(q)$，那么产量从 a 增加到 b 时的总成本为

$$C=\int_a^b P(q)\mathrm{d}q.$$

同样，这期间的总成本也可以用成本函数 $C(q)$ 在区间$[a, b]$上的增量 $C(b)-C(a)$ 来表示，从而可得

$$\int_a^b f(q)\mathrm{d}q=C(b)-C(a).$$

而 $C(q)$ 是 $f(q)$ 的一个原函数.

以上例子表明：计算定积分$\int_a^b f(x)\mathrm{d}x$ 就是求被积函数 $f(x)$ 的一个原函数 $F(x)$ 在区间$[a, b]$上的增量 $F(b)-F(a)$，从这两个具体问题得到的结论，在一定条件下是具有普遍意义的.

定理 4.1　设函数 $f(x)$ 在区间$[a, b]$上连续，$F(x)$ 是 $f(x)$ 在$[a, b]$上的任一原函数，即 $F'(x)=f(x)$，则有

$$\int_a^b f(x)\mathrm{d}x = F(b) - F(a) \tag{4-1}$$

公式(4-1)称为**微积分基本公式**(证明从略),也称为**牛顿-莱布尼茨**(Newton-Leibniz)**公式**. 为了使用方便，公式（4-1）还可写成下面的形式

$$\int_a^b f(x)\mathrm{d}x = \left[F(x)\right]_a^b \quad 或 \quad \int_a^b f(x)\mathrm{d}x = F(x)\Big|_a^b .$$

这个公式表明，当被积函数连续时，计算定积分只需计算被积函数的任一原函数在积分上、下限处函数值的差，即定积分的数值等于被积函数的任一原函数在积分区间上的增量. 这进一步揭示了函数的定积分与原函数（不定积分）之间的内在联系.

例 1　计算下列定积分.

（1）$\int_a^b x\mathrm{d}x$；　（2）$\int_0^1 x^2\mathrm{d}x$；　（3）$\int_0^\pi \cos x\mathrm{d}x$；　（4）$\int_{-2}^{-1}\frac{1}{x}\mathrm{d}x$.

解　（1）$\int_a^b x\mathrm{d}x = \left[\frac{1}{2}x^2\right]_a^b = \frac{1}{2}(b^2 - a^2)$.

（2）$\int_0^1 x^2\mathrm{d}x = \left[\frac{1}{3}x^3\right]_0^3 = \frac{1}{3}$.

（3）$\int_0^\pi \cos x\mathrm{d}x = [\sin x]_0^\pi = \sin\pi - \sin 0 = 0$.

（4）$\int_{-2}^{-1}\frac{1}{x}\mathrm{d}x = \left[\ln|x|\right]_{-2}^{-1} = \ln 1 - \ln 2 = -\ln 2$.

例 2　设 $f(x) = \begin{cases} x+1, & x \leqslant 1, \\ \frac{1}{2}x^2, & x > 1, \end{cases}$ 求 $\int_0^2 f(x)\mathrm{d}x$.

解　
$$\begin{aligned}\int_0^2 f(x)\mathrm{d}x &= \int_0^1 f(x)\mathrm{d}x + \int_1^2 f(x)\mathrm{d}x \\ &= \int_0^1 (x+1)\mathrm{d}x + \int_1^2 \frac{1}{2}x^2\mathrm{d}x \\ &= \left[\frac{1}{2}x^2 + x\right]_0^1 + \left[\frac{1}{6}x^3\right]_1^2 \\ &= \frac{3}{2} + \frac{7}{6} = \frac{8}{3}.\end{aligned}$$

例 3　计算定积分 $\int_{-1}^3 |x-1|\mathrm{d}x$.

解　因为被积函数在$[-1,3]$上有正有负，计算时必须分区间进行，先去掉绝对值，再积分：

$$\int_{-1}^3 |x-1|\mathrm{d}x = \int_{-1}^1 -(x-1)\,\mathrm{d}x + \int_1^3 (x-1)\,\mathrm{d}x = \left[x - \frac{x^2}{2}\right]_{-1}^1 + \left[\frac{x^2}{2} - x\right]_1^3 = 4.$$

例 4　求由曲线 $y = \mathrm{e}^x$ 与直线 $y = 0$, $x = 0$, $x = 1$ 围成平面图形的平面图形的面积 A.

解　如图 4-14 所示，选 x 为积分变量，则积分区间为$[0,1]$，则所求面积为

$$A=\int_0^1 \mathrm{e}^x\mathrm{d}x=\mathrm{e}^x\Big|_0^1=\mathrm{e}-1.$$

例 5 计算由两条抛物线 $y^2=x$ 与 $y=x^2$ 所围成的图形的面积 A.

解 如图 4-15 所示，两条曲线的交点为（0,0)，(1,1)，选 x 为积分变量，则积分区间为[0, 1]，则所求面积为

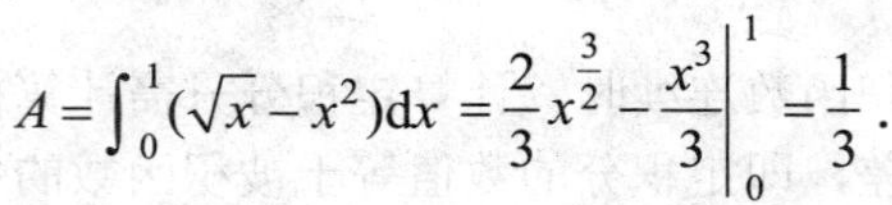

$$A=\int_0^1(\sqrt{x}-x^2)\mathrm{d}x=\frac{2}{3}x^{\frac{3}{2}}-\frac{x^3}{3}\Bigg|_0^1=\frac{1}{3}.$$

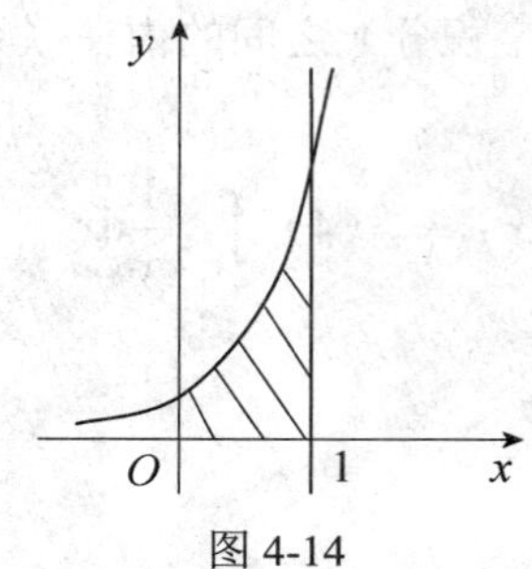

图 4-14

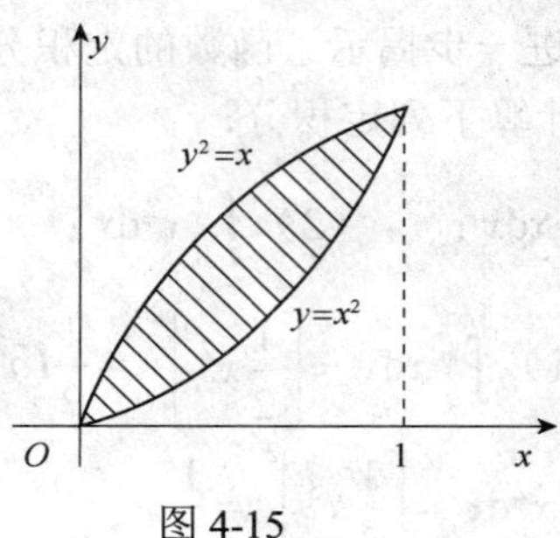

图 4-15

例 6 经科学家研究知，在 t 时刻细菌总数是以每小时繁殖 2^t 百万个细菌的速率增长，求第一个小时内细菌数的总增长量.

解 设 $F(t)$ 为 t 时刻的细菌总数，细菌总数的增长速率为 $F'(t)=2^t$，所以细菌总数的变化为

$$F(1)-F(0)=\int_0^1 2^t\mathrm{d}t=\frac{2^t}{\ln 2}\Bigg|_0^1=\frac{2}{\ln 2}-\frac{1}{\ln 2}\approx 1.4 \text{（百万个）}.$$

练习题 4.2

（A）

1．填空题.

（1）若函数 $f(x)$ 在区间 $[a, b]$ 上连续，$F(x)$ 是 $f(x)$ 的一个原函数则 $\int_a^b f(x)\mathrm{d}x=$__________.

（2）$\int_{-2}^0 3\mathrm{d}x=$__________.　　（3）$\int_{-1}^1(|x|+x^3)\mathrm{d}x=$__________.

（4）$\frac{\mathrm{d}}{\mathrm{d}x}\int_0^\pi x\cos x\mathrm{d}x=$__________.　　（5）$\int_0^1 \mathrm{d}\left(\frac{x^3}{3}-x\right)=$__________.

（6）$\int_1^2\left(\frac{1}{1+x^2}\right)'\mathrm{d}x=$__________.

2．选择题.

（1）$\int_0^1\mathrm{d}x$ 的值等于（　　）.

A．0　　B．1　　C．$\frac{1}{2}$　　D．2

（2）若$\int_0^1 (2x+k)\mathrm{d}x = 2$，则$k=$（　　）.

A．0　　B．1　　C．-1　　D．2

（3）$\int_0^3 |x-1|\mathrm{d}x =$（　　）.

A．0　　B．1　　C．$\frac{5}{2}$　　D．2

（4）若$\int_0^a x(2-3x)\mathrm{d}x = 2$，则$a=$（　　）.

A．1　　B．-1　　C．2　　D．-2

（5）函数$y=x^2$及$y=\sqrt{x}$在区间[0,1]上的平均值分别是（　　）.

A．$\frac{1}{2},\frac{1}{2}$　　B．$\frac{1}{4},\frac{1}{3}$　　C．$\frac{1}{3},\frac{1}{2}$　　D．$\frac{1}{3},\frac{2}{3}$

3．利用导数的几何意义计算$\int_{-2}^2 \sqrt{4-x^2}\mathrm{d}x$.

4．计算下列定积分.

（1）$\int_1^2 \frac{1+x}{\sqrt{x}}\mathrm{d}x$；　　（2）$\int_0^2 x(x-2)\mathrm{d}x$；

（3）$\int_0^{\frac{1}{2}} \frac{\mathrm{d}x}{\sqrt{1-x^2}}$；　　（4）$\int_{\frac{1}{\sqrt{3}}}^{\sqrt{3}} \frac{1}{1+x^2}\mathrm{d}x$；

（5）$\int_0^1 2^x \mathrm{d}x$；　　（6）$\int_{-1}^1 (x^2\sin x+1)\mathrm{d}x$.

5．已知函数$y=\cos x$，求函数在区间$\left[0,\frac{\pi}{2}\right]$上的平均值.

6．求由曲线$y=x^3$与直线$y=0,\ x=1$围成平面图形的平面图形A.

7．已知某产品的边际收益是$R'(q)=100-2q$，q为产量．求：

（1）生产 10 个单位产品的总收益；

（2）已经生产 10 个单位产品后，再多生产 10 个单位产品，总收益的增加量.

（B）

1．计算下列定积分.

（1）$\int_0^1 \frac{x^2}{1+x^2}\mathrm{d}x$；　　（2）$\int_1^2 \left(x+\frac{1}{x}\right)^2 \mathrm{d}x$；

（3）$\int_0^{2\pi} |\sin x|\mathrm{d}x$；　　（4）$\int_{-1}^2 |2x-1|\mathrm{d}x$.

2．设$f(x)=\begin{cases} x^2, & x\leqslant 1, \\ x-1, & x>1, \end{cases}$求$\int_0^2 f(x)\mathrm{d}x$.

3．已知$v(t)=t^2+1$，在时间间隔[0, 3]上，求物体运动的路程S.

4．已知某产品总产量的变化率（单位：天）是

$$\frac{\mathrm{d}Q}{\mathrm{d}t}=40+12t-\frac{3}{2}t^2,$$

求从第 2 天到第 10 天产品的总产量.

5．计算由直线 $y=x$ 与抛物线 $y=x^2$ 所围成的图形的面积 A.

第三节　定积分的积分法

一、定积分的换元积分法

引例 4.6　像 $\int_0^4 \frac{\mathrm{d}x}{1+\sqrt{x}}$ 之类的定积分该如何计算？显然，不能用直接积分法与凑微分法求原函数，必须寻求其他方法求解.

若将 $\sqrt{x}$ 看成一个整体变量 t，进行变量代换，或许可以找到突破.

不妨令 $\sqrt{x}=t$，即 $x=t^2(t>0)$，则 $\frac{1}{1+\sqrt{x}}\mathrm{d}x=\frac{2t}{1+t}\mathrm{d}t$，显然，后者即可求得它的原函数，从而可以求得问题的解，这一思路就是下面的换元积分法.

定理 4.2　设函数 $f(x)$ 在区间 $[a,b]$ 上连续，$x=\varphi(t)$，且 $a=\varphi(\alpha)$，$b=\varphi(\beta)$，如果

（1）$\varphi(t)$ 在区间 $[\alpha,\beta]$ 上连续；

（2）当 t 从 α 变化到 β 时，$\varphi(t)$ 从 a 单调地变化到 b.

则有

$$\int_a^b f(x)\mathrm{d}x=\int_\alpha^\beta f[\varphi(t)]\mathrm{d}\varphi(t).$$

引例 4.6 的解　令 $\sqrt{x}=t$，即 $x=t^2(t>0)$，当 $x=0$ 时，$t=0$；当 $x=4$ 时，$t=2$. 所以

$$\int_0^4 \frac{1}{1+\sqrt{x}}\mathrm{d}x=\int_0^2 \frac{2t}{1+t}\mathrm{d}t=2\int_0^2\left(1-\frac{1}{1+t}\right)\mathrm{d}t=2[t-\ln|1+t|]_0^2=2(2-\ln 3).$$

注　（1）定积分的换元积分法换元后，积分上、下限也要作相应的变换，即"换元必换限". 在求出原函数后，按新的积分变量 t 的上下限代入计算定积分的值，不必还原成原变量.

（2）用换元积分法计算定积分时，若没有引入新积分变量，则积分限不变.

例 1　求 $\int_0^1 \mathrm{e}^{3x}\mathrm{d}x$.

解　设 $3x=t$，则 $x=\frac{t}{3}$, $\mathrm{d}x=\frac{1}{3}\mathrm{d}t$. 于是

当 x 从 0 连续地增加到 1 时，t 相应地从 0 增加到 3；即当 $x=0$ 时，$t=0$；$x=1$ 时，$t=3$，于是

$$\int_0^1 \mathrm{e}^{3x}\mathrm{d}x=\int_0^3 \mathrm{e}^t\cdot\frac{1}{3}\mathrm{d}t=\frac{1}{3}\int_0^3 \mathrm{e}^t\mathrm{d}t=\frac{1}{3}[\mathrm{e}^t]_0^3=\frac{1}{3}(\mathrm{e}^3-1).$$

这个定积分中的被积函数的原函数也可用"凑微分法"求得，即

$$\int_0^1 \mathrm{e}^{3x}\mathrm{d}x=\frac{1}{3}\int_0^1 \mathrm{e}^{3x}\mathrm{d}(3x)=\frac{1}{3}\mathrm{e}^{3x}\Big|_0^1=\frac{1}{3}(\mathrm{e}^3-1).$$

例 2　计算 $\int_0^{\frac{\pi}{2}}\cos^3 x\sin x\mathrm{d}x$.

解　设$t=\cos x$，则$\mathrm{d}t=-\sin x\mathrm{d}x$，当$x=0$时$t=1$，当$x=\dfrac{\pi}{2}$时$t=0$，所以

$$\int_0^{\frac{\pi}{2}}\cos^3 x\sin x\mathrm{d}x=-\int_1^0 t^3\mathrm{d}t=\int_0^1 t^3\mathrm{d}t=\left[\frac{1}{4}t^4\right]_0^1=\frac{1}{4}.$$

例 2 也可按下面方法计算：

$$\int_0^{\frac{\pi}{2}}\cos^3 x\sin x\mathrm{d}x=-\int_0^{\frac{\pi}{2}}\cos^3 x\mathrm{d}\cos x=\left[-\frac{1}{4}\cos^4 x\right]_0^{\frac{\pi}{2}}=\frac{1}{4}.$$

例 3　计算$\int_0^3\dfrac{x}{\sqrt{1+x}}\mathrm{d}x$.

解　设$\sqrt{1+x}=t$，则$x=t^2-1$，$\mathrm{d}x=2t\mathrm{d}t$，当$x=0$时，$t=1$；当$x=3$时，$t=2$，所以

$$\int_0^3\frac{x}{\sqrt{1+x}}\mathrm{d}x=\int_1^2\frac{t^2-1}{t}2t\mathrm{d}t=2\int_1^2(t^2-1)\mathrm{d}t=2\left[\frac{t^3}{3}-t\right]_1^2=\frac{8}{3}.$$

例 4　已知某化工厂产品关于投资额x的边际利润函数为$R'(x)=0.15(1-\mathrm{e}^{-0.1x})$，现拟投资 20 万元，期望利润是多少？

解　投资 20 万元利润是

$$R=\int_0^{20}R'(x)\mathrm{d}x=\int_0^{20}0.15(1-\mathrm{e}^{-0.1x})\mathrm{d}x=0.15(x+\mathrm{e}^{-0.1x})\Big|_0^{20}\approx 2.87\text{（万元）}.$$

二、定积分的分部积分法

定理 4.3　设函数$u(x)$，$v(x)$在$[a,b]$上有连续导数$u'(x)$，$v'(x)$，则

$$\int_a^b u(x)\mathrm{d}v(x)=u(x)v(x)\big|_a^b-\int_a^b v(x)\mathrm{d}u(x),$$

这就是定积分的分部积分公式.

例 5　计算$\int_0^{\frac{\pi}{2}}x\sin x\mathrm{d}x$.

解　$\int_0^{\frac{\pi}{2}}x\sin x\mathrm{d}x=-\int_0^{\frac{\pi}{2}}x\mathrm{d}(\cos x)=(-x\cos x)\Big|_0^{\frac{\pi}{2}}+\int_0^{\frac{\pi}{2}}\cos x\mathrm{d}x=\sin x\Big|_0^{\frac{\pi}{2}}=1$.

例 6　计算$\int_0^1 x\mathrm{e}^{2x}\mathrm{d}x$.

解　$\int_0^1 x\mathrm{e}^{2x}\mathrm{d}x=\dfrac{1}{2}\int_0^1 x\mathrm{d}(\mathrm{e}^{2x})$

$$=\frac{1}{2}[x\mathrm{e}^{2x}]_0^1-\frac{1}{2}\int_0^1\mathrm{e}^{2x}\mathrm{d}x=\frac{1}{2}\mathrm{e}^2-\frac{1}{4}[\mathrm{e}^{2x}]_0^1=\frac{1}{4}(\mathrm{e}^2+1).$$

例 7　计算$\int_1^{\mathrm{e}}\ln x\mathrm{d}x$.

解　$\int_1^{\mathrm{e}}\ln x\mathrm{d}x=[x\ln x]_1^{\mathrm{e}}-\int_1^{\mathrm{e}}x\mathrm{d}\ln x=\mathrm{e}-\int_1^{\mathrm{e}}\mathrm{d}x=\mathrm{e}-(\mathrm{e}-1)=1$.

练习题 4.3

（A）

1．选择题．

（1）$\int_0^3 e^{\frac{1}{3}x}dx =$（　　）．

A．$3(e-1)$　　B．$3(1-e)$　　C．$3e$　　D．以上结论都不对

（2）$\int_{-\pi}^{\pi}\sin 2x dx =$（　　）．

A．-2　　B．-1　　C．0　　D．1

（3）$\int_a^b f'(3x)dx =$（　　）．

A．$f(b)-f(a)$　　B．$f(3b)-f(3a)$

C．$\frac{1}{3}[f(3b)-f(3a)]$　　D．$3[f(3b)-f(3a)]$

（4）设 $f'(x)$ 在$[1,2]$上可积，且 $f(1)=1, f(2)=1$，$\int_1^2 f(x)dx=-1$，则 $\int_1^2 xf'(x)dx =$（　　）．

A．2　　B．1　　C．-1　　D．-2

（5）下列定积分中，适合用分部积分法计算的是（　　）．

A．$\int_0^{\pi}\cos(2x+1)dx$　　B．$\int_0^{\frac{\pi}{4}} x\sec^2 x dx$

C．$\int_0^1 x\sqrt{1-x^2}dx$　　D．$\int_0^1 \frac{x}{1+x}dx$

2．求函数的定积分．

（1）$\int_0^1 (2x+1)^3 dx$；　　（2）$\int_1^2 \frac{1}{3-x}dx$；

（3）$\int_0^1 e^{-3x}dx$；　　（4）$\int_0^{\frac{\pi}{2}} e^{\cos\theta}\sin\theta d\theta$．

3．求函数的定积分．

（1）$\int_0^{\pi} x\cos x dx$；　　（2）$\int_0^1 t^2 e^t dt$；

（3）$\int_1^3 \ln x dx$；　　（4）$\int_1^e x\ln x dx$；

（B）

1．求函数的定积分．

（1）$\int_0^1 \frac{x}{x^2+1}dx$；　　（2）$\int_0^1 xe^{x^2}dx$；

（3）$\int_1^{e^2}\frac{\ln x}{x}dx$；　　　（4）$\int_0^1 te^{-t}dt$；

（5）$\int_0^4\frac{x+2}{\sqrt{2x+1}}dx$；　　　（6）$\int_1^4\frac{\ln x}{\sqrt{x}}dx$．

2．求由曲线 $y=e^{-x}$、直线 $x=0$，$x=1$，$y=0$ 所围成的平面图形的面积．

第四节　定积分的应用

一、消费者剩余与生产者剩余问题

消费者剩余（consumer surplus，CS）又称为消费者的净收益，是指买者的支付意愿减去买者的实际支付量．消费者剩余衡量了买者自己感觉到所获得的额外利益．用公式表示为

消费者剩余=愿意付出的金额−实际付出的金额．

比如一场电影的票价为 20 元，可消费者认为它的价值是 50 元，那么消费者剩余就是 30 元．

同理，对生产者来说，有一些生产者愿意以比市场价格 p^*低的价格出售他们的商品，但是商品实际上是按市场价出售他们的产品，由此他们所得到的好处称为生产者剩余（producer surplus，PS），即

生产者剩余=实际获得的金额−期望获得的金额．

在市场经济中，某商品的需求量与供给量都是价格的函数，但是经济学中惯用的是纵坐标为价格，横坐标为需求量（或供给量）的需求曲线 $p=D(q)$或供给曲线 $p=S(q)$．在市场机制下，数量和价格在不断调整，最后趋向于需求量与供给量相等时的均衡数量和均衡价格（市场平衡价格），分别用 q^*和 p^*表示，即供给曲线与需求曲线的交点（供需平衡点）E．

在一定条件下（利用需求曲线图），消费者剩余的货币价值可以用需求曲线以下、价格线以上的面积来衡量．

如图 4-16 所示，以 Oq 轴代表商品数量，Op 轴代表商品价格，假定消费者愿意为某商品所付的价格 p 是由其需求曲线 $p=D(q)$（其中 q 为需求量）决定的，它是价格的减函数，则消费者购买商品时所获得的消费者剩余 CS 可以用需求曲线下方，价格线上方和价格轴围成图形的面积表示．

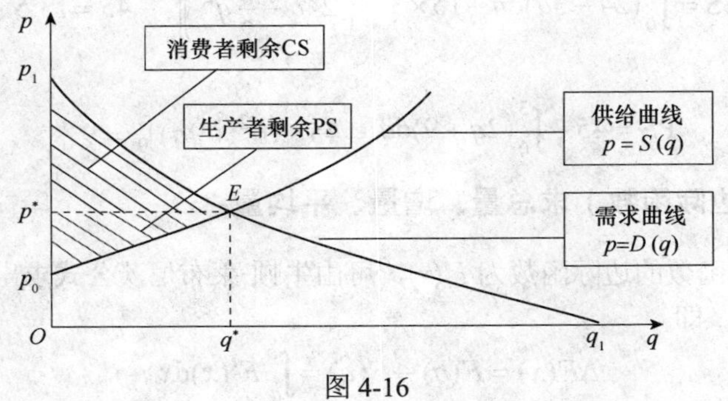

图 4-16

某消费者对价格为 p^*的某商品的购买量为 q^*时，所愿意付出的金额为曲边梯形 p_1Oq^*E 的面积 A，而实际付出金额为矩形 p^*Oq^*E 的面积 A_0，则消费者剩余 $CS=A-A_0$，所以当价格为 p^*时，可以用以下公式计算消费者剩余：

$$CS=\int_0^{q^*}D(q)\mathrm{d}q-p^*q^*. \tag{4-2}$$

由图 4-16 可见：

第一，如果价格上升，则消费者剩余下降，反之，如果价格下降，则消费者剩余上升；

第二，如果需求曲线是平的时，则消费者剩余为 0.

类似可得生产者剩余为矩形 p^*Oq^*E 的面积减去曲边梯形 p_0Oq^*E 的面积，即可以用以下公式计算生产者剩余：

$$PS=p^*q^*-\int_0^{q^*}S(q)\mathrm{d}q. \tag{4-3}$$

生产和消费是经济生活的两个重要方面，它们相互依赖，缺一不可. 对于消费者而言，价格越低消费者剩余越大，当然也越好，但是，对于生产者而言，如果价格越高那么生产者剩余也越大，当然也越好. 因此市场经济中，既不能只考虑消费者剩余也不能只考虑生产者剩余，必须将两者结合起来综合研究，才能确保消费者和生产者双方的利益，促进市场经济健康发展. 确切地讲，当商品价格处于市场平衡点时，消费者剩余和生产者剩余具有最强烈的经济意义和现实意义.

例 1　如果某商品需求曲线 $D(q)=20-0.018q^2$，并已知需求量为 10 个单位，试求消费者剩余 CS.

解　已知需求量 q^*为 10 个单位，所以市场价格

$$p^*=D(10)=[20-0.018q^2]_{q=10}=20-0.018\times10^2=18.2.$$

由上述公式得消费者剩余为

$$CS=\int_0^{10}D(q)\mathrm{d}q-p^*q^*=\int_0^{10}(20-0.018q^2)\,\mathrm{d}q-18.2\times10$$

$$=\left[20q-\frac{0.018}{3}q^3\right]_0^{10}-182=12.$$

例 2　已知需求函数 $p=D(q)=24-3q$，供给函数 $p=S(q)=2q+9$，求市场平衡时的消费者剩余和生产者剩余.

解　令 $24-3q=2q+9$ 可得供需平衡点 $p^*=15,\ q^*=3$，则

消费者剩余

$$CS=\int_0^3(24-3q)\mathrm{d}q-15\times3=\left(24q-\frac{3}{2}q^2\right)\Bigg|_0^3-45=13.5;$$

生产者剩余

$$PS=45-\int_0^3(2q+9)\mathrm{d}q=45-(q^2+9q)\big|_0^3=9.$$

二、由变化率（边际函数）求总量、增量、平均量

若已知某经济函数的边际函数为 $F'(x)$，可由牛顿-莱布尼茨公式求出经济函数从 a 到 b 的变动值（增量），即

$$\Delta F(x)=F(b)-F(a)=\int_a^b F'(x)\mathrm{d}x.$$

下面列出常见的经济函数增长量：

总收入函数从 a 到 b 的增量

$$\Delta R(q)=R(b)-R(a)=\int_a^b R'(q)\mathrm{d}q\ ;$$

总成本函数从 a 到 b 的增量

$$\Delta C(q)=C(b)-C(a)=\int_a^b C'(q)\mathrm{d}q\ ;$$

总利润函数从 a 到 b 的增量

$$\Delta L(q)=L(b)-L(a)=\int_a^b L'(q)\mathrm{d}q\ .$$

特别地，当 $a=0$ 时，经济函数从 0 到 b 的变动值

$$\Delta F(x)=F(b)-F(0)=\int_0^b F'(x)\mathrm{d}x\ ;$$

经济函数 $F(x)$ 在区间［a，b］上的平均量为

$$\overline{\Delta F(x)}=\frac{\int_a^b F'(x)\mathrm{d}x}{b-a}.$$

例 3　已知生产某商品 x 单位时，边际收益函数为 $R'(x)=200-\frac{x}{50}$（元/单位），试求生产这种产品 2000 单位时的总收益和平均收益.

解　在区间 $[0,2000]$ 上的总收益为

$$R=\int_0^{2000}R'\mathrm{d}x=\int_0^{2000}\left(200-\frac{x}{50}\right)\mathrm{d}x=\left(200x-\frac{x^2}{100}\right)\bigg|_0^{2000}=360000\ ,$$

在区间 $[0,2000]$ 上的平均收益为

$$\overline{R}=\frac{\int_0^{2000}\left(200-\frac{x}{50}\right)\mathrm{d}x}{2000}=\frac{360000}{2000}=180\ .$$

由经济函数公式还可以解决经济函数的最优问题.

例 4　某产品生产 q 件时的边际成本函数为 $C'(q)=4q-20$（元/件），固定成本为 5000 元，试求：

（1）总成本函数；

（2）在生产 100 件的基础上，再生产 100 件总成本的增量是多少？

（3）生产多少件时，平均成本最低？

解　（1）总成本函数为

$$C(q)=\int C'(q)\mathrm{d}q=\int(4q-20)\mathrm{d}q=2q-20q^2+C\ ,$$

由题意知，$C=5000$，所以

$$C(x)=2q-20q^2+5000\ .$$

（2）在生产 100 件的基础上，再生产 100 件的总成本增量为

$$\Delta C(q)=\int_{100}^{200}C'(q)\mathrm{d}q=\int_{100}^{200}(4q-20)\mathrm{d}q$$

$$=[2q-20q^2]_{100}^{200}=58000\text{（元）}.$$

（3）平均成本为

$$\overline{C(q)}=\frac{C(q)}{q}=\frac{2q^2-20q+5000}{q}=2q-20+\frac{5000}{q},$$

则

$$\overline{C(q)}'=2-\frac{5000}{q^2},$$

令 $\overline{C(q)}'=0$ 得 $q=20\ (q>0)$.

又 $q=50$ 是唯一驻点，根据问题的实际意义可知 $\overline{C(q)}$ 存在最小值，故当产量为 50 件时，平均成本最低．最低平均成本为

$$\overline{C(50)}=2\times 50-20+\frac{5000}{50}=180 \text{（元/件）}.$$

例 5 生产某产品的边际成本为 $C'(q)=2q$（万元/百件），边际收入为 $R'(q)=50-3q$（万元/百件），其中 q 为产量，若固定成本为 10 万元，问：

（1）产量为多少时，利润最大，最大利润多少？

（2）从利润最大时的产量再生产 2 百件，利润有什么变化？

解 （1）边际利润

$$L'(q)=R'(q)-C'(q)=(50-3q)-2q=50-5q .$$

令 $L'(q)=0$，得 q=10（百件）.

又 $q=10$ 是 $L(q)$ 的唯一驻点，根据问题的实际意义可知 $L(q)$ 存在最大值，故 $q=10$ 是 $L(q)$ 的最大值点，即当产量为 10（百件）时，利润最大．最大利润为

$$L(10)=\int_0^{10}L'(q)\mathrm{d}q-C_0=\int_0^{10}(50-5q)\mathrm{d}q-10$$

$$=\left[50q-\frac{5}{2}q^2\right]_0^{10}-10=80 \text{（万元）}.$$

（2）利润的变化

$$\Delta L(10)=\int_{10}^{12}L'(q)\mathrm{d}q=\int_{10}^{12}(50-5q)\mathrm{d}q$$

$$=\left[50q-\frac{5}{2}q^2\right]_{10}^{12}=-10,$$

即从利润最大时的产量再生产 2 百件，利润将减少 10 万元.

三、连续计息时年金的现值与终值

首先给出现值与终值的概念.

问题：今天给你 100 元钱和 10 年以后给你 200 元钱，你会选择哪一个呢？

为了回答这个问题，你需要有某种方法来比较不同时点上的货币价值.

所谓现值就是指某项资产现在的价值，终值就是指某项资产未来的价值．我们在经济学上通常使用复利计算资金的现值和终值.

方法一 如果你今天把 100 元钱存入银行，假设银行存款利率为 10%，这 100 元钱

10 年后的价值是多少？

在经济学中，我们通常用 p 表示现值，用 s 表示终值，用 r 表示利率，用 t 表示时间，那么，复利终值的计算公式可以表示为

$$s = p(1+r)^t,$$

即这 100 元钱 10 年后的终值是

$$100\times(1+10\%)10=259.37\text{（元）}.$$

通过计算，我们可知今天的 100 元钱的价值等于 10 年后的 259.37 元钱的价值，所以你应该选择得到今天的 100 元钱，而不应该选择得到 10 年后的 200 元钱.

方法二　假设银行存款利率为 10%，10 年后的 200 元钱在现在的价值是多少，即现值是多少？也就是说，你现在需要在银行存多少钱，才能在 10 年后得到 200 元？

由于复利现值是与复利终值的相对称的一个概念，根据上面的复利终值公式：$s = p(1+r)^t$，我们可以推导出复利现值公式：

$$p = \frac{s}{(1+r)^t} = s(1+r)^{-t}.$$

根据复利现值公式，我们计算 10 年后的 200 元钱的现值是

$$p = \frac{s}{(1+r)^t} = s(1+r)^{-t} = 200(1+10\%)^{-10} = 200\times.03855 = 77.1\text{（元）}.$$

通过计算，我们可知 10 年后的 200 元钱的价值等于今天的 77.1 元钱的价值，所以你应该选择得到今天的 100 元钱，而不应该选择得到 10 年后的 200 元钱.

对于上面的答案我们需要注意的是，你做出选择的关键是利率，如果利率发生变化，你做出的选择可能不同．如果银行存款的利率变为 5%，10 年后的 200 元钱的现值则变为 122.78 元，在这种情况下，你应该选择得到 10 年后的 200 元钱，而不应该选择得到今天的 100 元钱.

下面讨论连续计息时年金的现值与终值.

已知有 a 元，按年利率 r 作连续复利计算，t 年后的即本息和（即终值）为 $a\mathrm{e}^{rt}$ 元；反过来，若 t 年后有货币为 a 元，则按连续复利计算，现在应有资金（即现值）$a\mathrm{e}^{-rt}$ 元，为.

设在时间段 $[0,T]$ 内各计息期的年金值为 A，按年利率 r 作连续复利计算，求在 $[0,T]$ 内的总收入现值与终值.

解　在 $[0,T]$ 内的年金的现值

$$R = \int_0^T A\mathrm{e}^{-rt}\mathrm{d}t = -\frac{A}{r}\mathrm{e}^{-rt}\Big|_0^T = \frac{A}{r}(1-\mathrm{e}^{-rT}),$$

同理，因为 t 时刻的终值变化率为 $A\mathrm{e}^{r(T-t)}$，所以，在 T 时刻年金的终值为

$$R_T = \int_0^T A\mathrm{e}^{r(T-t)}\mathrm{d}t = \frac{-A\mathrm{e}^{rT}}{r}\mathrm{e}^{rt}\Big|_0^T = \frac{A\mathrm{e}^{rT}}{r}(1-\mathrm{e}^{-rT}) = \frac{A}{r}(\mathrm{e}^{rT}-1).$$

例 6　设连续 3 年内保持收入率每年 15000 元不变，且利率稳定在 7.5%连续复利，问其收入现值是多少？

解　这里 $A=15000$，$r=0.075$，由上述公式知其现值为

$$R = \int_0^3 A\mathrm{e}^{-rt}\mathrm{d}t = \int_0^3 15000\mathrm{e}^{-0.075t}\mathrm{d}t = -\frac{15000}{0.075}\mathrm{e}^{-0.075t}\Big|_0^3 = 40297.$$

例 7 设某企业获得一笔投资 400 万元，经测算，该企业在 $T=10$ 年中可以按每年 $A=100$ 万元的均匀收入率获得收入，若年利率为 $r=10\%$，试求：

（1）该投资的纯收入现值；

（2）收回该笔投资的年限是多少？

解 （1）因为投资后 $T=10$ 年中获总收入的现值是

$$R=\int_0^T Ae^{-rt}dt=\int_0^{10}100e^{-0.1t}dt=-\frac{100}{0.1}e^{-0.1t}\Big|_0^{10}$$

$$=1000(1-e^{-1})\approx 632.1,$$

所以投资获得的纯收入现值为

$$R-400=632.1-400=232.1.$$

（2）收回投资，即总收入现值等于投资，即有 $R=400$，设 T 年后收回投资，则

$$R=\int_0^T Ae^{-rt}dt=\int_0^{T}100e^{-0.1t}dt=-\frac{100}{0.1}e^{-0.1t}\Big|_0^{T}$$

$$=1000(1-e^{-1T})\approx 400.$$

解得

$$e^{-0.1T}=0.6,$$

两边取自然对数得

$$T\approx 5.1\ (年),$$

即该投资年10中所得的纯利润现值为232.1万元，资金的回收期约为5.1年.

练习题 4.4

（A）

1．填空题.

（1）已知生产某种产品 x 个单位时的总收益 R 的变化率（边际收益）为：$R'(x)=30-\frac{x}{5}$（百元/单位）（$x\geqslant 0$），则生产 100 个单位时的总收益=__________；生产 100 个单位到 150 个单位时总收益的增加量=__________.

（2）某人要出国 3 年，请你代付 3 年的房屋的物业费，每年末支付 10000 元，若存款利率为 3%，现在他应该给你在银行存入__________元.

（3）某项贷款本金 1000 元，利率为 10%，若按连续复利计息，则第 3 年末的终值__________为元.

2．已知某商品的需求函数为 $Q=2000\left(\frac{1}{5}\right)^p$，求价格从 1 增加到 6 个货币单位时，市场上对该商品的平均需求量.

3．已知需求函数 $p=D(q)=10-q$，供给函数 $p=S(q)=7+2q$，求市场平衡时的消费者剩余和生产者剩余.

4．如果某商品需求曲线 $D(q)=25-q^2$，并已知需求量为 4 个单位，试求消费者剩余 CS.

（B）

1．假设以年连续复利率 10%计息，求收益率为 100 元/年的收益率在 20 年内的现值和终值．

2．若对某项工程投资 800 万元，年利率为 5%，10 年内的平均收入率 200（万元/年）试求：

（1）该投资的纯收入现值；

（2）收回该笔投资的年限是多少？

3．某银行根据前四年存款的情况，知道该银行现金净存量的变化率是时间 t 的函数 $f(t)=14.5t^{\frac{5}{4}}$（单位：亿元/年），计划从第五年起积存现金 1000 亿元，按照变化率约需要多少年时间？

自测题四

1．填空题．

（1）设 $\int_0^1 x(a-x)\mathrm{d}x=1$，则常数 $a=$__________．

（2）$\int_{-1}^{1} x|x|\mathrm{d}x=$__________．

（3）设 $f(x)=\begin{cases}1, & -1\leqslant x<0,\\ 2, & 0\leqslant x<1,\end{cases}$ 则 $\frac{1}{2}\int_{-1}^{1} f(x)\mathrm{d}x=$__________．

（4）$\int_{-\frac{\pi}{2}}^{\frac{\pi}{2}}(x\cos x-5\sin x+2)\mathrm{d}x=$__________．

（5）$\int_0^1 \mathrm{e}^{2x}\mathrm{d}x=$__________．

（6）设 $f(x)$ 在 $[-a，a]$ 上连续且 $f(-x)=f(x)$，则 $\int_{-a}^{a} xf(x)\mathrm{d}x=$__________．

（7）由直线 $x=a$，$x=b$，x 轴及曲线 $y=f(x)$ 围成的曲边梯形的面积可表示为__________________．

（8）函数 $y=3^x$ 在[0,1]上的平均值是__________．

（9）设水流入水箱的速度为 $v(t)$（单位：$\mathrm{L/min}$），则从 $t=0$ 到 $t=2$ 这段时间内流入水箱的总水量 $W=$__________．

（10）某工厂生产某商品在时刻 t 的总产量变化率为 $x'(t)=100+12t$（单位/时）．则生产开始后 2 小时内的总产量是______；由 $t=2$ 到 $t=4$ 这两小时的总产量是______．

2．选择题．

（1）设函数 $f(x)$ 在区间 $[a,b]$ 上可积，则下列各式中，不正确的是（　）．

A. $\int_a^b f(x)\mathrm{d}x=\int_a^b f(t)\mathrm{d}t$ B. $\left[\int_a^b f(x)\mathrm{d}x\right]'=f(x)$

C. $\int_a^a f(x)\mathrm{d}x=0$ D. $\int_a^b f(x)\mathrm{d}x=\int_a^c f(x)\mathrm{d}x+\int_c^b f(x)\mathrm{d}x$

（2）设函数$f(x)$的图形如图 4-17 所示，则 $\int_a^b f(x)\,\mathrm{d}x=$（ ）.（其中$S_1$，$S_2$，$S_3$分别表示三块阴影部分的面积）.

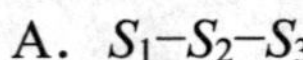

A．$S_1-S_2-S_3$ B．$S_1+S_2+S_3$

C．$|S_1+S_2+S_3|$ D．$|S_1|+|S_2|+|S_3|$

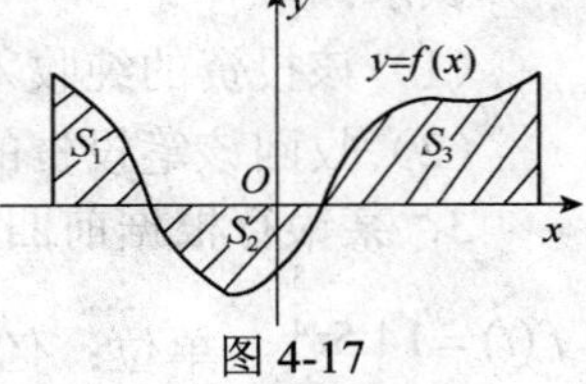

图 4-17

（3）$\int_{-\frac{\pi}{2}}^{\frac{\pi}{2}}|\sin x|\mathrm{d}x=$（ ）.

A．0 B．1 C．2 D．π

（4）设 $f(x)=\begin{cases}x, x\leqslant 0,\\ x^2, x>0,\end{cases}$ 则 $\int_{-1}^{1}f(x)\mathrm{d}x=$（ ）.

A．$2\int_{-1}^{0}x\mathrm{d}x$； B．$2\int_0^1 x^2\mathrm{d}x$；

C．$\int_{-1}^{0}x\mathrm{d}x+\int_0^1 x^2\mathrm{d}x$； D．$\int_{-1}^{0}x^2\mathrm{d}x+\int_0^1 x\mathrm{d}x$.

（5）下列积分值不为零的是（ ）.

A．$\int_{-1}^{1}x\mathrm{d}x$ B．$\int_{-1}^{1}x^2\mathrm{d}x$ C．$\int_{-\frac{\pi}{2}}^{\frac{\pi}{2}}\sin x\mathrm{d}x$ D．$\int_{-\pi}^{\pi}\cos x\mathrm{d}x$

（6）定积分$\int_0^1\sqrt{1-x^2}\mathrm{d}x$ 等于（ ）.

A．1 B．$\dfrac{\pi}{2}$ C．$\dfrac{\pi}{4}$ D．π.

（7）设$f(x)$在区间$[a,b]$上连续，则$f(x)$在$[a,b]$上的平均值是（ ）.

A．$\dfrac{f(a)+f(b)}{2}$ B．$\int_a^b f(x)\mathrm{d}x$

C．$\dfrac{1}{2}\int_a^b f(x)\mathrm{d}x$ D．$\dfrac{1}{b-a}\int_a^b f(x)\mathrm{d}x$

（8）若$f(x)$在$[-1,1]$上连续，其平均值为 3，则$\int_{-1}^{1}f(x)\mathrm{d}x=$（ ）.

A．$\dfrac{1}{3}$ B．2 C．3 D．6

（9）已知$f(0)=1, f(2)=3, f'(2)=5$，则$\int_0^2 xf''(x)\mathrm{d}x=$（ ）.

A．12 B．10 C．8 D．4

（10）由曲线$y=\dfrac{1}{x}$与直线$y=x$，$x=2$围成平面图形的面积等于（ ）.

A．$\ln 2-2$　　B．$2-\ln 2$　　C．$\ln 2-\dfrac{3}{2}$　　D．$\dfrac{3}{2}-\ln 2$

3．求函数的定积分．

（1）$\int_1^2 \dfrac{1+x}{x}\mathrm{d}x$；　（2）$\int_0^1 x(x+1)\mathrm{d}x$；

（3）$\int_{-1}^1 (x^3\sin^2 x+1)\mathrm{d}x$；　（4）$\int_0^2 (x+1)^2\mathrm{d}x$；

（5）$\int_0^{2\pi} |\sin x|\mathrm{d}x$；　（6）$\int_{-1}^1 |x-1|\mathrm{d}x$；

（7）$\int_0^4 \sqrt{2x+1}\,\mathrm{d}x$；　（8）$\int_0^{\frac{\pi}{2}} \sin 3x\mathrm{d}x$；

（9）$\int_1^2 \dfrac{1}{4-x}\mathrm{d}x$；　（10）$\int_0^{\frac{\pi}{2}} \sin^2 x\cos x\mathrm{d}x$；

（11）$\int_0^{\pi} x\sin x\mathrm{d}x$；　（12）$\int_1^{\mathrm{e}} x^2\ln x\mathrm{d}x$．

4．已知需求函数 $p=D(q)=20-3q$，供给函数 $p=S(q)=10+2q$，求市场平衡时的消费者剩余和生产者剩余．

5．某地居民购买冰箱的消费支出 $w(x)$ 的变化率是居民收入 x 的函数，

$$W'(x)=\frac{1}{200\sqrt{x}},$$

当居民收入从 4 亿元增加到 9 亿元时，购买冰箱的消费支出增加多少？

6．设某商店售出 x 台录音机时的边际利润为 $L'(x)=12.5-\dfrac{x}{80}$，且已知 $L(0)=0$．试求：

（1）售出 40 台时的总利润 L；

（2）售出 80 台时，前 40 台的平均利润和后 40 台的平均利润．

7．生产某产品的边际成本为 $C'(q)=8q$（万元/台），边际收入为 $R'(q)=100-2q$（万元/台），其中 q 为产量，若固定成本为 10 万元，问：

（1）产量为多少时，利润最大，最大利润多少？

（2）从利润最大时的产量再生产 2 台，利润有什么变化？

第五章　线性代数初步

线性代数是数学的一个分支，与微积分有着同样的地位和同等的重要性．本章主要介绍行列式和矩阵的基本知识及其应用．

第一节　行　列　式

行列式是线性代数的基本概念之一，是研究矩阵、线性方程组的重要工具．它是由数排成的行列数相同的数表按一定的计算规律构成的一个运算式子，结果是一个数．

一、二阶、三阶行列式

1．二阶行列式

用消元法解二元线性方程组

$$\begin{cases} a_{11}x_1 + a_{12}x_2 = b_1, \\ a_{21}x_1 + a_{22}x_2 = b_2, \end{cases} \tag{5-1}$$

当 $a_{11}a_{22}-a_{12}a_{21}\neq 0$ 时，方程组（5-1）有唯一解

$$x_1 = \frac{b_1a_{22} - a_{12}b_2}{a_{11}a_{22} - a_{12}a_{21}}, \quad x_2 = \frac{a_{11}b_2 - b_1a_{21}}{a_{11}a_{22} - a_{12}a_{21}}. \tag{5-2}$$

式（5-2）中的分子、分母都是四个数分两对相乘再相减而得．为便于使用和记忆，把四个数之间的这种特定的算式定义为二阶行列式．

定义 5.1　算式 $a_{11}a_{22}-a_{12}a_{21}$ 称为**二阶行列式**，记作 $\begin{vmatrix} a_{11} & a_{12} \\ a_{21} & a_{22} \end{vmatrix}$，即

$$\begin{vmatrix} a_{11} & a_{12} \\ a_{21} & a_{22} \end{vmatrix} = a_{11}a_{22} - a_{12}a_{21}. \tag{5-3}$$

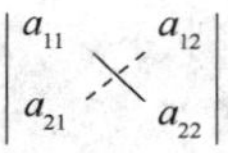

$$\begin{vmatrix} a_{11} & a_{12} \\ a_{21} & a_{22} \end{vmatrix}$$

图 5-1

数 $a_{ij}\,(i=1,2;\ j=1,2)$ 称为这个行列式的第 i 行第 j 列元素．二阶行列式可用对角线法记忆．如图 5-1，即由实线（又称主对角线）连接的元素乘积减去虚线（又称副对角线）连接的元素乘积．

若记 $\varDelta = \begin{vmatrix} a_{11} & a_{12} \\ a_{21} & a_{22} \end{vmatrix}$，$\varDelta_1 = \begin{vmatrix} b_1 & a_{12} \\ b_2 & a_{22} \end{vmatrix}$，$\varDelta_2 = \begin{vmatrix} a_{11} & b_1 \\ a_{21} & b_2 \end{vmatrix}$，则式（5-2）可表示为

$$x_1 = \frac{\varDelta_1}{\varDelta}, \quad x_2 = \frac{\varDelta_2}{\varDelta}. \tag{5-4}$$

例 1　甲、乙两条生产线同时需要一种原材料．如果甲生产 4 天，乙生产 3 天共需要原材料 3 吨；如果甲生产 2 天，乙生产 6 天共需原材料 5 吨，问每条生产线每天可需

要原材料多少吨？

解　设第 i 条生产线每天可需要原材料 $x_i\,(i=1,2)$吨，根据题意，可建立如下方程组：

$$\begin{cases}4x_1+3x_2=3\,,\\2x_1+6x_2=5\,,\end{cases}$$

用式（5-4）解此方程组.

因为

$$\Delta=\begin{vmatrix}4&3\\2&6\end{vmatrix}=4\times6-3\times2=18,$$

$$\Delta_1=\begin{vmatrix}3&3\\5&6\end{vmatrix}=3\times6-3\times5=3\,,$$

$$\Delta_2=\begin{vmatrix}4&3\\2&5\end{vmatrix}=4\times5-3\times2=14\,,$$

所以

$$x_1=\frac{\Delta_1}{\Delta}=\frac{3}{18}=\frac{1}{6}\,,\qquad x_2=\frac{\Delta_2}{\Delta}=\frac{14}{18}=\frac{7}{9}\,.$$

2. 三阶行列式

类似地，为便于记忆和表达三元线性方程组

$$\begin{cases}a_{11}x_1+a_{12}x_2+a_{13}x_3=b_1\,,\\a_{21}x_1+a_{22}x_2+a_{23}x_3=b_2\,,\\a_{31}x_1+a_{32}x_2+a_{33}x_3=b_3\,,\end{cases}\tag{5-5}$$

的解，引进三阶行列式的概念.

定义 5.2　称

$$\begin{vmatrix}a_{11}&a_{12}&a_{13}\\a_{21}&a_{22}&a_{23}\\a_{31}&a_{32}&a_{33}\end{vmatrix}$$

$$=a_{11}a_{22}a_{33}+a_{12}a_{23}a_{31}+a_{13}a_{21}a_{32}-a_{13}a_{22}a_{31}-a_{12}a_{21}a_{33}-a_{11}a_{23}a_{32}$$

为**三阶行列式**. 其计算方法可按图 5-2 记忆，即实线连接的元素乘积之和减去虚线连接的元素乘积之和.

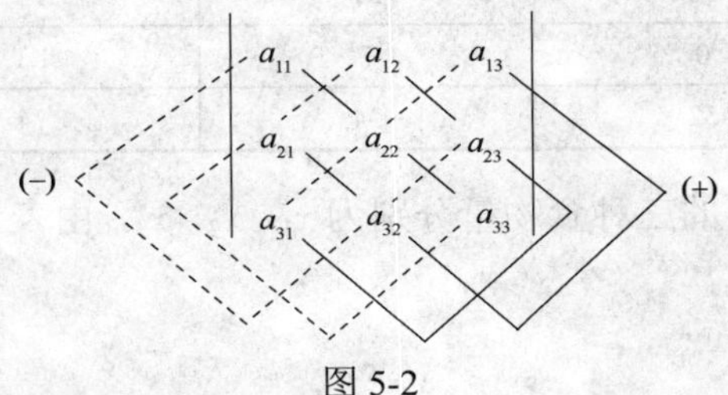

图 5-2

例 2　计算三阶行列式

$$\begin{vmatrix} 1 & 2 & -4 \\ -2 & 0 & 1 \\ -3 & 0 & -2 \end{vmatrix}.$$

解

$$\begin{vmatrix} 1 & 2 & -4 \\ -2 & 0 & 1 \\ -3 & 0 & -2 \end{vmatrix} = 1\times 0\times(-2)+2\times 1\times(-3)+(-4)\times(-2)\times 0$$

$$-(-4)\times 0\times(-3)-2\times(-2)\times(-2)-1\times 1\times 0$$

$$=0-6+0-0-8-0=-14.$$

对于线性方程组（5-5），记系数行列式为

$$\varDelta=\begin{vmatrix} a_{11} & a_{12} & a_{13} \\ a_{21} & a_{22} & a_{23} \\ a_{31} & a_{32} & a_{33} \end{vmatrix}.$$

依次将 $\varDelta$ 中的第 1，2，3 列换为常数列，则得到

$$\varDelta_1=\begin{vmatrix} b_1 & a_{12} & a_{13} \\ b_2 & a_{22} & a_{23} \\ b_3 & a_{32} & a_{33} \end{vmatrix},\quad \varDelta_2=\begin{vmatrix} a_{11} & b_1 & a_{13} \\ a_{21} & b_2 & a_{23} \\ a_{31} & b_3 & a_{33} \end{vmatrix},\quad \varDelta_3=\begin{vmatrix} a_{11} & a_{12} & b_1 \\ a_{21} & a_{22} & b_2 \\ a_{31} & a_{32} & b_3 \end{vmatrix}.$$

当 $\varDelta\neq 0$ 时，方程组（5-5）有唯一解，其解为

$$x_1=\frac{\varDelta_1}{\varDelta},\quad x_2=\frac{\varDelta_2}{\varDelta},\quad x_3=\frac{\varDelta_3}{\varDelta}.$$

这个结论就是著名的**克拉默法则**，是瑞士数学家克拉默 1750 年提出的.

例 3　大学生在饮食方面存在很多问题，多数大学生不重视吃早餐，日常饮食也没有规律. 为了身体的健康就需制订营养改善计划，大学生每天的配餐中需要摄入一定的蛋白质、脂肪和碳水化合物，表 5-1 给出了某三种食物提供的营养以及大学生每天正常所需的营养. 试根据这个问题建立一个线性方程组，并通过求解方程组来确定每天需要摄入上述三种食物的量（以适当的单位计量）.

表 5-1　营养表

营养物质	食物一	食物二	食物三	正常所需营养量
蛋白质	36	51	13	33
脂肪	0	7	1.1	3
碳水化合物	52	34	74	45

解　设每天需要摄入的三种食物量分别为 x_1，x_2，x_3，由表 5-1 中数据可得如下线性方程组：

$$\begin{cases}36x_1+51x_2+13x_3=33,\\ 7x_2+1.1x_3=3,\\ 52x_1+34x_2+74x_3=45,\end{cases}$$

由克拉默法则，因为

$$\varDelta=\begin{vmatrix}36 & 51 & 13\\ 0 & 7 & 1.1\\ 52 & 34 & 74\end{vmatrix}=15486.8,$$

$$\varDelta_1=\begin{vmatrix}33 & 51 & 13\\ 3 & 7 & 1.1\\ 45 & 34 & 74\end{vmatrix}=4293.3,\quad \varDelta_2=\begin{vmatrix}36 & 33 & 13\\ 0 & 3 & 1.1\\ 52 & 45 & 74\end{vmatrix}=6069.6,\quad \varDelta_3=\begin{vmatrix}36 & 51 & 33\\ 0 & 7 & 3\\ 52 & 34 & 45\end{vmatrix}=3612,$$

所以

$$x_1=\frac{\varDelta_1}{\varDelta}\approx 0.277,\quad x_2=\frac{\varDelta_2}{\varDelta}\approx 0.392,\quad x_3=\frac{\varDelta_3}{\varDelta}\approx 0.233.$$

二、*n* 阶行列式

定义 5.3 由 n^2 个元素 $a_{ij}\,(i, j=1, 2, \cdots, n)$组成的记号

$$D_n=\begin{vmatrix}a_{11} & a_{12} & \dots & a_{1n}\\ a_{21} & a_{22} & \cdots & a_{2n}\\ \vdots & \vdots & & \vdots\\ a_{n1} & a_{n2} & \dots & a_{nn}\end{vmatrix}$$

称为 *n* **阶行列式**，其中横排称为**行**，竖排称为**列**．它表示一个数：

（1）当 $n=1$ 时，规定 $D_1=|a_{11}|=a_{11}$；

（2）当 $n\geqslant 2$ 时，规定

$$D_n=a_{11}A_{11}+a_{12}A_{12}+\ldots+a_{1n}A_{1n}=\sum_{j=1}^{n}a_{1j}A_{1j}. \tag{5-6}$$

其中 A_{ij} 称为元素 a_{ij} 的**代数余子式**，且

$$A_{ij}=(-1)^{i+j}M_{ij},$$

这里 M_{ij} 称为元素 a_{ij} 的**余子式**，它是在 D_n 中划去元素 a_{ij} 所在的第 i 行与第 j 列后剩下的元素按原来顺序组成的 $n-1$ 阶行列式．

例如，在行列式中，元素 a_{23} 的余子式和代数余子式分别为

$$D_3=\begin{vmatrix}a_{11} & a_{12} & a_{13}\\ a_{21} & a_{22} & a_{23}\\ a_{31} & a_{32} & a_{33}\end{vmatrix}$$

$$M_{23}=\begin{vmatrix} a_{11} & a_{12} \\ a_{31} & a_{32} \end{vmatrix},\quad A_{23}=(-1)^{2+3}M_{23}=-M_{23}.$$

式（5-6）称为 n 阶行列式按第一行展开的展开式.

例 4　用式（5-6）计算例 2.

解

$$\begin{vmatrix} 1 & 2 & -4 \\ -2 & 0 & 1 \\ -3 & 0 & -2 \end{vmatrix}=1\cdot(-1)^{1+1}\begin{vmatrix} 0 & 1 \\ 0 & -2 \end{vmatrix}+2\cdot(-1)^{1+2}\begin{vmatrix} -2 & 1 \\ -3 & -2 \end{vmatrix}+(-4)\cdot(-1)^{1+3}\begin{vmatrix} -2 & 0 \\ -3 & 0 \end{vmatrix}$$

$$=1\cdot 0+2\cdot(-7)+(-4)\cdot 0=-14.$$

定理 5.1　n 阶行列式等于它的任一行（列）的各元素与其相应的代数余子式的乘积之和，即

$$D_n=a_{i1}A_{i1}+a_{i2}A_{i2}+\dots+a_{in}A_{in}=\sum_{k=1}^{n}a_{ik}A_{ik}\quad (i=1,2,\dots,n)\quad \text{（按行展开）}$$

$$=a_{1j}A_{1j}+a_{2j}A_{2j}+\dots+a_{nj}A_{nj}=\sum_{k=1}^{n}a_{kj}A_{kj}\quad (j=1,2,\dots,n)\quad \text{（按列展开）}$$

定理 5.2　行列式中任一行（列）的元素与另一行（列）对应元素的代数余子式的乘积之和等于零.

例如，对于行列式 $\begin{vmatrix} a_{11} & a_{12} & a_{13} \\ a_{21} & a_{22} & a_{23} \\ a_{31} & a_{32} & a_{33} \end{vmatrix}$，

有 $a_{11}A_{21}+a_{12}A_{22}+a_{13}A_{23}=0$，$a_{12}A_{11}+a_{22}A_{21}+a_{32}A_{31}=0,\cdots$

例 5　利用定理 5.1 计算例 2.

解　因为第二列中有两个零元素，可按第二列展开，得

$$\begin{vmatrix} 1 & 2 & -4 \\ -2 & 0 & 1 \\ -3 & 0 & -2 \end{vmatrix}=2\cdot(-1)^{1+2}\begin{vmatrix} -2 & 1 \\ -3 & -2 \end{vmatrix}=2\cdot(-7)=-14.$$

上述例题表明：计算行列式时，选择零元素多的行或列展开可大大简化行列式的计算.

三、几种特殊的行列式

形如

$$\begin{vmatrix} a_{11} & a_{12} & \dots & a_{1n} \\ 0 & a_{22} & \dots & a_{2n} \\ \vdots & \vdots & & \vdots \\ 0 & 0 & \dots & a_{nn} \end{vmatrix}\quad \text{与}\quad \begin{vmatrix} a_{11} & 0 & \dots & 0 \\ a_{21} & a_{22} & \dots & 0 \\ \vdots & \vdots & & \vdots \\ a_{n1} & a_{n2} & \dots & a_{nn} \end{vmatrix}$$

的行列式分别称为**上三角行列式**与**下三角行列式**，其特点是主对角线以下或以上的元素全为零.

特别地，非主对角线上元素全为零的行列式称为**对角行列式**.

例如，$\begin{vmatrix} 1 & 0 & 0 \\ 0 & 2 & 0 \\ 0 & 0 & 1 \end{vmatrix}$就是一个对角行列式.

例 6　计算行列式$\begin{vmatrix} a_{11} & a_{12} & a_{13} \\ 0 & a_{22} & a_{23} \\ 0 & 0 & a_{33} \end{vmatrix}$.

解　按照第一列展开，得

$$\begin{vmatrix} a_{11} & a_{12} & a_{13} \\ 0 & a_{22} & a_{23} \\ 0 & 0 & a_{33} \end{vmatrix} = a_{11}(-1)^{1+1}\begin{vmatrix} a_{22} & a_{23} \\ 0 & a_{33} \end{vmatrix} = a_{11}a_{22}a_{33},$$

即上三角行列式的值等于主对角线上元素的乘积.

可以证明，下三角行列式和对角行列式的值也都等于其主对角线上元素的乘积.

四、*n* 阶行列式的性质

将行列式 D 的行与列互换后得到的行列式称为行列式 D 的**转置行列式**，记作 D^{T}.

例如，若 $D=\begin{vmatrix} 2 & 1 & -1 \\ 0 & 1 & 3 \\ 1 & 0 & -2 \end{vmatrix}$，则 $D^{\mathrm{T}}=\begin{vmatrix} 2 & 0 & 1 \\ 1 & 1 & 0 \\ -1 & 3 & -2 \end{vmatrix}$.

性质 1　行列式与它的转置行列式相等，即 $D=D^{\mathrm{T}}$.

例如，$\begin{vmatrix} 0 & 1 & -2 \\ 0 & 2 & 3 \\ 1 & 0 & -1 \end{vmatrix} = \begin{vmatrix} 0 & 0 & 1 \\ 1 & 2 & 0 \\ -2 & 3 & -1 \end{vmatrix}$.

注　行列式中行与列具有相同的地位，行列式的行具有的性质，它的列也同样具有，反之亦然.

性质 2　交换行列式的两行（列），行列式变号.

注　交换 i,j 两行（列），记为 $r_i \longleftrightarrow r_j (c_i \longleftrightarrow c_j)$.

例如，$\begin{vmatrix} 1 & 2 & 2 \\ 0 & 2 & 1 \\ 1 & 0 & 0 \end{vmatrix} = -\begin{vmatrix} 0 & 2 & 1 \\ 1 & 2 & 2 \\ 1 & 0 & 0 \end{vmatrix}$.

推论　若行列式的两行（列）的对应元素相同，则此行列式为零.

例如，$\begin{vmatrix} 1 & 2 & -1 \\ 2 & 2 & 3 \\ 1 & 2 & -1 \end{vmatrix} = 0$.

性质 3　行列式的某一行（列）中的所有元素都乘以同一个数 k，等于用数 k 乘此行列式.

注　第 i 行（列）乘以数 k，记为 $r_i \times k\,(c_i \times k)$.

例如，$\begin{vmatrix} a_1 & b_1 & c_1 \\ 3a_2 & 3b_2 & 3c_2 \\ a_3 & b_3 & c_3 \end{vmatrix} = 3\begin{vmatrix} a_1 & b_1 & c_1 \\ a_2 & b_2 & c_2 \\ a_3 & b_3 & c_3 \end{vmatrix}$.

推论 行列式中如果有两行（列）对应元素成比例，则此行列式等于零.

例如，$\begin{vmatrix} 1 & 2 & 3 \\ 2 & 4 & 6 \\ 3 & 4 & 1 \end{vmatrix} = 0$.

性质 4 若行列式的某一行（列）的元素都可以分成两数之和，则行列式可分成两个对应行列式的和.

例如，$\begin{vmatrix} a_1 & b_1 & c_1 \\ a_2 + a_2' & b_2 + b_2' & c_2 + c_2' \\ a_3 & b_3 & c_3 \end{vmatrix} = \begin{vmatrix} a_1 & b_1 & c_1 \\ a_2 & b_2 & c_2 \\ a_3 & b_3 & c_3 \end{vmatrix} + \begin{vmatrix} a_1 & b_1 & c_1 \\ a_2' & b_2' & c_2' \\ a_3 & b_3 & c_3 \end{vmatrix}$.

性质 5 把行列式的某一行（列）的各元素乘以同一个数后加到另一行（列）对应的元素上，行列式不变.

注 用数 k 乘第 i 行（列）加到第 j 行（列）上，记作 $r_j+kr_i(c_j+kc_i)$.

例如，$\begin{vmatrix} 1 & 0 & 2 \\ 2 & 3 & 1 \\ 1 & 1 & 0 \end{vmatrix} \xlongequal{r_2+(-2)r_1} \begin{vmatrix} 1 & 0 & 2 \\ 0 & 3 & -3 \\ 1 & 1 & 0 \end{vmatrix}$.

利用上述性质可以将行列式转化成上三角行列式计算.

练习题 5.1

（A）

1．填空题.

（1）$\begin{vmatrix} 1 & 2 \\ 3 & 4 \end{vmatrix} =$ __________.

（2）$\begin{vmatrix} 5 & 0 & 1 \\ 1 & 0 & 2 \\ 2 & 3 & 0 \end{vmatrix} =$ __________.

（3）$\begin{vmatrix} 1 & 3 & 2 \\ a_{21} & 0 & 5 \\ 4 & 2 & 1 \end{vmatrix}$ 中元素 a_{21} 的代数余子式 $A_{21} =$ __________.

（4）$\begin{vmatrix} a_{11} & a_{12} & a_{13} \\ 2a_{21} & 2a_{22} & 2a_{23} \\ 3a_{31} & 3a_{32} & 3a_{33} \end{vmatrix} =$ __________ $\begin{vmatrix} a_{11} & a_{12} & a_{13} \\ a_{21} & a_{22} & a_{23} \\ a_{31} & a_{32} & a_{33} \end{vmatrix}$.

（5）$\begin{vmatrix} 1 & 0 & 0 \\ 0 & 2 & 0 \\ 1 & 2 & 1 \end{vmatrix} =$ ________.

2．选择题．

（1）行列式$\begin{vmatrix} x-1 & -1 \\ 3 & x-5 \end{vmatrix}=0$的充要条件是（　　）．

A．$x=1$　　B．$x=2$　　C．$x=2$或$x=4$　　D．$x=2$且$x=4$

（2）把行列式某一行的各个元素乘以同一个数k后加到另一行对应的元素上，行列式（　　）．

A．为零　　B．缩小k倍　　C．扩大k倍　　D．不变

3．某工厂检验室有甲、乙两种不同的化学原料，甲种原料含锌 10%、含镁 20%，乙种原料含锌 10%、含镁 30%，现在要用这两种原料配制一种试剂，试剂需含锌 2g、含镁 5g，问配制这种试剂需要甲、乙两种化学原料各多少克？

4．某营养师为客户配制了一份由蔬菜、鱼和肉组成的营养套餐，这份套餐需含 1200cal①热量、30g 蛋白质和 300mg 维生素 C，已知 100g 蔬菜中含 60cal 热量、3g 蛋白质和 90mg 维生素 C，100g 鱼中含 300cal 热量、9g 蛋白质和 60mg 维生素 C，100g 肉中含 600cal 热量、6g 蛋白质和 30mg 维生素 C，试求所配套餐中每种食物的数量．

（B）

1．选择题．

（1）已知$\begin{vmatrix} a_{11} & a_{12} & a_{13} \\ a_{21} & a_{22} & a_{23} \\ a_{31} & a_{32} & a_{33} \end{vmatrix}$，则下列各式中为零的是（　　）．

A．$\sum_{i=1}^{3} a_{ij}A_{ij}$　　B．$\sum_{i=1}^{3} a_{i1}A_{i1}$　　C．$\sum_{j=1}^{3} a_{ij}A_{ij}$　　D．$\sum_{k=1}^{3} a_{1k}A_{2k}$

（2）设$D=\begin{vmatrix} a_1 & a_2 & a_3 \\ b_1 & b_2 & b_3 \\ c_1 & c_2 & c_3 \end{vmatrix}$，则$\begin{vmatrix} a_1 & a_2 & a_3 \\ 3b_1-a_1 & 3b_2-a_2 & b_3-a_3 \\ c_1 & c_2 & c_3 \end{vmatrix}=$（　　）．

A．D　　B．$-D$　　C．$3D$　　D．$-3D$

2．证明$\begin{vmatrix} a_1+b_1 & b_1+c_1 & c_1+a_1 \\ a_2+b_2 & b_2+c_2 & c_2+a_2 \\ a_3+b_3 & b_3+c_3 & c_3+a_3 \end{vmatrix}=2\begin{vmatrix} a_1 & b_1 & c_1 \\ a_2 & b_2 & c_2 \\ a_3 & b_3 & c_3 \end{vmatrix}$．

① 1cal≈4.19J.

第二节　矩阵的概念与运算

矩阵是线性代数的重要组成部分，它是由英国数学家凯莱于 1855 年作为一个独立的概念引入数学中的，它不仅可用来解线性方程组，在经济工作中也有广泛的应用．矩阵实质上是一张长方形数表，本节通过两个例子引入矩阵的概念并介绍其运算．

一、矩阵的概念

引例 5.1　对于线性方程组

$$\begin{cases} a_{11}x_1 + a_{12}x_2 + \ldots + a_{1n}x_n = b_1, \\ a_{21}x_1 + a_{22}x_2 + \ldots + a_{2n}x_n = b_2, \\ \qquad \ldots\ldots \\ a_{m1}x_1 + a_{m2}x_2 + \ldots + a_{mn}x_n = b_m, \end{cases}$$

为数值求解和理论推演方便，可以省略未知量的记号，用下面的数表

$$\begin{pmatrix} a_{11} & a_{12} & \ldots & a_{1n} & b_1 \\ a_{21} & a_{22} & \ldots & a_{2n} & b_2 \\ \vdots & \vdots & & \vdots & \vdots \\ a_{m1} & a_{m2} & \ldots & a_{mn} & b_m \end{pmatrix}$$

来表示这个线性方程组．

引例 5.2　某企业生产 4 种产品，第一季度的销量如表 5-2 所示．

表 5-2　销量表

月份	产品			
	A	B	C	D
1	82	76	78	81
2	68	67	70	72
3	87	90	86	87

这个销量表可以简记成

$$\begin{pmatrix} 82 & 76 & 78 & 81 \\ 68 & 67 & 70 & 72 \\ 87 & 90 & 86 & 87 \end{pmatrix}.$$

定义 5.4　由 $m \times n$ 个数 $a_{ij}(1, 2, \cdots, m; j=1, 2, \cdots, n)$排成的 m 行 n 列的数表

$$\begin{pmatrix} a_{11} & a_{12} & \ldots & a_{1n} \\ a_{21} & a_{22} & \ldots & a_{2n} \\ \vdots & \vdots & & \vdots \\ a_{m1} & a_{m2} & \ldots & a_{mn} \end{pmatrix}$$

称为 m 行 n 列**矩阵**，简称 $m\times n$ 矩阵．本书用大写黑体字母 $\boldsymbol{A}$，$\boldsymbol{B}$，$\boldsymbol{C}$，… 表示矩阵．矩阵的横排称为**行**，纵排称为**列**．这 $m\times n$ 个数称为矩阵的**元素**，数 a_{ij} 位于矩阵的第 i 行第 j 列．一个 $m\times n$ 矩阵 $\boldsymbol{A}$ 也可简记为

$$\boldsymbol{A}=\boldsymbol{A}_{m\times n}=(a_{ij})_{m\times n} \quad 或 \quad \boldsymbol{A}=(a_{ij}).$$

二、几种特殊的矩阵

（1）所有元素都是零的矩阵，称为**零矩阵**，记作 $\boldsymbol{O}_{m\times n}$ 或 $\boldsymbol{O}$．

（2）当 m=1 时，矩阵只有一行，即

$$\boldsymbol{A}=(a_{11} \quad a_{12} \quad \cdots \quad a_{1n}),$$

称为**行矩阵**．

（3）当 n=1 时，矩阵只有一列，即

$$\boldsymbol{A}=\begin{pmatrix} a_{11} \\ a_{21} \\ \vdots \\ a_{m1} \end{pmatrix},$$

称为**列矩阵**．

（4）当 $m=n$ 时，矩阵 $\boldsymbol{A}$ 称为 n 阶**方阵**，方阵 $\boldsymbol{A}$ 中从左上角到右下角的对角线称为**主对角线**．特别地，规定一阶方阵就是一个数，即 $\boldsymbol{A}=(a)=a$．

（5）如果方阵 $\boldsymbol{A}$ 中主对角线左下方的元素全为零，则称 $\boldsymbol{A}$ 为**上三角矩阵**，即

$$\boldsymbol{A}=\begin{pmatrix} a_{11} & a_{12} & \dots & a_{1n} \\ 0 & a_{22} & \dots & a_{2n} \\ \vdots & \vdots & & \vdots \\ 0 & 0 & \dots & a_{nn} \end{pmatrix}.$$

（6）如果方阵 $\boldsymbol{A}$ 中主对角线右上方的元素全为零，则称 $\boldsymbol{A}$ 为**下三角矩阵**，即

$$\boldsymbol{A}=\begin{pmatrix} a_{11} & 0 & \dots & 0 \\ a_{21} & a_{22} & \dots & 0 \\ \vdots & \vdots & & \vdots \\ a_{n1} & a_{n2} & \dots & a_{nn} \end{pmatrix}.$$

（7）如果方阵 $\boldsymbol{A}$ 中除了主对角线上的元素以外，其余的元素全为零，则称 $\boldsymbol{A}$ 为**对角矩阵**，即

$$\boldsymbol{A}=\begin{pmatrix} a_{11} & 0 & \dots & 0 \\ 0 & a_{22} & \dots & 0 \\ \vdots & \vdots & & \vdots \\ 0 & 0 & \dots & a_{nn} \end{pmatrix}.$$

（8）主对角线上元素全为 1 的对角矩阵，称为**单位矩阵**，记作 $\boldsymbol{E}$，即

$$E=\begin{pmatrix}1 & 0 & \cdots & 0\\0 & 1 & \cdots & 0\\\vdots & \vdots & & \vdots\\0 & 0 & \cdots & 1\end{pmatrix}.$$

（9）满足下列两个条件的矩阵称为行**阶梯形矩阵**：

① 零行（元素全为零的行）在矩阵的最下方；

② 各非零行的首非零元（从左至右第一个不为零的元素）的列标随着行标的增大而严格增大（或说其列标一定不小于行标）.

例如，

$$\begin{pmatrix}1 & -2 & 2 & -1 & 1\\0 & 0 & 2 & 1 & 0\\0 & 0 & 0 & 0 & 1\\0 & 0 & 0 & 0 & 0\end{pmatrix}$$

是行阶梯形矩阵，虚线比较形象地表示出了它的“阶梯形”特征.

（10）满足下列两个条件的行阶梯形矩阵称为**行最简形矩阵**：

① 各非零行的首非零元都是 1；

② 各首非零元所在列的其余元素都是零.

例如，

$$\begin{pmatrix}1 & -2 & 0 & 0 & 0\\0 & 0 & 1 & 1 & 0\\0 & 0 & 0 & 0 & 1\\0 & 0 & 0 & 0 & 0\end{pmatrix}$$

是行最简形矩阵.

如果两个矩阵的行数相等、列数也相等，就称这两个矩阵为**同型矩阵**.

定义 5.5　如果矩阵 $\boldsymbol{A}=(a_{ij})$，$\boldsymbol{B}=(b_{ij})$为同型矩阵，且它们的对应元素均相等，即

$$a_{ij}=b_{ij}\quad (i=1,2,\cdots,m;j=1,2,\cdots,n),$$

则称矩阵 $\boldsymbol{A}$ 与矩阵 $\boldsymbol{B}$ **相等**，记作 $\boldsymbol{A}=\boldsymbol{B}$.

例 1　将货物从 3 个产地运往 4 个销地的调运计划可表示成一个 3×4 的矩阵

$$\boldsymbol{A}=\begin{pmatrix}a_{11} & a_{12} & a_{13} & a_{14}\\a_{21} & a_{22} & a_{23} & a_{24}\\a_{31} & a_{32} & a_{33} & a_{34}\end{pmatrix},$$

其中 a_{ij} 表示第 i 个产地运往第 j 个销地的货物数量.

例 2　n 元线性方程组
$$\begin{cases}a_{11}x_1+a_{12}x_2+\ldots+a_{1n}x_n=b_1,\\a_{21}x_1+a_{22}x_2+\ldots+a_{2n}x_n=b_2,\\\qquad\qquad\cdots\cdots\\a_{m1}x_1+a_{m2}x_2+\ldots+a_{mn}x_n=b_m\end{cases}$$

的系数可以组成一个 m 行 n 列矩阵

$$A=\begin{pmatrix} a_{11} & a_{12} & \dots & a_{1n} \\ a_{21} & a_{22} & \dots & a_{2n} \\ \vdots & \vdots & & \vdots \\ a_{m1} & a_{m2} & \dots & a_{mn} \end{pmatrix},$$

称 A 为线性方程组的**系数矩阵**．由线性方程组的系数与常数项可以组成一个 m 行 n+1 列矩阵

$$\tilde{A}=\begin{pmatrix} a_{11} & a_{12} & \dots & a_{1n} & b_1 \\ a_{21} & a_{22} & \dots & a_{2n} & b_2 \\ \vdots & \vdots & & \vdots & \vdots \\ a_{m1} & a_{m2} & \dots & a_{mn} & b_m \end{pmatrix},$$

称 $\tilde{A}$ 为线性方程组的**增广矩阵**．线性方程组的系数矩阵和增广矩阵将用于研究线性方程组的解．

例 3　设 $A=\begin{pmatrix} 2 & 3 & 2 \\ 1 & y & 4 \end{pmatrix}$，　$B=\begin{pmatrix} 2 & 3 & 4-x \\ z & 5 & 1 \end{pmatrix}$，已知 $A=B$，求 x, y, z.

解　因为 $2=4-x, y=5, z=1$，所以 $x=2, y=5, z=1$.

三、矩阵的运算

1．矩阵的加法

引例 5.3　某企业生产 4 种产品，去年的年销售利润和生产成本（单位：百万元）分别用矩阵 A 和矩阵 B 表示为

$$A=(7\quad 6\quad 4\quad 4)\text{ 和 } B=(43\quad 30\quad 41\quad 23),$$

则该企业去年生产这 4 种产品的年销售收入是矩阵 A 与矩阵 B 的和，即

$$\begin{aligned} A+B &= (7\quad 6\quad 4\quad 4)+(43\quad 30\quad 41\quad 23) \\ &= (7+43\quad 6+30\quad 4+41\quad 4+23)=(50\quad 36\quad 45\quad 27). \end{aligned}$$

定义 5.6　设有两个矩阵 $A=(a_{ij})_{m\times n}$ 和 $B=(b_{ij})_{m\times n}$，矩阵 A 与 B 的和，记作 $A+B$，规定

$$A+B=\begin{pmatrix} a_{11}+b_{11} & a_{12}+b_{12} & \dots & a_{1n}+b_{1n} \\ a_{21}+b_{21} & a_{22}+b_{22} & \dots & a_{2n}+b_{2n} \\ \vdots & \vdots & & \vdots \\ a_{m1}+b_{m1} & a_{m2}+b_{m2} & \dots & a_{mn}+b_{mn} \end{pmatrix}.$$

注　两个矩阵是同型矩阵时才能进行加法运算．

矩阵加法满足下列运算规律：

（1）$A+B=B+A$；

（2）$(A+B)+C=A+(B+C)$.

例 4 设$\boldsymbol{A}=\begin{pmatrix}4 & 2\\6 & 3\\-2 & 5\end{pmatrix}$，$\boldsymbol{B}=\begin{pmatrix}2 & 1\\1 & -1\\1 & 3\end{pmatrix}$，求$\boldsymbol{A}+\boldsymbol{B}$.

解 $\boldsymbol{A}+\boldsymbol{B}=\begin{pmatrix}4 & 2\\6 & 3\\-2 & 5\end{pmatrix}+\begin{pmatrix}2 & 1\\1 & -1\\1 & 3\end{pmatrix}=\begin{pmatrix}4+2 & 2+1\\6+1 & 3-1\\-2+1 & 5+3\end{pmatrix}=\begin{pmatrix}6 & 3\\7 & 2\\-1 & 8\end{pmatrix}$.

2. 数与矩阵的乘法

定义 5.7 数k与矩阵$\boldsymbol{A}$的乘积记作$k\boldsymbol{A}$或$\boldsymbol{A}k$，规定

$$k\boldsymbol{A}=\boldsymbol{A}k=\begin{pmatrix}ka_{11} & ka_{12} & \cdots & ka_{1n}\\ka_{21} & ka_{22} & \cdots & ka_{2n}\\\vdots & \vdots & & \vdots\\ka_{m1} & ka_{m2} & \cdots & ka_{mn}\end{pmatrix}.$$

数与矩阵的乘积运算称为数乘运算.

当$k=-1$时，$(-1)\boldsymbol{A}=-\boldsymbol{A}$称为矩阵$\boldsymbol{A}$的**负矩阵**，显然有

$$\boldsymbol{A}+(-\boldsymbol{A})=\boldsymbol{O}.$$

有了负矩阵，矩阵的减法定义为

$$\boldsymbol{A}-\boldsymbol{B}=\boldsymbol{A}+(-\boldsymbol{B}).$$

容易验证，数乘运算满足下列运算规律：

设$\boldsymbol{A}$，$\boldsymbol{B}$为$m\times n$矩阵，k,l为数，则

（1）$(kl)\boldsymbol{A}=k(l\boldsymbol{A})$；

（2）$(k+l)\boldsymbol{A}=k\boldsymbol{A}+l\boldsymbol{A}$；

（3）$k(\boldsymbol{A}+\boldsymbol{B})=k\boldsymbol{A}+k\boldsymbol{B}$.

例 5 设某两个地区与另外三个地区之间的里程（单位：千米）可用矩阵表示为

$$\boldsymbol{A}=\begin{pmatrix}31 & 23 & 18\\40 & 27 & 34\end{pmatrix},$$

如果每吨货物每公里的运费为 3 元，试求上述地区之间每吨货物的运费.

解 上述地区之间每吨货物的运费等于数 3 与矩阵$\boldsymbol{A}$的乘积，即

$$3\boldsymbol{A}=3\begin{pmatrix}31 & 23 & 18\\40 & 27 & 34\end{pmatrix}=\begin{pmatrix}3\times31 & 3\times23 & 3\times18\\3\times40 & 3\times27 & 3\times34\end{pmatrix}$$

$$=\begin{pmatrix}93 & 69 & 54\\120 & 81 & 102\end{pmatrix}.$$

例 6 设矩阵$\boldsymbol{A}=\begin{pmatrix}1 & -2 & 0\\4 & 3 & 5\end{pmatrix}$，$\boldsymbol{B}=\begin{pmatrix}8 & 2 & 6\\5 & 3 & 4\end{pmatrix}$，满足$2\boldsymbol{A}+3\boldsymbol{X}=\boldsymbol{B}$，求$\boldsymbol{X}$.

解　$$X=\frac{1}{3}(B-2A)=\frac{1}{3}\left[\begin{pmatrix}8&2&6\\5&3&4\end{pmatrix}-2\begin{pmatrix}1&-2&0\\4&3&5\end{pmatrix}\right]$$

$$=\frac{1}{3}\begin{pmatrix}6&6&6\\-3&-3&-6\end{pmatrix}=\begin{pmatrix}2&2&2\\-1&-1&-2\end{pmatrix}.$$

3. 矩阵的乘法

引例 5.4　某企业的三个车间一天生产甲、乙两种产品的生产量及单位价格和单位利润如表 5-3 和表 5-4 所示.

表 5-3　产量表

车间	产品	
	甲	乙
一车间	20	15
二车间	26	10
三车间	18	20

表 5-4　产品单价及单位利润

产品	项目	
	单价	单位利润
甲	6	1.5
乙	4	0.8

由上述产量表及价格表,容易计算出三个车间一天所创造的总产值和总利润如表 5-5 所示.

表 5-5　总产值和总利润

车间	项目	
	总产值	总利润
一车间	180	42
二车间	196	47
三车间	188	43

若将表 5-3～表 5-5 分别用矩阵 A，B，C 表示，则矩阵 C 可以写成矩阵 A 与矩阵 B 的乘积，即

$$C=AB=\begin{pmatrix}20&15\\26&10\\18&20\end{pmatrix}\begin{pmatrix}6&1.5\\4&0.8\end{pmatrix}=\begin{pmatrix}20\times6+15\times4&20\times1.5+15\times0.8\\26\times6+10\times4&26\times1.5+10\times0.8\\18\times6+20\times4&18\times1.5+20\times0.8\end{pmatrix}$$

$$=\begin{pmatrix}180&42\\196&47\\188&43\end{pmatrix},$$

这里矩阵 $\boldsymbol{C}$ 的第 i 行第 j 列元素是矩阵 $\boldsymbol{A}$ 的第 i 行元素与矩阵 $\boldsymbol{B}$ 的第 j 列对应元素乘积之和，我们把矩阵 $\boldsymbol{C}$ 称作矩阵 $\boldsymbol{A}$ 与矩阵 $\boldsymbol{B}$ 的乘积.

定义 5.8 设矩阵 $\boldsymbol{A}=(a_{ij})_{m\times s}$，$\boldsymbol{B}=(b_{ij})_{s\times n}$，则矩阵 $\boldsymbol{A}$ 与矩阵 $\boldsymbol{B}$ 的乘积 $\boldsymbol{AB}$ 是一个 m 行 n 列矩阵 $\boldsymbol{C}=(c_{ij})_{m\times n}$，记为 $\boldsymbol{C}=\boldsymbol{AB}$，其中

$$c_{ij}=a_{i1}b_{1j}+a_{i2}b_{2j}+\dots+a_{is}b_{sj}=\sum_{k=1}^{s}a_{ik}b_{kj}\quad (i=1,2,\dots,m;\ j=1,2,\dots,n).$$

进行乘积运算时应当注意：

（1）只有左边矩阵 $\boldsymbol{A}$ 的列数等于右边矩阵 $\boldsymbol{B}$ 的行数时，两个矩阵才能相乘；

（2）乘积矩阵 $\boldsymbol{C}$ 的行数等于左边矩阵 $\boldsymbol{A}$ 的行数，列数等于右边矩阵 $\boldsymbol{B}$ 的列数；

（3）矩阵 $\boldsymbol{C}$ 的第 i 行第 j 列元素 c_{ij} 等于 $\boldsymbol{A}$ 的第 i 行元素与 $\boldsymbol{B}$ 的第 j 列对应元素乘积之和，即

$$c_{ij}=(a_{i1}\quad a_{i2}\quad \dots\quad a_{is})\begin{pmatrix}b_{1j}\\ b_{2j}\\ \vdots\\ b_{sj}\end{pmatrix}=a_{i1}b_{1j}+a_{i2}b_{2j}+\dots+a_{is}b_{sj}.$$

例 7 设矩阵 $\boldsymbol{A}=\begin{pmatrix}1&-1\\2&1\end{pmatrix}$，$\boldsymbol{B}=\begin{pmatrix}1&0&1\\0&2&1\end{pmatrix}$，求 $\boldsymbol{AB}$.

解 $\boldsymbol{AB}=\begin{pmatrix}1&-1\\2&1\end{pmatrix}\begin{pmatrix}1&0&1\\0&2&1\end{pmatrix}$

$$=\begin{pmatrix}1\times1+(-1)\times0 & 1\times0+(-1)\times2 & 1\times1+(-1)\times1\\ 2\times1+1\times0 & 2\times0+1\times2 & 2\times1+1\times1\end{pmatrix}$$

$$=\begin{pmatrix}1&-2&0\\2&2&3\end{pmatrix}.$$

例 8 设矩阵 $\boldsymbol{A}=\begin{pmatrix}-2&4\\1&-2\end{pmatrix}$，$\boldsymbol{B}=\begin{pmatrix}2&4\\-3&-6\end{pmatrix}$，$\boldsymbol{C}=\begin{pmatrix}-2&0\\-5&-8\end{pmatrix}$，求 $\boldsymbol{AB}$，$\boldsymbol{BA}$，$\boldsymbol{AC}$.

解 $\boldsymbol{AB}=\begin{pmatrix}-2&4\\1&-2\end{pmatrix}\begin{pmatrix}2&4\\-3&-6\end{pmatrix}=\begin{pmatrix}-16&-32\\8&16\end{pmatrix}$，

$$\boldsymbol{BA}=\begin{pmatrix}2&4\\-3&-6\end{pmatrix}\begin{pmatrix}-2&4\\1&-2\end{pmatrix}=\begin{pmatrix}0&0\\0&0\end{pmatrix},$$

$$\boldsymbol{AC}=\begin{pmatrix}-2&4\\1&-2\end{pmatrix}\begin{pmatrix}-2&0\\-5&-8\end{pmatrix}=\begin{pmatrix}-16&-32\\8&16\end{pmatrix}.$$

由此例可知：

（1）矩阵的乘积不具有交换律，即一般 $AB \neq BA$；

（2）两个非零矩阵的乘积可能是零矩阵；

（3）矩阵乘积不满足消去律.

矩阵的乘积满足以下运算律：

（1）$(AB)C = A(BC)$；

（2）$A(B+C) = AB + AC$；

（3）$(B+C)A = BA + CA$；

（4）$k(AB) = (kA)B = A(kB)$；

（5）$AE=A$，$EA=A$.（单位矩阵 E 在矩阵乘积中的作用类似于数 1）

在矩阵乘积的基础上，可以定义矩阵的幂. 设 A 是一个 n 阶方阵，用 $A^k\ (k \in N)$ 表示 k 个 A 的连乘积，称为 A 的 k 次幂，容易看出

$$A^k A^l = A^{k+l}, \quad (A^k)^l = A^{kl} \quad (k, l \in N).$$

一般地，$(AB)^k \neq A^k B^k$.

例 9　利用矩阵的乘法运算，n 元线性方程组 $\begin{cases} a_{11}x_1 + a_{12}x_2 + \ldots + a_{1n}x_n = b_1, \\ a_{21}x_1 + a_{22}x_2 + \ldots + a_{2n}x_n = b_2, \\ \qquad \ldots\ldots \\ a_{m1}x_1 + a_{m2}x_2 + \ldots + a_{mn}x_n = b_m, \end{cases}$ 可用矩阵的形式来表示，即

$$\begin{pmatrix} a_{11} & a_{12} & \ldots & a_{1n} \\ a_{21} & a_{22} & \ldots & a_{2n} \\ \vdots & \vdots & & \vdots \\ a_{m1} & a_{m2} & \ldots & a_{mn} \end{pmatrix} \begin{pmatrix} x_1 \\ x_2 \\ \vdots \\ x_n \end{pmatrix} = \begin{pmatrix} b_1 \\ b_2 \\ \vdots \\ b_m \end{pmatrix},$$

其中 $A = \begin{pmatrix} a_{11} & a_{12} & \ldots & a_{1n} \\ a_{21} & a_{22} & \ldots & a_{2n} \\ \vdots & \vdots & & \vdots \\ a_{m1} & a_{m2} & \ldots & a_{mn} \end{pmatrix}$ 称为**系数矩阵**；$X = \begin{pmatrix} x_1 \\ x_2 \\ \vdots \\ x_n \end{pmatrix}$ 称为**未知量矩阵**；$B = \begin{pmatrix} b_1 \\ b_2 \\ \vdots \\ b_m \end{pmatrix}$ 称为**常数项矩阵**. 此时线性方程组可简记为 $AX = B$.

4. 矩阵的转置

定义 5.9　把矩阵 A 的行列互换就得到一个新的矩阵，称为矩阵 A 的**转置矩阵**，记作 A^{T}.

例如，矩阵 $A = \begin{pmatrix} 1 & 3 \\ -2 & 1 \\ 0 & 5 \end{pmatrix}$ 的转置矩阵为 $A^{\mathrm{T}} = \begin{pmatrix} 1 & -2 & 0 \\ 3 & 1 & 5 \end{pmatrix}$.

矩阵的转置也是一种运算，满足下列运算规律（假设运算都是可行的）：

（1）$(\boldsymbol{A}^{\mathrm{T}})^{\mathrm{T}}=\boldsymbol{A}$；（2）$(\boldsymbol{A}+\boldsymbol{B})^{\mathrm{T}}=\boldsymbol{A}^{\mathrm{T}}+\boldsymbol{B}^{\mathrm{T}}$；

（3）$(k\boldsymbol{A})^{\mathrm{T}}=k\boldsymbol{A}^{\mathrm{T}}$；（4）$(\boldsymbol{A}\boldsymbol{B})^{\mathrm{T}}=\boldsymbol{B}^{\mathrm{T}}\boldsymbol{A}^{\mathrm{T}}$.

例 10 已知 $\boldsymbol{A}=\begin{pmatrix}2&0&-1\\1&3&2\end{pmatrix}$，$\boldsymbol{B}=\begin{pmatrix}1&7&-1\\4&2&3\\2&0&1\end{pmatrix}$，求 $(\boldsymbol{A}\boldsymbol{B})^{\mathrm{T}}$.

解 方法一 因为

$$\boldsymbol{A}\boldsymbol{B}=\begin{pmatrix}2&0&-1\\1&3&2\end{pmatrix}\begin{pmatrix}1&7&-1\\4&2&3\\2&0&1\end{pmatrix}=\begin{pmatrix}0&14&-3\\17&13&10\end{pmatrix},$$

所以 $(\boldsymbol{A}\boldsymbol{B})^{\mathrm{T}}=\begin{pmatrix}0&17\\14&13\\-3&10\end{pmatrix}$.

方法二 $(\boldsymbol{A}\boldsymbol{B})^{\mathrm{T}}=\boldsymbol{B}^{\mathrm{T}}\boldsymbol{A}^{\mathrm{T}}=\begin{pmatrix}1&4&2\\7&2&0\\-1&3&1\end{pmatrix}\begin{pmatrix}2&1\\0&3\\-1&2\end{pmatrix}=\begin{pmatrix}0&17\\14&13\\-3&10\end{pmatrix}$.

5. 方阵的行列式

定义 5.10 由 n 阶方阵 $\boldsymbol{A}$ 的元素所构成的行列式（各元素的位置不变），称为**方阵 $\boldsymbol{A}$ 的行列式**，记作$|\boldsymbol{A}|$或 $\det\boldsymbol{A}$.

注 方阵和行列式是两个不同的概念，n 阶方阵是 n^2 个数按一定方式排成的数表，而 n 阶行列式则是这些数按一定的运算法则所确定的一个数值.

方阵 $\boldsymbol{A}$ 的行列式$|\boldsymbol{A}|$满足以下运算规律（设 $\boldsymbol{A}$，$\boldsymbol{B}$ 为 n 阶方阵，k 为常数）：

（1）$|\boldsymbol{A}^{\mathrm{T}}|=|\boldsymbol{A}|$；（2）$|k\boldsymbol{A}|=k^n|\boldsymbol{A}|$；（3）$|\boldsymbol{A}\boldsymbol{B}|=|\boldsymbol{A}||\boldsymbol{B}|$.

练习题 5.2

（A）

1．填空题.

（1）若 $\begin{pmatrix}1&a&2\\0&3&1\end{pmatrix}=\begin{pmatrix}1&5&2\\b-1&3&1\end{pmatrix}$，则 a=________，b=________.

（2）设矩阵 $\boldsymbol{A}_{m\times n}$，$\boldsymbol{B}_{s\times n}$，如果 $\boldsymbol{ACB}$ 有意义，则 $\boldsymbol{C}$ 是________矩阵.

（3）$(1\ \ 2\ \ 3)\begin{pmatrix}3\\2\\1\end{pmatrix}=$________，$\begin{pmatrix}3\\2\\1\end{pmatrix}(1\ \ 2\ \ 3)=$________.

（4）若 $\boldsymbol{A}=\begin{pmatrix}1&0\\0&1\end{pmatrix}$，$\boldsymbol{B}=\begin{pmatrix}1&1&2\\0&3&1\end{pmatrix}$，则 $\boldsymbol{AB}=$________.

（5）若 $\boldsymbol{A}=\begin{pmatrix}0&1&2\\1&2&1\\-1&1&-1\end{pmatrix}$，$\boldsymbol{B}=\begin{pmatrix}1&1&1\\1&1&-1\\1&-1&-1\end{pmatrix}$，则 $2\boldsymbol{A}-3\boldsymbol{B}^{\mathrm{T}}=$__________.

（6）方程组 $\begin{cases}x_1-2x_2+4x_3=-2,\\2x_1+x_2-3x_3=-1,\\-x_1+5x_2-x_3=1,\end{cases}$ 的矩阵形式为__________.

（7）已知 $\boldsymbol{A}$ 为 3 阶方阵，且 $|\boldsymbol{A}|=4$，则 $|-2\boldsymbol{A}|=$__________.

2．选择题.

（1）下列矩阵中（　　）是行阶梯形矩阵.

A. $\begin{pmatrix}2&0&3&-1\\0&0&1&2\\0&1&0&0\end{pmatrix}$　　B. $\begin{pmatrix}2&0&3&-1\\0&1&0&0\\0&0&1&2\end{pmatrix}$

C. $\begin{pmatrix}3&1&2&1\\0&0&0&0\\0&0&1&0\\0&0&0&1\end{pmatrix}$　　D. $\begin{pmatrix}3&1&2&1\\0&1&1&-2\\0&3&1&0\\0&0&0&1\end{pmatrix}$

（2）下列矩阵中（　　）是行最简形矩阵.

A. $\begin{pmatrix}1&0&0\\0&0&0\\0&0&1\end{pmatrix}$　　B. $\begin{pmatrix}1&0&-1\\0&1&0\\1&0&0\end{pmatrix}$

C. $\begin{pmatrix}2&0&0&1\\0&1&0&0\\0&0&1&0\end{pmatrix}$　　D. $\begin{pmatrix}1&0&0&0\\0&1&0&0\\0&0&0&1\end{pmatrix}$

（3）设 $\boldsymbol{A}$，$\boldsymbol{B}$ 皆为 2 阶矩阵，则等式（　　）成立.

A. $\boldsymbol{AB}=\boldsymbol{BA}$　　B. $|\boldsymbol{AB}|=|\boldsymbol{B}||\boldsymbol{A}|$　　C. $|\boldsymbol{A}+\boldsymbol{B}|=|\boldsymbol{A}|+|\boldsymbol{B}|$　　D. $|3\boldsymbol{A}|=3|\boldsymbol{A}|$

3．已知 $\boldsymbol{A}=\begin{pmatrix}1&0&0\\0&2&0\\0&0&-1\end{pmatrix}$，求 $\boldsymbol{A}^2$.

4．计算下列矩阵的乘积.

（1）$\begin{pmatrix}4&3\\2&5\end{pmatrix}\begin{pmatrix}0&1\\1&0\end{pmatrix}$；（2）$\begin{pmatrix}-1&1&2\\2&0&3\\-1&1&0\end{pmatrix}\begin{pmatrix}1\\2\\1\end{pmatrix}$；（3）$\begin{pmatrix}1&3&-2\\2&1&3\\1&-1&0\end{pmatrix}\begin{pmatrix}5&-1\\2&0\\-1&2\end{pmatrix}$.

5. 若 $A=\begin{pmatrix}1 & 2 & 1\\ -1 & 2 & -1\\ 0 & 1 & -1\end{pmatrix}$，$B=\begin{pmatrix}1 & -1 & 1\\ 0 & 1 & 3\\ 2 & -1 & 1\end{pmatrix}$，且 $2A+3B-X=E$，求 X.

6. 若 $A=\begin{pmatrix}1 & 2 & -3\\ 0 & 1 & 1\end{pmatrix}$，$B=\begin{pmatrix}1 & -1 & 5\\ 0 & 2 & 4\\ 3 & 1 & 5\end{pmatrix}$，求 AB，$(AB)^{\mathrm{T}}$.

7. 现有两种物资要从四个产地运往三个销地，其调运方案 A 和 B 如下：

$$A=\begin{pmatrix}30 & 18 & 0\\ 20 & 20 & 20\\ 15 & 25 & 15\\ 0 & 20 & 30\end{pmatrix},\quad B=\begin{pmatrix}20 & 15 & 0\\ 25 & 24 & 15\\ 18 & 20 & 10\\ 15 & 20 & 40\end{pmatrix}.$$

试求从各产地运往各销售地的物资总量.

8. 某公司有甲、乙两个仓库，若甲仓库有 3 类商品，每类商品有 4 种型号，其库存数用矩阵 A 表示，乙仓库有同样的商品，其库存数用矩阵 B 表示，具体如下：

$$A=\begin{pmatrix}2 & 1 & 4 & 3\\ 1 & 5 & 2 & 2\\ 2 & 1 & 1 & 3\end{pmatrix},\quad B=\begin{pmatrix}3 & 4 & 2 & 5\\ 2 & 1 & 3 & 3\\ 3 & 2 & 2 & 4\end{pmatrix}.$$

已知甲仓库每种商品的保管费为 3 元，乙仓库每件商品的保管费为 2 元，求该公司 3 类商品 4 种型号的总保管费.

9. 设有两家连锁超市出售三种洗衣液，某日的销售量、每种洗衣液的单价和单位利润分别见表 5-6 和表 5-7，试计算各超市出售洗衣液的总收入和总利润.

表 5-6 销售量表 （单位：桶）

超市	种类		
	Ⅰ	Ⅱ	Ⅲ
甲	10	20	30
乙	4	5	10

表 5-7 单价和单位利润表 （单位：元/桶）

种类	项目	
	单价	单位利润
Ⅰ	25	5
Ⅱ	35	7
Ⅲ	20	4

（B）

1. 若 $A=\begin{pmatrix}1 & 0\\ 1 & 2\end{pmatrix}$，$B=\begin{pmatrix}1 & 2\\ 1 & 3\end{pmatrix}$，问：

（1）$AB=BA$ 吗？

（2）$(\boldsymbol{A}+\boldsymbol{B})^2=\boldsymbol{A}^2+2\boldsymbol{AB}+\boldsymbol{B}^2$ 吗？

2．设 $\boldsymbol{A}=\begin{pmatrix}1 & 1\\ 0 & 1\end{pmatrix}$，求 $\boldsymbol{A}^2$，$\boldsymbol{A}^3$，…，$\boldsymbol{A}^n$.

第三节　矩阵的逆与矩阵的初等变换

一、矩阵的逆

前面介绍了矩阵的加法、减法和矩阵的乘法，那么能否定义矩阵的除法呢？看下面的例子.

引例 5.5　某企业有两个分厂生产甲、乙两种产品，每天生产产品的数量用矩阵表示为

$$\begin{matrix} & \text{甲} & \text{乙} & \\ \boldsymbol{A}= & \begin{pmatrix}5 & 2\\ 2 & 1\end{pmatrix} & & \begin{matrix}\text{工厂一}\\ \text{工厂二}\end{matrix}\end{matrix},$$

各工厂每天总收入用矩阵表示为

$$\begin{matrix} & \text{总收入} & \\ \boldsymbol{B}= & \begin{pmatrix}290\\ 120\end{pmatrix} & \begin{matrix}\text{工厂一}\\ \text{工厂二}\end{matrix}\end{matrix},$$

问两种产品的单位售价是多少？

分析　若设两种产品的单位售价为

$$\boldsymbol{X}=\begin{pmatrix}x_1\\ x_2\end{pmatrix},$$

根据题意有 $\boldsymbol{AX}=\boldsymbol{B}$，即

$$\begin{pmatrix}5 & 2\\ 2 & 1\end{pmatrix}\begin{pmatrix}x_1\\ x_2\end{pmatrix}=\begin{pmatrix}290\\ 120\end{pmatrix}.$$

如何从 $\boldsymbol{AX}=\boldsymbol{B}$ 中求得两种产品的单位售价 $\boldsymbol{X}$?

回顾数的除法运算，若 $a\neq 0$，则 $b\div a=b\times a^{-1}$，称 $a^{-1}=\dfrac{1}{a}$ 为数 a 的倒数（也称 a 的逆），显然有 $a\times a^{-1}=a^{-1}\times a=1$．类似的关系用于矩阵的运算．对于 n 阶方阵 $\boldsymbol{A}$ 定义它的逆矩阵 $\boldsymbol{A}^{-1}$，使之满足 $\boldsymbol{AA}^{-1}=\boldsymbol{A}^{-1}\boldsymbol{A}=\boldsymbol{E}$，那么用 $\boldsymbol{A}^{-1}$ 左乘矩阵方程 $\boldsymbol{AX}=\boldsymbol{B}$ 的两端就得到方程的解 $\boldsymbol{X}=\boldsymbol{A}^{-1}\boldsymbol{B}$.

定义 5.11　对于 n 阶方阵 $\boldsymbol{A}$，如果有矩阵 $\boldsymbol{B}$，使得

$$\boldsymbol{AB}=\boldsymbol{BA}=\boldsymbol{E},$$

则说矩阵 $\boldsymbol{A}$ 是可逆的，并称矩阵 $\boldsymbol{B}$ 为 $\boldsymbol{A}$ 的**逆矩阵**．$\boldsymbol{A}$ 的逆矩阵记作 $\boldsymbol{A}^{-1}$，则 $\boldsymbol{B}=\boldsymbol{A}^{-1}$，即

$$\boldsymbol{AA}^{-1}=\boldsymbol{A}^{-1}\boldsymbol{A}=\boldsymbol{E}.$$

例 1　已知 $\boldsymbol{A}=\begin{pmatrix}5 & 2\\ 2 & 1\end{pmatrix}$，$\boldsymbol{B}=\begin{pmatrix}1 & -2\\ -2 & 5\end{pmatrix}$，讨论 $\boldsymbol{B}$ 是否为 $\boldsymbol{A}$ 的逆矩阵.

解 因为

$$\boldsymbol{AB}=\begin{pmatrix}5&2\\2&1\end{pmatrix}\begin{pmatrix}1&-2\\-2&5\end{pmatrix}=\begin{pmatrix}1&0\\0&1\end{pmatrix}=\boldsymbol{E},\quad \boldsymbol{BA}=\begin{pmatrix}1&-2\\-2&5\end{pmatrix}\begin{pmatrix}5&2\\2&1\end{pmatrix}=\begin{pmatrix}1&0\\0&1\end{pmatrix}=\boldsymbol{E},$$

即 $\boldsymbol{AB}=\boldsymbol{BA}=\boldsymbol{E}$，所以 $\boldsymbol{B}$ 是 $\boldsymbol{A}$ 的逆矩阵.

由例 1 可求出引例 5.5 中两种产品的单位售价为

$$\boldsymbol{X}=\begin{pmatrix}1&-2\\-2&5\end{pmatrix}\begin{pmatrix}290\\120\end{pmatrix}=\begin{pmatrix}50\\20\end{pmatrix}.$$

如果矩阵 $\boldsymbol{A}$ 是可逆的，那么 $\boldsymbol{A}$ 的逆矩阵是唯一的. 事实上，设 $\boldsymbol{B}$，$\boldsymbol{C}$ 都是 $\boldsymbol{A}$ 的逆矩阵，则有

$$\boldsymbol{B}=\boldsymbol{BE}=\boldsymbol{B}(\boldsymbol{AC})=(\boldsymbol{BA})\boldsymbol{C}=\boldsymbol{EC}=\boldsymbol{C},$$

即 $\boldsymbol{A}$ 的逆矩阵是唯一的.

关于矩阵的逆运算有下列性质.

性质 1 可逆矩阵 $\boldsymbol{A}$ 的逆矩阵 $\boldsymbol{A}^{-1}$ 也是可逆矩阵，并且 $(\boldsymbol{A}^{-1})^{-1}=\boldsymbol{A}$.

性质 2 非零数 k 与可逆矩阵 $\boldsymbol{A}$ 的乘积 $k\boldsymbol{A}$ 也是可逆矩阵，并且 $(k\boldsymbol{A})^{-1}=\dfrac{1}{k}\boldsymbol{A}^{-1}$.

性质 3 若 n 阶方阵 $\boldsymbol{A}$ 和 $\boldsymbol{B}$ 都可逆，则 $\boldsymbol{AB}$ 也可逆，并且 $(\boldsymbol{AB})^{-1}=\boldsymbol{B}^{-1}\boldsymbol{A}^{-1}$.

性质 4 若矩阵 $\boldsymbol{A}$ 可逆，则 $\boldsymbol{A}^{\mathrm{T}}$ 也可逆，且 $(\boldsymbol{A}^{\mathrm{T}})^{-1}=(\boldsymbol{A}^{-1})^{\mathrm{T}}$.

利用方阵行列式的性质可以证明：

定理 5.3 n 阶方阵 $\boldsymbol{A}$ 可逆的充分必要条件是其行列式 $|\boldsymbol{A}|\neq 0$.

二、矩阵的初等变换

矩阵的初等变换是矩阵的一种十分重要的运算，它在解线性方程组、求逆矩阵及矩阵理论的探讨中起到重要的作用. 下面以消元法解线性方程组为例，引入矩阵初等变换的概念.

引例 5.6 求线性方程组 $\begin{cases}2x_1-3x_2=2\\x_1+x_2=6\end{cases}$ 的解.

用消元法解方程组的消元过程如表 5-8 左边所示，对应增广矩阵变换的过程如表 5-8 右边所示.

表 5-8 解方程组消元过程和增广矩阵变换过程

解方程组消元过程	增广矩阵变换过程
$\begin{cases}2x_1-3x_2=2 & ①\\x_1+x_2=6 & ②\end{cases}$	$\begin{pmatrix}2&-3&2\\1&1&6\end{pmatrix}$
①、②对换 $\begin{cases}x_1+x_2=6 & ③\\2x_1-3x_2=2 & ④\end{cases}$	第一、二行互换 $\begin{pmatrix}1&1&6\\2&-3&2\end{pmatrix}$
④−2×③ $\begin{cases}x_1+x_2=6 & ⑤\\-5x_2=-10 & ⑥\end{cases}$	第一行的−2 倍加到第二行 $\begin{pmatrix}1&1&6\\0&-5&-10\end{pmatrix}$
$-\frac{1}{5}\times$⑥ $\begin{cases}x_1+x_2=6 & ⑦\\x_2=2 & ⑧\end{cases}$	$-\frac{1}{5}$ 乘以第二行 $\begin{pmatrix}1&1&6\\0&1&2\end{pmatrix}$
⑦−⑧ $\begin{cases}x_1=4 & ⑨\\x_2=2 & ⑩\end{cases}$	第二行的−1 倍加到第一行 $\begin{pmatrix}1&0&4\\0&1&2\end{pmatrix}$

从上面的分析可以看出，用消元法解线性方程组所进行的变换实际上只对方程组的系数和常数项进行运算，未知量并未参与运算，把方程组的上述变换移植到矩阵上，就可以得到矩阵的三种变换.

定义 5.12　下面三种变换称为矩阵的**初等行变换**：

（1）对调两行（对调 i, j 两行，记作 $r_i \leftrightarrow r_j$）；

（2）以数 $k\neq 0$ 乘某一行中的所有元素（第 i 行乘 k，记作 $r_i\times k$）；

（3）把某一行所有元素的 k 倍加到另一行对应的元素上去（第 j 行的 k 倍加到第 i 行上，记作 r_i+kr_j）.

把定义中的“行”换成“列”，即得矩阵的**初等列变换**的定义（所有记号是把 r 换成 c）. 矩阵的初等行变换与矩阵的初等列变换统称为**初等变换**.

利用初等行变换可以把任意矩阵化为行阶梯形矩阵，并进而化为行最简形矩阵.

例 2　用初等行变换将 $A=\begin{pmatrix}0&1&2\\1&1&4\\2&-1&0\end{pmatrix}$ 化为行阶梯形矩阵.

解　$$A=\begin{pmatrix}0&1&2\\1&1&4\\2&-1&0\end{pmatrix}\xrightarrow{r_1\leftrightarrow r_2}\begin{pmatrix}1&1&4\\0&1&2\\2&-1&0\end{pmatrix}\xrightarrow{r_3+(-2)r_1}\begin{pmatrix}1&1&4\\0&1&2\\0&-3&-8\end{pmatrix}$$

$$\xrightarrow{r_3+3r_2}\begin{pmatrix}1&1&4\\0&1&2\\0&0&-2\end{pmatrix}.$$

矩阵 A 经过初等行变换化为的行阶梯形矩阵中，非零行的行数称为矩阵的**秩**，记作 $r(A)$.

下面介绍用初等行变换求逆矩阵的方法. 将给定的 n 阶矩阵 A 与 n 阶单位矩阵 E 并列，构成一个 $n\times 2n$ 矩阵 $(A\quad E)$，然后对 $(A\quad E)$ 进行初等行变换，当左边的 A 化为 E 时，右边的 E 就随之化为 A^{-1} 了，即

$$(A\quad E)\xrightarrow{\text{初等行变换}}(E\quad A^{-1})$$

在用上述方法求逆矩阵时，可以同时判断方阵 A 的可逆性. 将矩阵（$A\quad E$）经过若干次初等行变换后，若在左边的方阵中有某一行元素全为零，则意味着矩阵 A 不可逆，即 A 的逆矩阵 A^{-1} 不存在.

例 3　用初等行变换的方法判断下列方阵是否可逆，如果可逆，求其逆矩阵.

$$A=\begin{pmatrix}1&-1&2\\0&1&-1\\2&1&0\end{pmatrix},\qquad B=\begin{pmatrix}1&0&-1\\-1&1&2\\-3&-1&2\end{pmatrix}$$

解　$$(A\quad E)=\begin{pmatrix}1&-1&2&1&0&0\\0&1&-1&0&1&0\\2&1&0&0&0&1\end{pmatrix}.$$

$$\xrightarrow{r_3+(-2)r_1}\begin{pmatrix}1&-1&2&1&0&0\\0&1&-1&0&1&0\\0&3&-4&-2&0&1\end{pmatrix}$$

$$\xrightarrow{r_3+(-3)r_2}\begin{pmatrix}1&-1&2&1&0&0\\0&1&-1&0&1&0\\0&0&-1&-2&-3&1\end{pmatrix}$$

$$\xrightarrow[r_2+(-1)r_3]{r_1+2r_3}\begin{pmatrix}1&-1&0&-3&-6&2\\0&1&0&2&4&-1\\0&0&-1&-2&-3&1\end{pmatrix}$$

$$\xrightarrow[(-1)r_3]{r_1+r_2}\left(\begin{array}{ccc|ccc}1&0&0&-1&-2&1\\0&1&0&2&4&-1\\0&0&1&2&3&-1\end{array}\right)=(\boldsymbol{E}\quad\boldsymbol{A}^{-1}),$$

于是求得 $\boldsymbol{A}$ 的逆矩阵为 $\boldsymbol{A}^{-1}=\begin{pmatrix}-1&-2&1\\2&4&-1\\2&3&-1\end{pmatrix}$.

$$(\boldsymbol{B}\quad\boldsymbol{E})=\begin{pmatrix}1&0&-1&1&0&0\\-1&1&2&0&1&0\\-3&-1&2&0&0&1\end{pmatrix}$$

$$\xrightarrow[r_2+r_1]{r_3+3r_1}\begin{pmatrix}1&0&-1&1&0&0\\0&1&1&1&1&0\\0&-1&-1&3&0&1\end{pmatrix}$$

$$\xrightarrow{r_3+r_2}\begin{pmatrix}1&0&-1&1&0&0\\0&1&1&1&1&0\\0&0&0&4&1&1\end{pmatrix},$$

由于左边的方阵中最后一行的元素全部为零，所以 $\boldsymbol{B}$ 不可逆，即 $\boldsymbol{B}^{-1}$ 不存在.

例 4　求矩阵 $\boldsymbol{X}$，使 $\boldsymbol{AXB}=\boldsymbol{C}$，其中

$$\boldsymbol{A}=\begin{pmatrix}1&-1&2\\0&1&-1\\2&1&0\end{pmatrix},\quad \boldsymbol{B}=\begin{pmatrix}2&7\\1&3\end{pmatrix},\quad \boldsymbol{C}=\begin{pmatrix}1&2\\2&0\\3&1\end{pmatrix}.$$

解　若 $\boldsymbol{A}^{-1}$，$\boldsymbol{B}^{-1}$ 存在，则用 $\boldsymbol{A}^{-1}$ 左乘上式，$\boldsymbol{B}^{-1}$ 右乘上式，有

$$\boldsymbol{A}^{-1}\boldsymbol{AXBB}^{-1}=\boldsymbol{A}^{-1}\boldsymbol{CB}^{-1},$$

即

$$\boldsymbol{X}=\boldsymbol{A}^{-1}\boldsymbol{CB}^{-1}.$$

由本节例 3 可知 $A^{-1}=\begin{pmatrix}-1&-2&1\\2&4&-1\\2&3&-1\end{pmatrix}$，下面求 B^{-1}.

因为 $(B\quad E)=\begin{pmatrix}2&7&1&0\\1&3&0&1\end{pmatrix}\xrightarrow{r_1\leftrightarrow r_2}\begin{pmatrix}1&3&0&1\\2&7&1&0\end{pmatrix}$

$$\xrightarrow{r_2+(-2)r_1}\begin{pmatrix}1&3&0&1\\0&1&1&-2\end{pmatrix}$$

$$\xrightarrow{r_1+(-3)r_2}\begin{pmatrix}1&0&-3&7\\0&1&1&-2\end{pmatrix}=(E\quad A^{-1}),$$

所以 $B^{-1}=\begin{pmatrix}-3&7\\1&-2\end{pmatrix}$.

于是

$$X=A^{-1}CB^{-1}=\begin{pmatrix}-1&-2&1\\2&4&-1\\2&3&-1\end{pmatrix}\begin{pmatrix}1&2\\2&0\\3&1\end{pmatrix}\begin{pmatrix}-3&7\\1&-2\end{pmatrix}$$

$$=\begin{pmatrix}-2&-1\\7&3\\5&3\end{pmatrix}\begin{pmatrix}-3&7\\1&-2\end{pmatrix}=\begin{pmatrix}5&-12\\-18&43\\-12&29\end{pmatrix}.$$

练习题 5.3

(A)

1．填空题.

(1) 矩阵 $A=\begin{pmatrix}1&0&1\\0&1&0\\0&3&-1\end{pmatrix}$ 的秩为__________.

(2) 若 $(A\quad E)\xrightarrow{\text{初等行变换}}(E\quad B)$，则 $B=$__________.

(3) 矩阵 $A=\begin{pmatrix}3&0&0\\0&2&0\\0&0&-1\end{pmatrix}$ 的逆矩阵 $A^{-1}=$__________.

2．选择题.

(1) 矩阵 $\begin{pmatrix}3&1&2&1\\0&0&0&0\\0&0&1&0\\0&0&0&1\end{pmatrix}$ 的秩为（　　）.

A．1　　B．2　　C．3　　D．4

（2）矩阵$\begin{pmatrix}1&0&0\\0&0&0\\0&0&1\end{pmatrix}$是（　　）.

A．单位阵　　B．零矩阵　　C．可逆阵　　D．对角阵

（3）设$\boldsymbol{A}$为可逆矩阵，下列等式中，（　　）不正确.

A．$(2\boldsymbol{A})^{\mathrm{T}}=2\boldsymbol{A}^{\mathrm{T}}$　　B．$(2\boldsymbol{A})^{-1}=2\boldsymbol{A}^{-1}$

C．$[(\boldsymbol{A}^{-1})^{-1}]^{\mathrm{T}}=[(\boldsymbol{A}^{-1})^{\mathrm{T}}]^{-1}$　　D．$[(\boldsymbol{A}^{\mathrm{T}})^{-1}]^{\mathrm{T}}=[(\boldsymbol{A}^{\mathrm{T}})^{\mathrm{T}}]^{-1}$

3．判断下列方阵是否可逆，若可逆，求其逆矩阵.

（1）$\begin{pmatrix}1&0\\2&1\end{pmatrix}$；　　（2）$\begin{pmatrix}1&2&3\\4&5&6\\7&8&9\end{pmatrix}$.

4．解矩阵方程.

（1）$\begin{pmatrix}2&5\\1&3\end{pmatrix}\boldsymbol{X}=\begin{pmatrix}4&-1\\2&1\end{pmatrix}$；

（2）$\begin{pmatrix}1&0&0\\0&0&1\\0&1&0\end{pmatrix}\boldsymbol{X}\begin{pmatrix}0&1&0\\1&0&0\\0&0&1\end{pmatrix}=\begin{pmatrix}1&-3&3\\2&0&1\\1&-1&0\end{pmatrix}$.

5．某企业有甲乙两个分厂生产A，B两种产品，其中甲厂每天生产A产品5吨、B产品7吨，乙厂每天生产A产品6吨、B产品3吨，已知甲、乙两个工厂每天的总收入分别为162万元和135万元，问两种产品的单位售价各是多少？

（B）

1．求λ的值，使矩阵的秩最小.

（1）$\begin{pmatrix}1&2&4\\2&\lambda&1\\1&1&0\end{pmatrix}$；　　（2）$\begin{pmatrix}1&0&-1&3\\2&1&-2&\lambda\\1&-4&3&0\end{pmatrix}$.

2．若$\boldsymbol{A}^2=\boldsymbol{A}$，且$\boldsymbol{A}$为可逆矩阵，证明$\boldsymbol{A}=\boldsymbol{E}$.

3．若$\boldsymbol{A}$为对称矩阵（即满足$\boldsymbol{A}$为方阵且$\boldsymbol{A}^{\mathrm{T}}=\boldsymbol{A}$），有矩阵$\boldsymbol{B}$，且$\boldsymbol{B}^{-1}=\boldsymbol{B}^{\mathrm{T}}$，证明$\boldsymbol{B}^{-1}\boldsymbol{A}\boldsymbol{B}$是对称矩阵.

第四节　线性方程组

经济管理中的许多问题可通过建立方程组来解决．本节主要以矩阵为工具，讨论线性方程组的求解问题.

设有线性方程组

$$\begin{cases} a_{11}x_1 + a_{12}x_2 + \ldots + a_{1n}x_n = b_1, \\ a_{21}x_1 + a_{22}x_2 + \ldots + a_{2n}x_n = b_2, \\ \quad\quad\quad\quad \ldots\ldots \\ a_{m1}x_1 + a_{m2}x_2 + \ldots + a_{mn}x_n = b_m. \end{cases} \tag{5-7}$$

当右端常数项 $b_1, b_2, \ldots, b_m$ 不全为零时，称方程组（5-7）为**非齐次线性方程组**；当 $b_1 = b_2 = \ldots = b_m = 0$ 时，即

$$\begin{cases} a_{11}x_1 + a_{12}x_2 + \ldots + a_{1n}x_n = 0, \\ a_{21}x_1 + a_{22}x_2 + \ldots + a_{2n}x_n = 0, \\ \quad\quad\quad\quad \ldots\ldots \\ a_{m1}x_1 + a_{m2}x_2 + \ldots + a_{mn}x_n = 0. \end{cases} \tag{5-8}$$

称为**齐次线性方程组**.

一、非齐次线性方程组的解

定理 5.4 **（线性方程组解的判别定理）** n 元线性方程组（5-7）有解的充分必要条件是系数矩阵 $\boldsymbol{A}$ 的秩与增广矩阵 $\tilde{\boldsymbol{A}}$ 的秩相等，即 $r(\boldsymbol{A}) = r(\tilde{\boldsymbol{A}})$. 且当 $r(\boldsymbol{A}) = r(\tilde{\boldsymbol{A}})=n$ 时，方程组有唯一解；当 $r(\boldsymbol{A}) = r(\tilde{\boldsymbol{A}})<n$ 时，有无穷多解.

例 1　求下列方程组的解.

（1）$\begin{cases} x_1 - x_2 + 3x_3 = 8, \\ 3x_1 + 2x_2 - x_3 = -1, \\ 4x_1 - 3x_2 + 2x_3 = 11; \end{cases}$　（2）$\begin{cases} x_1 + x_2 - 2x_3 = 2, \\ 2x_1 - 3x_2 + 5x_3 = 1, \\ 5x_1 - x_3 = 7; \end{cases}$　（3）$\begin{cases} x_1 + x_2 + 2x_3 + x_4 = 5, \\ 2x_1 + 3x_2 - x_3 - 2x_4 = 2, \\ 4x_1 + 5x_2 + 3x_3 = 7. \end{cases}$

解　（1）首先利用初等行变换将增广矩阵化成行阶梯形矩阵，

$$\tilde{\boldsymbol{A}} = \begin{pmatrix} 1 & -1 & 3 & 8 \\ 3 & 2 & -1 & -1 \\ 4 & -3 & 2 & 11 \end{pmatrix} \xrightarrow[r_2+(-3)r_1]{r_3+(-4)r_1} \begin{pmatrix} 1 & -1 & 3 & 8 \\ 0 & 5 & -10 & -25 \\ 0 & 1 & -10 & -21 \end{pmatrix}$$

$$\xrightarrow{r_2 \times \frac{1}{5}} \begin{pmatrix} 1 & -1 & 3 & 8 \\ 0 & 1 & -2 & -5 \\ 0 & 1 & -10 & -21 \end{pmatrix} \xrightarrow{r_3+(-1)r_2} \begin{pmatrix} 1 & -1 & 3 & 8 \\ 0 & 1 & -2 & -5 \\ 0 & 0 & -8 & -16 \end{pmatrix},$$

$r(\boldsymbol{A})=r(\tilde{\boldsymbol{A}})=3$，方程组有唯一解.

其次，继续对上面的矩阵进行初等行变换，化行阶梯形矩阵为行最简形矩阵，

$$\xrightarrow[r_1+r_2]{r_3 \times \left(-\frac{1}{8}\right)} \begin{pmatrix} 1 & 0 & 1 & 3 \\ 0 & 1 & -2 & -5 \\ 0 & 0 & 1 & 2 \end{pmatrix} \xrightarrow[r_2+2r_3]{r_1+(-1)r_3} \begin{pmatrix} 1 & 0 & 0 & 1 \\ 0 & 1 & 0 & -1 \\ 0 & 0 & 1 & 2 \end{pmatrix}$$

写出与行最简形矩阵对应的方程组

$$\begin{cases} x_1 = 1, \\ x_2 = -1, \\ x_3 = 2, \end{cases}$$

它即为原方程组的解.

（2）首先，利用初等行变换将增广矩阵化成行阶梯形矩阵，

$$\tilde{A}=\begin{pmatrix}1&1&-2&2\\2&-3&5&1\\5&0&-1&7\end{pmatrix}\xrightarrow[r_2+(-2)r_1]{r_3+(-5)r_1}\begin{pmatrix}1&1&-2&2\\0&-5&9&-3\\0&-5&9&-3\end{pmatrix}$$

$$\xrightarrow{r_3+(-1)r_2}\begin{pmatrix}1&1&-2&2\\0&-5&9&-3\\0&0&0&0\end{pmatrix}$$

$r(A)=r(\tilde{A})=2<3$，方程组有无穷多解.

其次，继续对上面的矩阵进行初等行变换，化行阶梯形矩阵为行最简形矩阵，

$$\xrightarrow{r_2\times\left(-\frac{1}{5}\right)}\begin{pmatrix}1&1&-2&2\\0&1&-\frac{9}{5}&\frac{3}{5}\\0&0&0&0\end{pmatrix}\xrightarrow{r_1+(-1)r_2}\begin{pmatrix}1&0&-\frac{1}{5}&\frac{7}{5}\\0&1&-\frac{9}{5}&\frac{3}{5}\\0&0&0&0\end{pmatrix},$$

写出与行最简形矩阵对应的方程组

$$\begin{cases}x_1-\dfrac{1}{5}x_3=\dfrac{7}{5},\\x_2-\dfrac{9}{5}x_3=\dfrac{3}{5},\end{cases}$$

得方程组的解为

$$\begin{cases}x_1=\dfrac{1}{5}x_3+\dfrac{7}{5},\\x_2=\dfrac{9}{5}x_3+\dfrac{3}{5},\end{cases}$$

其中 x_3 为**自由未知量**，可取任意值.

显然，x_3 任取一个数值，代入上式求得相应的 x_1，x_2 的值，即为方程组的一组解. 上面方程组的解是用自由未知量来表示其他未知量的表达式，称为方程组的一般解.

（3）化增广矩阵为行阶梯形矩阵，

$$\tilde{A}=\begin{pmatrix}1&1&2&1&5\\2&3&-1&-2&2\\4&5&3&0&7\end{pmatrix}\xrightarrow[r_2+(-2)r_1]{r_3+(-4)r_1}\begin{pmatrix}1&1&2&1&5\\0&1&-5&-4&-8\\0&1&-5&-4&-13\end{pmatrix}$$

$$\xrightarrow{r_3+(-1)r_2}\begin{pmatrix}1&1&2&1&5\\0&1&-5&-4&-8\\0&0&0&0&-5\end{pmatrix},$$

$r(A)\neq r(\tilde{A})$，故原方程组无解.

由上例可以看出，线性方程组（5-7）是否有解的关键在于用初等行变换将增广矩阵

$\tilde{A}$ 化为行阶梯形矩阵后，其非零行的行数与系数矩阵 A 化为行阶梯形矩阵后非零行的行数是否相等．也就是说其增广矩阵的秩与系数矩阵的秩是否相等．

二、齐次线性方程组的解

将上述结论应用到齐次线性方程组（5-8）上，会有如下定理．

定理 5.5　n 元齐次线性方程组（5-8）一定有解，且：

（1）当 $r(A)=n$ 时，方程组只有零解（未知量取值全为零的解）；

（2）当 $r(A)<n$ 时，方程组有无穷多非零解（未知量取值不全为零的解）．

例 2　判断齐次线性方程组 $\begin{cases} x_1+x_2-2x_3+3x_4=0, \\ x_1-x_2+5x_3-x_4=0, \\ x_1+3x_2-9x_3+7x_4=0, \\ 3x_1-x_2+8x_3+x_4=0 \end{cases}$ 是否有非零解．

解　对系数矩阵进行初等行变换

$$A=\begin{pmatrix} 1 & 1 & -2 & 3 \\ 1 & -1 & 5 & -1 \\ 1 & 3 & -9 & 7 \\ 3 & -1 & 8 & 1 \end{pmatrix} \xrightarrow[r_2+(-1)r_1]{\substack{r_4+(-3)r_1 \\ r_3+(-1)r_1}} \begin{pmatrix} 1 & 1 & -2 & 3 \\ 0 & -2 & 7 & -4 \\ 0 & 2 & -7 & 4 \\ 0 & -4 & 14 & -8 \end{pmatrix}$$

$$\xrightarrow{\substack{r_4+(-2)r_2 \\ r_3+r_2}} \begin{pmatrix} 1 & 1 & -2 & 3 \\ 0 & -2 & 7 & -4 \\ 0 & 0 & 0 & 0 \\ 0 & 0 & 0 & 0 \end{pmatrix},$$

$r(A)=2<4$，除了零解之外，该齐次线性方程组还有无穷多组非零解．

三、线性方程组在经济生活中的应用

例 3　某工厂用 1000 小时进行生产、维修和检验．设用于生产、维修和检验的工作时间分别为 x_1、x_2 和 x_3，且满足 $x_1+x_2+x_3=1000$，$x_1=x_3-100$，$x_1+x_3=x_2+100$，问上述工序的工作时间分别是多少？

解　由题意得

$$\begin{cases} x_1+x_2+x_3=1000, \\ x_1-x_3=-100, \\ x_1-x_2+x_3=100, \end{cases}$$

对增广矩阵施行初等行变换

$$\tilde{A}=\begin{pmatrix} 1 & 1 & 1 & 1000 \\ 1 & 0 & -1 & -100 \\ 1 & -1 & 1 & 100 \end{pmatrix} \xrightarrow{\substack{r_3+(-1)r_1 \\ r_2+(-1)r_1}} \begin{pmatrix} 1 & 1 & 1 & 1000 \\ 0 & -1 & -2 & -1100 \\ 0 & -2 & 0 & -900 \end{pmatrix}$$

$$\xrightarrow{r_3+(-2)r_2}\begin{pmatrix}1 & 1 & 1 & 1000\\ 0 & -1 & -2 & -1100\\ 0 & 0 & 4 & 1300\end{pmatrix}\xrightarrow[r_2\times(-1)]{r_3\times\frac{1}{4}}\begin{pmatrix}1 & 1 & 1 & 1000\\ 0 & 1 & 2 & 1100\\ 0 & 0 & 1 & 325\end{pmatrix}$$

$$\xrightarrow[r_2+(-2)r_3]{r_1+(-1)r_3}\begin{pmatrix}1 & 1 & 0 & 675\\ 0 & 1 & 0 & 450\\ 0 & 0 & 1 & 325\end{pmatrix}\xrightarrow{r_1+(-1)r_2}\begin{pmatrix}1 & 0 & 0 & 225\\ 0 & 1 & 0 & 350\\ 0 & 0 & 1 & 325\end{pmatrix},$$

写出与行最简形矩阵对应的方程组

$$\begin{cases}x_1 = 225,\\ x_2 = 450,\\ x_3 = 325,\end{cases}$$

它即为原方程组的解. 由此可知，该工厂用 225 小时生产，450 小时维修，325 小时检验.

例 4　某小区要建造一栋公寓，根据基本建筑面积每个楼层可以有三种设置户型的方案，如表 5-9 所示，如果要设计出 136 套一居室，74 套两居室，66 套三居室的公寓，是否可行？若可行，设计方案是否唯一？

表 5-9　户型方案表　　（单位：套）

方案	户型		
	一居室	二居室	三居室
A	8	7	3
B	8	4	4
C	9	3	5

解　设公寓每层采用同一种方案，有 x_1 层采用方案 A，x_2 层采用方案 B，x_3 层采用方案 C，根据题意可得

$$\begin{cases}8x_1+8x_2+9x_3=136,\\ 7x_1+4x_2+3x_3=74,\\ 3x_1+4x_2+5x_3=66.\end{cases}$$

对增广矩阵施行初等行变换

$$\tilde{\boldsymbol{A}}=\begin{pmatrix}8 & 8 & 9 & 136\\ 7 & 4 & 3 & 74\\ 3 & 4 & 5 & 66\end{pmatrix}\xrightarrow[r_1+(-1)r_2]{r_2+(-2)r_3}\begin{pmatrix}1 & 4 & 6 & 62\\ 1 & -4 & -7 & -58\\ 3 & 4 & 5 & 66\end{pmatrix}$$

$$\xrightarrow[r_2+(-1)r_1]{r_3+(-3)r_1}\begin{pmatrix}1 & 4 & 6 & 62\\ 0 & -8 & -13 & -120\\ 0 & -8 & -13 & -120\end{pmatrix}\xrightarrow{r_3+(-1)r_2}\begin{pmatrix}1 & 4 & 6 & 62\\ 0 & -8 & -13 & -120\\ 0 & 0 & 0 & 0\end{pmatrix}$$

$$\xrightarrow{r_2\times\left(-\frac{1}{8}\right)}\begin{pmatrix}1&4&6&62\\0&1&\frac{13}{8}&15\\0&0&0&0\end{pmatrix}\xrightarrow{r_1+(-4)r_2}\begin{pmatrix}1&0&-\frac{1}{2}&2\\0&1&\frac{13}{8}&15\\0&0&0&0\end{pmatrix},$$

得方程组的一般解为

$$\begin{cases}x_1=\frac{1}{2}x_3+2,\\x_2=-\frac{13}{8}x_3+15,\end{cases}$$

其中 x_3 为**自由未知量**，可取任意值.

根据题意可知，x_1，x_2 和 x_3 都为正整数，则方程组有唯一解 $x_3=8$，$x_1=6$，$x_2=2$.

综上所述，设计方案可行且唯一，即 6 层采用方案 A，2 层采用方案 B，8 层采用方案 C.

例 5　现有一个木工、一个电工和一个油漆工，三人相互同意彼此装修自己的房子. 在装修之前，他们达成如下协议：(1) 每人总共工作 10 天(包括给自己家干活在内)；(2) 每人的日工资根据一般的市价为 210～260 元；(3) 每人的日工资数应使每人的总收入与总支出相等. 表 5-10 是他们协商后制定出的工作天数的分配方案，问按此协议他们每人的日工资应是多少？

表 5-10　工作天数分配表　　　　(单位：天)

工作地点	工种		
	木工	电工	油漆工
在木工家工作	2	1	6
在电工家工作	4	5	1
在油漆工家工作	4	4	3

解　设木工、电工和油漆工的日工资分别为 x_1、x_2 和 x_3，根据题意可得三人的收支平衡方程组为

$$\begin{cases}2x_1+x_2+6x_3=10x_1,\\4x_1+5x_2+x_3=10x_2,\\4x_1+4x_2+3x_3=10x_3,\end{cases}$$

整理，得三人日工资数应满足齐次线性方程组

$$\begin{cases}-8x_1+x_2+6x_3=0,\\4x_1-5x_2+x_3=0,\\4x_1+4x_2-7x_3=0,\end{cases}$$

对系数矩阵施行初等行变换

$$\boldsymbol{A}=\begin{pmatrix}-8&1&6\\4&-5&1\\4&4&-7\end{pmatrix}\xrightarrow{r_1\leftrightarrow r_3}\begin{pmatrix}4&4&-7\\4&-5&1\\-8&1&6\end{pmatrix}$$

$$\xrightarrow[r_2+(-1)r_1]{r_3+2r_1}\begin{pmatrix}4 & 4 & -7\\0 & -9 & 8\\0 & 9 & -8\end{pmatrix}\xrightarrow{r_3+r_2}\begin{pmatrix}4 & 4 & -7\\0 & -9 & 8\\0 & 0 & 0\end{pmatrix}$$

$$\xrightarrow[r_1\times\left(\frac{1}{4}\right)]{r_2\times\left(-\frac{1}{9}\right)}\begin{pmatrix}1 & 1 & -\dfrac{7}{4}\\0 & 1 & -\dfrac{8}{9}\\0 & 0 & 0\end{pmatrix}\xrightarrow{r_1+(-1)r_2}\begin{pmatrix}1 & 0 & -\dfrac{31}{36}\\0 & 1 & -\dfrac{8}{9}\\0 & 0 & 0\end{pmatrix},$$

得方程组的一般解为

$$\begin{cases}x_1=\dfrac{31}{36}x_3,\\x_2=\dfrac{8}{9}x_3,\end{cases}$$

其中 x_3 为**自由未知量**，可取任意值.

由于每个人的日工资为 210～260 元，故取 $x_3=252$，$x_1=217$，$x_2=224$，即木工、电工和油漆工的日工资分别为 217 元、224 元和 252 元.

练习题 5.4

（A）

1．填空题.

（1）非齐次线性方程组 $\boldsymbol{AX}=\boldsymbol{B}$ 有解的充要条件是__________.

（2）齐次线性方程组 $\boldsymbol{AX}=\boldsymbol{O}$ 总有________解，当它所含方程的个数小于未知量的个数时，它一定有__________解.

（3）线性方程组 $\begin{cases}x_1+x_2+2x_3=7\\x_2-3x_3=-3\\2x_3=-4\end{cases}$ 的解为__________.

（4）已知线性方程组 $\boldsymbol{AX}=\boldsymbol{B}$ 的增广矩阵为 $\overline{\boldsymbol{A}}=\begin{pmatrix}1 & 0 & -2 & 0 & 5\\0 & 1 & 1 & 0 & -1\\0 & 0 & 0 & 1 & 1\end{pmatrix}$，则方程组的解为__________.

2．选择题.

（1）非齐次线性方程组 $\boldsymbol{A}_{m\times n}\boldsymbol{X}=\boldsymbol{B}$ 有无穷多解的充要条件是（　　）.

A．$m<n$　　　B．$r(\boldsymbol{A})<n$

C．$r(\boldsymbol{A})=r(\tilde{\boldsymbol{A}})<n$　　　D．$r(\boldsymbol{A})=r(\tilde{\boldsymbol{A}})<m$

（2）以下结论正确的是（　　）.

A．方程的个数小于未知量的个数的线性方程组一定有无穷多解

B．方程的个数等于未知量的个数的线性方程组一定有唯一解

C．方程的个数多于未知量的个数的线性方程组一定无解

D．以上都不对

（3）齐次线性方程组 $\boldsymbol{A}_{4\times5}\boldsymbol{X}=\boldsymbol{O}$（　　）．

A．无解　　B．有非零解

C．只有零解　　D．可能有解也可能无解

3．求下列非齐次线性方程组的解．

（1）$\begin{cases}x_1-2x_2+x_3=1,\\2x_1-x_2-x_3=11,\\2x_1-3x_2=3;\end{cases}$　（2）$\begin{cases}x_1+x_2-2x_3=2,\\2x_1-3x_2+x_3=-1,\\2x_1-2x_3=5;\end{cases}$　（3）$\begin{cases}2x_1+x_2-x_3-8x_4=-1,\\x_1+x_2+x_3-5x_4=2,\\x_1+2x_2-3x_3=-7.\end{cases}$

4．求下列齐次线性方程组的解．

（1）$\begin{cases}x_1-2x_2+x_3=0,\\2x_1-x_2-x_3=0,\\2x_1-3x_2=0;\end{cases}$　（2）$\begin{cases}x_1-x_2+x_3-x_4=0,\\x_1-x_2-x_3+x_4=0,\\x_1-x_2-2x_3+2x_4=0.\end{cases}$

5．某人用 14000 元购买两种理财产品，其中一种理财产品的年化收益率为 6%，另一种理财产品的年化收益率为 7.5%，如果此人该年的总收益为 915 元，问两种理财产品各购买了多少？

6．某厂生产 A，B，C 三种零件，每种零件的生产要经过 3 道工序加工．3 道工序每周的工时、每个零件在各工序需要的工时数如表 5-11 所示，问 3 种零件每周的产量各是多少？

表5-11　工时数

工序	零件			
	A	B	C	工序周工时
Ⅰ	1	1	2	40
Ⅱ	3	2	3	75
Ⅲ	1	1	1	28

（B）

1．a 为何值时，$\begin{cases}x_1+2x_2+x_3+x_4=4,\\-x_2+2x_3=3,\\x_1+x_2+3x_3+x_4=a+6\end{cases}$ 有解？写出其解．

2．λ 为何值时，$\begin{cases}x_1-x_2+x_3=0,\\2x_1+x_2-x_3=0,\\3x_1+3x_2+\lambda x_3=0\end{cases}$ 有非零解？写出其解．

3．讨论 a，b 何值时，$\begin{cases}x_1+2x_2+ax_3=4,\\x_1+bx_2+x_3=3,\\x_1+2x_2+x_3=3\end{cases}$ 有解？若有解，何时有唯一解？何时有无穷多解？

4．某百货商店有 4 种型号的 T 恤衫：小号、中号、大号和加大号，每件的零售价分别为 22 元、24 元、26 元和 30 元. 若商店某周共出售了 13 件 T 恤衫，销售收入为 320 元. 已知大号的销售量为小号和加大号销售量之和，大号的销售收入也为小号和加大号销售收入之和. 问每种型号的 T 恤衫各销售多少件？

第五节　线性规划问题

本节介绍线性代数在经济分析中的应用，主要介绍两个线性经济模型：投入产出模型和线性规划模型.

一、投入产出模型

投入是指从事一项经济活动的消耗，产出是指经济活动的结果. 在一个经济系统中，各部门（或企业）既有消耗—投入，又有生产—产出. 投入产出模型就是应用线性代数理论，研究经济系统各部门之间投入产出关系的经济数学模型.

引例 5.7　设某个地区的经济系统划分为工业、农业和其他产业三个部门. 上一年度三个部门的生产与消耗的情况如表 5-12 所示.

表 5-12　生产与消耗情况表

产出 / 部门间流量 / 投入		消耗部门			最终产品	总产品
		工业	农业	其他		
生产部门	工业	196	102	70	192	560
	农业	84	68	42	146	340
	其他	112	34	28	106	280
净产值		168	136	140		
总产值		560	340	280		

这是一个小型的投入产出表. 表 5-12 中的数据分别为上一年度三个部门生产与消耗有关产品的价值量.

表 5-12 中相应于生产部门有三行，每一行可建立一个等式，反映一个部门的总产品的分配情况. 以第一行为例，上一年度工业部门共生产了价值 560 亿元的总产品. 其中工业内部生产性消耗 196 亿元，102 亿元产品用于农业部门，70 亿元产品用于其他部门. 作为最终产品提供社会消耗、积累及其他用途的有 192 亿元.

表 5-12 中相应于消耗部门有 3 列，每一列也可建立一个等式，反映一个部门的总产值构成情况. 以第一列为例，上一年度工业部门的总产值为 560 亿元，其中包括在生产过程中所消耗的工业部门自身产品的价值 196 亿元，农业部门产品的价值 84 亿元，其他产业部门产品的价值 112 亿元，扣除了上述消耗后的净产值，也就是由劳动报酬、税金及利润等构成的新创造价值为 168 亿元.

一般地，经济系统的价值型（采用货币计量单位编制）投入产出表的结构如表 5-13 所示. 表 5-13 中 x_{ij} 表示第 i 个部门提供给第 j 个部门作为生产性消耗的产品价值量，也就是第 j 个部门在生产过程中直接消耗第 i 个部门的产品价值量；x_i 表示第 i 个生产部门的总产品价值，也是对应的消耗部门的总产品价值；y_i 表示第 i 个部门的最终产品价值；z_j 表示第 j 个部门的净产值，也称新创造价值，是该部门劳动报酬（包括工资、奖金等）与纯收入（包括税金、利润等）之和.

表 5-13　投入产出表

产出 / 部门间流量 / 投入		消耗部门				最终产品				总产品
		1	2	⋯	n	消费	积累	⋯	合计	
生产部门	1	x_{11}	x_{12}	⋯	x_{1n}				y_1	x_1
	2	x_{21}	x_{22}	⋯	x_{2n}				y_2	x_2
	⋮	⋮	⋮	⋯	⋮				⋮	⋮
	n	x_{n1}	x_{n2}	⋯	x_{nn}				y_n	x_n
净产值	劳动报酬	v_1	v_2	⋯	v_n					
	纯收入	m_1	m_2	⋯	m_n					
	合计	z_1	z_2	⋯	z_n					
总产值		x_1	x_2	⋯	x_n					

表 5-13 的左上部分由 n 个部门组成，每个部门既是生产部门，又是消耗部门，交叉形成一个 $n \times n$ 正方形表格. 表格的每一行反映了一个部门的产品提供给各个部门作为生产性消耗的情况；每一列反映了一个部门在生产过程中消耗各个部门产品的情况. 其中，x_{ij} 表示第 i 个部门提供给第 j 个部门作为生产性消耗的产品价值量，也就是第 j 个部门在生产过程中直接消耗第 i 个部门的产品价值量，称为部门间流量.

表 5-13 中右上部分，每一行反映了一个部门的总产品以及扣除了提供给各个部门的生产性消耗后的最终产品，同时反映了该部门最终产品的分配情况. 其中 $x_i\,(i=1, 2, \cdots, n)$ 表示第 i 个生产部门的总产品价值，也是对应的消耗部门的总产品价值；$y_i\,(i=1, 2, \cdots, n)$ 表示第 i 个部门的最终产品价值.

表 5-13 中左下部分，每一列反映了一个部门的总产值以及扣除了在生产过程中所消耗的各个部门投入的产品价值后的净产值，也称新创造的价值，是该部门的劳动报酬 v_i（包括工资、奖金等）与纯收入 m_i（包括税金、利润等）之和.

表 5-13 中右下部分反映了国民收入的再分配情况，这里不讨论，空出不用.

表 5-13 中上半部分每一行可建立一个等式，反映一个部门的总产品分配情况，即

$$x_i = \sum_{j=1}^{n} x_{ij} + y_i \quad (i = 1, 2, \ldots, n), \tag{5-9}$$

称（5-9）式为**分配平衡方程组**.

表 5-13 中左半部分反映各部门产品的价值构成情况，每一列也可建立一个等式，即

$$x_j = \sum_{i=1}^{n} x_{ij} + z_j \quad (j = 1,2,\ldots,n), \tag{5-10}$$

称（5-10）式为**消耗平衡方程组**.

由式（5-9）和式（5-10）可得如下结论：

（1）$y_r \neq z_r (r=1, 2, \ldots, n)$，即某一个部门的最终产品价值一般并不等于该部门的新创造的价值；

（2）$\sum_{i=1}^{n} y_i = \sum_{j=1}^{n} z_j$，即整个经济系统的最终产品价值等于该系统的新创造价值（也就是国民收入）.

称第 j 部门生产单位价值产品直接消耗第 i 部门的产品价值量为第 j 部门对第 i 部门的**直接消耗系数**，记作 a_{ij}，即

$$a_{ij} = \frac{x_{ij}}{x_j} \quad (i, j = 1, 2, \ldots, n). \tag{5-11}$$

由式（5-11）可得直接消耗系数具有下列性质：

（1）$0 \leqslant a_{ij} < 1 \quad (i, j = 1, 2, \ldots, n)$；

（2）$\sum_{i=1}^{n} a_{ij} < 1 \quad (j = 1, 2, \ldots, n)$.

直接消耗系数反映了部门的生产技术水平，短期内在生产技术条件不变的情况下，这个系数是相对稳定的，不因生产量的变化或计划期的变更而改变.

各部门之间的直接消耗系数构成**直接消耗系数矩阵**，记作

$$\boldsymbol{A} = \begin{pmatrix} a_{11} & a_{12} & \ldots & a_{1n} \\ a_{21} & a_{22} & \ldots & a_{2n} \\ \vdots & \vdots & & \vdots \\ a_{n1} & a_{n2} & \ldots & a_{nn} \end{pmatrix}.$$

根据上述定义，只需将投入产出表中的各部门间流量分别除以同列最后一行的总产值，即得直接消耗系数矩阵.

将式（5-11）代入分配平衡方程组（5-9）有

$$x_i = \sum_{j=1}^{n} a_{ij} x_j + y_i \quad (i = 1, 2, \ldots, n),$$

上式的矩阵形式为

$$\boldsymbol{X} = \boldsymbol{AX} + \boldsymbol{Y} \text{ 或 } (\boldsymbol{E} - \boldsymbol{A})\boldsymbol{X} = \boldsymbol{Y}, \tag{5-12}$$

其中 $\boldsymbol{X} = \begin{pmatrix} x_1 \\ x_2 \\ \vdots \\ x_n \end{pmatrix}$，$\boldsymbol{Y} = \begin{pmatrix} y_1 \\ y_2 \\ \vdots \\ y_n \end{pmatrix}$.

根据直接消耗系数的性质，可以证明 $\boldsymbol{E}-\boldsymbol{A}$ 是可逆的，由此可得

$$\boldsymbol{X} = (\boldsymbol{E} - \boldsymbol{A})^{-1} \boldsymbol{Y}. \tag{5-13}$$

又由消耗平衡方程组（5-10）有

$$x_j = \sum_{i=1}^{n} a_{ij} x_j + z_j \quad (j = 1, 2, \ldots, n),$$

于是有

$$x_j=\frac{z_j}{1-\sum_{i=1}^{n}a_{ij}}. \tag{5-14}$$

由此可见，引入直接消耗系数后，分配平衡方程组（5-9）反映了经济系统各部门的总产品与最终产品之间的关系；消耗平衡方程组（5-10）反映 5 了经济系统各部门的总产值与净产值之间的关系．

例 1　设某企业有三个生产部门，该企业在某一生产周期内各部门的生产与消耗情况如表 5-14 所示．

表 5-14　生产与消耗情况表

支出／流量／投入		消耗部门			最终产品	总产品
		1	2	3		
生产部门	1	100	25	30	y_1	x_1
	2	80	50	30	y_2	x_2
	3	40	25	60	y_3	x_3
净产值		z_1	z_2	z_3		
总产值		400	250	300		

求各部门的净产值、最终产品和总产品．

解　由于某一个部门的总产品价值就是该部门的总产值，故有

$$x_1=400,\quad x_2=250,\quad x_3=300.$$

由式（5-9）和式（5-10），有

$$\begin{cases} y_1=400-(100+25+30)=245, \\ y_2=250-(80+50+30)=90, \\ y_3=300-(40+25+60)=175, \end{cases}$$

$$\begin{cases} z_1=400-(100+80+40)=180, \\ z_2=250-(25+50+25)=150, \\ z_3=300-(30+30+60)=180. \end{cases}$$

通常，只要经济系统各个部门的生产技术条件没有变化，就可将报告期的投入产出模型直接应用于计划期的经济工作．看下面的例题．

例 2　根据本节引例 5.7，求：

（1）该系统的直接消耗系数矩阵；

（2）若预计该系统工业、农业及其他产业三个部门的计划期总产品将在报告期总产品基础上分别增长 9%、7%、6%，由于在生产过程中系统内部存在复杂的产品消耗关系，故一般来说，各个部门最终产品的增长幅度与总产品的增长幅度不一致．试预测该系统最终产品的增长情况；

（3）现假定通过预测知道该系统所示三个部门的计划期最终产品需求量分别为 y_1=216，y_2=176，y_3=120 亿元，试编制该系统的计划期投入产出表；

（4）若该经济系统的工业部门由于产品积压需要减少 9.5 亿元最终产品，农业部门为了扩大出口需要增加 6 亿元最终产品，那么该如何调整该系统原有的生产计划.

解 （1）直接消耗系数矩阵为

$$\boldsymbol{A}=\begin{pmatrix}\dfrac{196}{560} & \dfrac{102}{340} & \dfrac{70}{280}\\ \dfrac{84}{560} & \dfrac{68}{340} & \dfrac{42}{280}\\ \dfrac{112}{560} & \dfrac{34}{340} & \dfrac{28}{280}\end{pmatrix}=\begin{pmatrix}0.35 & 0.3 & 0.25\\ 0.15 & 0.2 & 0.15\\ 0.2 & 0.1 & 0.1\end{pmatrix}.$$

（2）由题意三个部门的计划期总产品分别为

工业部门：$x_1=560(1+9\%)=610.4$ 亿元.

农业部门：$x_2=340(1+7\%)=363.8$ 亿元.

其他部门：$x_3=280(1+6\%)=296.8$ 亿元.

由式（5-12）可知 $\boldsymbol{Y}=(\boldsymbol{E}-\boldsymbol{A})\boldsymbol{X}$，即

$$\begin{pmatrix}y_1\\ y_2\\ y_3\end{pmatrix}=\begin{pmatrix}0.65 & -0.3 & -0.25\\ -0.15 & 0.8 & -0.15\\ -0.2 & -0.1 & 0.9\end{pmatrix}\begin{pmatrix}610.4\\ 363.8\\ 296.8\end{pmatrix}=\begin{pmatrix}213.42\\ 154.96\\ 108.66\end{pmatrix}.$$

由此可对该系统三个部门的计划期最终产品及相对于报告期最终产品的增长幅度作出预测

工业部门：$y_1=213.42$ 亿元，增长 $\dfrac{213.42-192}{192}\approx 11.2\%$.

农业部门：$y_2=154.96$ 亿元，增长 $\dfrac{154.96-146}{146}\approx 6.1\%$.

其他部门：$y_3=108.66$ 亿元，增长 $\dfrac{108.66-106}{106}\approx 2.5\%$.

根据预测结果，可对该系统的计划期最终产品与实际需要是否相符作出判断，避免出现大的偏差.

（3）编制该系统的计划期投入产出表必须确定计划期总产品、部门间流量及各部门净产值.

由式（5-13）可知 $\boldsymbol{X}=(\boldsymbol{E}-\boldsymbol{A})^{-1}\boldsymbol{Y}$，即

$$\begin{pmatrix}x_1\\ x_2\\ x_3\end{pmatrix}=\begin{pmatrix}1.9315 & 0.8082 & 0.6712\\ 0.4521 & 1.4658 & 0.3699\\ 0.4795 & 0.3425 & 1.3014\end{pmatrix}\begin{pmatrix}216\\ 176\\ 120\end{pmatrix}=\begin{pmatrix}640\\ 400\\ 320\end{pmatrix},$$

所以三个部门计划期总产品（总产值）分别为 640 亿元、400 亿元、320 亿元.

用上述三个部门的总产品分别乘该系统的直接消耗矩阵中对应列的元素，可得到该系统计划期部门间流量的矩阵

$$\begin{pmatrix} 640\times 0.35 & 400\times 0.3 & 320\times 0.25 \\ 640\times 0.15 & 400\times 0.2 & 320\times 0.15 \\ 640\times 0.2 & 400\times 0.1 & 320\times 0.1 \end{pmatrix} = \begin{pmatrix} 224 & 120 & 80 \\ 96 & 80 & 48 \\ 128 & 40 & 32 \end{pmatrix}.$$

利用式（5-14），可求得该系统三个部门的计划期净产值分别为

工业部门：$z_1 = (1-0.35-0.15-0.2)\times 640 = 192$（亿元）；

农业部门：$z_2 = (1-0.3-0.2-0.1)\times 400 = 160$（亿元）；

其他部门：$z_3 = (1-0.25-0.15-0.1)\times 320 = 160$（亿元）．

根据以上所求得的各项数据即可编制该系统的计划期投入产出表，如表 5-15 所示．

表 5-15　计划期投入产出表

部门间流量（投入＼支出）		消耗部门			最终产品	总产品
		工业	农业	其他		
生产部门	工业	224	120	80	216	640
	农业	96	80	48	176	400
	其他	128	40	32	120	320
净产值		192	160	160		
总产值		640	400	320		

（4）将该系统计划期总产品调整量和最终产品调整量分别记作 $\Delta\boldsymbol{X} = (\Delta x_1 \;\; \Delta x_2 \;\; \Delta x_3)^{\mathrm{T}}$ 和 $\Delta\boldsymbol{Y} = (\Delta y_1 \;\; \Delta y_2 \;\; \Delta y_3)^{\mathrm{T}}$．调整以后该系统的总产品 $\boldsymbol{X}+\Delta\boldsymbol{X}$ 与最终产品 $\boldsymbol{Y}+\Delta\boldsymbol{Y}$ 应满足式（5-13），即

$$\boldsymbol{X}+\Delta\boldsymbol{X} = (\boldsymbol{E}-\boldsymbol{A})^{-1}(\boldsymbol{Y}+\Delta\boldsymbol{Y}) = (\boldsymbol{E}-\boldsymbol{A})^{-1}\boldsymbol{Y} + (\boldsymbol{E}-\boldsymbol{A})^{-1}\Delta\boldsymbol{Y}.$$

由该系统原计划的平衡性可知

$$\boldsymbol{X} = (\boldsymbol{E}-\boldsymbol{A})^{-1}\boldsymbol{Y},$$

于是得到总产品调整量 $\Delta\boldsymbol{X}$ 与最终产品调整量 $\Delta\boldsymbol{Y}$ 之间的关系

$$\Delta\boldsymbol{X} = (\boldsymbol{E}-\boldsymbol{A})^{-1}\Delta\boldsymbol{Y}.$$

根据已知条件，计划期的最终产品调整量为 $\Delta\boldsymbol{Y} = (-9.5 \;\; 6 \;\; 0)^{\mathrm{T}}$，将其代入上式即可求得

$$\begin{pmatrix} \Delta x_1 \\ \Delta x_2 \\ \Delta x_3 \end{pmatrix} = \begin{pmatrix} 1.9315 & 0.8082 & 0.6712 \\ 0.4521 & 1.4658 & 0.3699 \\ 0.4795 & 0.3425 & 1.3014 \end{pmatrix} \begin{pmatrix} -9.5 \\ 6 \\ 0 \end{pmatrix} = \begin{pmatrix} -13.5 \\ 4.5 \\ -2.5 \end{pmatrix},$$

由此可见，为了缩短工业部门 9.5 亿元的最终产品余量和弥补农业部门 6 亿元的最终产品缺口，在计划期内，该系统的工业部门应减少 13.5 亿元总产品，农业部门应增加 4.5 亿元总产品，其他产业部门应减少 2.5 亿元总产品，才能使系统恢复平衡．

二、线性规划模型

在经济管理中，常常要求对资源进行统一分配，以便从各种可能安排的方案中寻找出最优方案，用以指导决策，获得最好的经济效果．线性规划方法是求解各种优化问题的主要方法，在实际生活中应用的非常广泛．它最早的工作始于 20 世纪 30 年代．线性

规划研究的问题主要有两大类：一类是当一项任务确定后，如何统筹安排，才能用最少的人力、物力等资源去完成（如引例 5.8）；另一类是在已有的人力、物力等资源下，如何安排使用这些资源，才能完成任务最多（即使创造的价值最多），其实质是解决稀缺资源（如引例 5.9）.

这两类问题在本质上是相同的，都是在一组约束条件下，去实现某一个目标的最优化.

引例 5.8（合理下料问题） 某企业接到一订单，要求加工 1000 套钢架，每套钢架使用长 2.9m、2.1m 和 1.5m 的圆钢各一根，已知原料每根长 7.4m，共有 5 种下料方案如表 5-16 所示. 请问应如何下料，可使所用原料最省？

表 5-16 圆钢下料方案

长度/m	方案				
	1	2	3	4	5
2.9	1	2	0	1	0
2.1	0	0	2	2	1
1.5	3	1	2	0	3
余料/m	0	0.1	0.2	0.3	0.8

解 设第 i 种下料方案所用原材料的根数为 $x_i (i=1,2,\ldots,5)$，则上述问题可表示为

$$\min f = x_1 + x_2 + x_3 + x_4 + x_5 ,$$

$$\text{s. t.} \begin{cases} x_1 + 2x_2 + x_4 \geqslant 1000, \\ 2x_3 + 2x_4 + x_5 \geqslant 1000, \\ 3x_1 + x_2 + 2x_3 + 3x_5 \geqslant 1000, \\ x_i \text{ 为非负整数 } (i=1,2,\ldots,5). \end{cases}$$

s. t. 是 satisfaction 的缩写，表示满足或服从.

引例 5.9（生产加工问题） 某物流企业的主要业务范围是对 A，B 两个公司的产品进行配送服务. 经过分析，配送业务分为 4 个工序：拣选、加工、包装和组配. 配送 A 公司每吨产品的利润是 100 元，配送 B 公司每吨产品的利润是 90 元. 有关工序消耗工时的数据如表 5-17 所示. 如何承接 A，B 公司的配送业务该物流企业才能获得最大的利润？

表 5-17 工序消耗工时的数据表

工序	工时		每月生产总工时限制/h
	A	B	
拣选	0.7	1	630
加工	0.5	0.833	600
包装	1	0.667	708
组配	0.1	0.25	135

解 设该物流企业承接 A，B 公司的配送任务分别为 x_1 吨和 x_2 吨时才能使利润最高，则有线性规划模型如下：

$$\max f = 100x_1 + 90x_2 ,$$

$$\text{s. t.}\begin{cases}0.7x_1+x_2\leqslant 630,\\0.5x_1+0.833x_2\leqslant 600,\\x_1+0.667x_2\leqslant 708,\\0.1x_1+0.25x_2\leqslant 135,\\x_1,x_2\geqslant 0.\end{cases}$$

引例 5.10（投资问题） 某单位欲将 100 万元的资金用于四个项目的投资. 每个投资项目所得的净利润，即投入资金的百分比如表 5-18 所示.

表 5-18　净利润表

项目	1	2	3	4
净利润/%	15	10	8	12

考虑到某些因素，决定用于项目 1 的投资不大于其他各项投资之和，用于项目 2 和项目 3 的投资不大于项目 4 的投资. 试确定使该单位收益最大的投资分配方案.

解　设用于投资项目 1，2，3，4 的资金分别为 x_1，x_2，x_3，x_4 万元，根据题意则有

$$\max f=0.15x_1+0.1x_2+0.08x_3+0.12x_4,$$

$$\text{s. t.}\begin{cases}x_1+x_2+x_3+x_4=100,\\x_1-x_2-x_3-x_4\leqslant 0,\\x_2+x_3-x_4\leqslant 0,\\x_i\geqslant 0\ \ (i=1,2,3,4).\end{cases}$$

类似的例子可以举出很多. 尽管要解决的问题各不相同，但它们都有如下的共同特征：

（1）每个问题的解决方案都可以用一组变量 x_1，x_2，…，x_n（称为**决策变量**）的值表示，其具体的值代表一个具体方案，通常可根据决策变量的实际意义，对变量的取值加以约束，如产量需大于等于零等.

（2）决策变量间存在一组线性等式或不等式（称为**约束条件**）.

（3）有一个用决策变量组成的线性函数（称为**目标函数**）. 按问题的不同，分别求目标函数的最大值和最小值.

满足以上三个条件的数学模型称为**线性规划数学模型（简记为 LP）**，其一般形式为

$$\max(\text{或}\min)\ \ f=c_1x_1+c_2x_2+\ldots+c_nx_n,$$

$$\text{s. t.}\begin{cases}a_{11}\quad+a_{12}x_2+\ldots+a_{1n}x_n\leqslant(=,\geqslant)\ b_1,\\a_{21}\quad+a_{22}x_2+\ldots+a_{2n}x_n\leqslant(=,\geqslant)\ b_2,\\\qquad\qquad\ldots\ldots\\a_{m}\quad+a_{m2}x_2+\ldots+a_{mn}x_n\leqslant(=,\geqslant)\ b_m,\\x_1,\quad,\ldots,x_n\geqslant 0.\end{cases}$$

或简写为

$$\max\ (\text{或}\min)\ \ f=\sum_{j=1}^{n}c_jx_j,$$

$$\text{s. t.}\begin{cases}\sum\limits_{j=1}^{n}a_{ij}x_j\leqslant(=,\geqslant)b_i\quad(i=1,\ 2,\ \ldots,\ m),\\x_j\geqslant 0\quad(j=1,2,\ldots,n),\end{cases}$$

或写成矩阵形式

$$\max (\text{或}\min) \quad f = \boldsymbol{CX},$$
$$\text{s. t.} \begin{cases} \boldsymbol{AX} \leqslant (=, \geqslant) \boldsymbol{B}, \\ \boldsymbol{X} \geqslant \boldsymbol{0}, \end{cases}$$

其中 $\boldsymbol{C} = (c_1 \quad c_2 \quad \cdots \quad c_n)$称为**价值系数矩阵**，$\boldsymbol{X}=(x_1 \quad x_2 \quad \cdots \quad x_n)^{\mathrm{T}}$ 称为**决策变量矩阵**，$\boldsymbol{A} = (a_{ij})_{m\times n}$ 称为**技术系数矩阵**，$\boldsymbol{B} = (b_1 \ b_2 \ \ldots \ b_m)^{\mathrm{T}}$ 称为**限定系数矩阵**.

满足所有约束条件的决策变量的值称为LP问题的可行解，使目标函数达到最优值的可行解称为最优解. 一个LP问题可能没有可行解，也可能有有限个或无穷多个可行解. 同样一个LP问题可能没有最优解，或只有一个最优解，也可能有无穷多个最优解. 从制定生产计划的角度来看，可行解就是一个生产安排的方案，最优解就是一个最好的生产安排的方案.

线性规划问题的求解方法有图解法、单纯形法等，也可用MATLAB求解，这里不再叙述.

练习题 5.5

（A）

1. 已知某企业在一个生产周期内各部门的生产与消耗情况如表5-19所示.

表 5-19 生产与消耗情况

投入＼流量＼支出		消耗部门 1	消耗部门 2	消耗部门 3	最终产品	总产品
生产部门	1	20	60	40	y_1	x_1
	2	50	30	100	y_2	x_2
	3	30	60	100	y_3	x_3
净产值		100	150	160		
总产值		x_1	x_2	x_3		

求：（1）各部门的总产值、最终产品和总产品；

（2）直接消耗矩阵.

2. 已知某企业在一个生产周期内各部门的直接消耗系数矩阵和最终产品情况如表5-20所示.

表 5-20 直接消耗系数矩阵和最终产品情况

投入＼流量＼支出		消耗部门 1	消耗部门 2	消耗部门 3	最终产品	总产品
生产部门	1	0	0.2	0.3	500	x_1
	2	0.1	0	0.4	700	x_2
	3	0.3	0.4	0	600	x_3
净产值		z_1	z_2	z_3		
总产值		x_1	x_2	x_3		

求：（1）各部门的总产品和总产值；

（2）各部门间的流量；

（3）各部门的净产值.

3．某工厂生产甲、乙两种车床，每台销售后的利润分别为4000元与3000元，生产甲车床需要用A，B机器加工，加工时间分别为每台2h和1h；生产乙车床需要用A，B，C机器加工，加工时间为每台各1h．若每天可用于加工的机器时数分别为A机器10h、B机器8h和C机器7h，问该厂应生产甲、乙车床各几台，才能使总利润最大？

4．假定某人每天需要从食物中获取3000kcal热量，55g蛋白质和800mg钙．如果市场上只有四种食品可供选择，它们每千克所含热量和营养成分以及市场价格如表5-21所示．试建立在满足营养的前提下使购买食品费用最小的数学模型．

表5-21　热量和营养成分以及市场价格

食品种类	热量/kcal	蛋白质/g	钙/mg	价格/元
食物一	1000	50	400	10
食物二	800	60	200	6
食物三	900	20	300	3
食物四	200	10	500	2

5．有甲、乙两个煤场，每月分别进煤60t，100t．它们负责供应三个居民区用煤任务．这三个居民区每月需用煤分别为45t，75t，40t．甲煤场离这三个居民区的距离分别为10km，5km，6km，乙煤场离这三个居民区的距离分别为4km，8km，15km．试建立使运输量（t·km）最小的运输方案的数学模型．

（B）

设某经济系统的直接消耗系数矩阵为

$$\boldsymbol{A}=\begin{pmatrix}0.2 & 0.2 & 0.3125\\ 0.14 & 0.15 & 0.25\\ 0.16 & 0.5 & 0.1875\end{pmatrix},$$

该系统的总产品为$\boldsymbol{X}=(250\ \ 200\ \ 320)^{\mathrm{T}}$．

（1）求该系统的最终产品；

（2）若该系统在计划期内的最终产品需求量为$\boldsymbol{Y}=(100\ \ 200\ \ 100)^{\mathrm{T}}$，试预测该系统在计划期内的总产品；

（3）如果在计划期内，第一部门需要增加15亿元最终产品，第二部门需要减少5亿元最终产品，试确定该系统三个部门的总产品调整量，使系统恢复平衡．

自测题五

1．填空题．

（1）行列式$\begin{vmatrix}1 & 1 & 0\\ 0 & 0 & 2\\ 6 & 2 & 1\end{vmatrix}=$________．

（2）设$\boldsymbol{A}=\begin{pmatrix}1 & 2\\ 4 & 0\\ -1 & 3\end{pmatrix}$，$\boldsymbol{B}=\begin{pmatrix}-1 & 2 & 0\\ 3 & -1 & 1\end{pmatrix}$，则$\boldsymbol{A}+\boldsymbol{B}^{\mathrm{T}}=$________．

（3）设 $\boldsymbol{A}+\boldsymbol{BC}-3\boldsymbol{X}=2\boldsymbol{E}$，则 $\boldsymbol{X}=$__________.

（4）设 $\boldsymbol{A}=\begin{pmatrix}4&0&0\\0&3&0\\0&0&1\end{pmatrix}$，则 $\boldsymbol{A}^{-1}=$__________.

（5）矩阵 $\begin{pmatrix}3&1&1\\0&0&0\\0&5&4\end{pmatrix}$ 的秩为__________.

（6）若 $\boldsymbol{A}$ 为 3×4 矩阵，$\boldsymbol{B}$ 为 2×5 矩阵，且乘积 $\boldsymbol{ACB}$ 有意义，则 $\boldsymbol{C}$ 为________矩阵.

（7）若 $\boldsymbol{A}=\begin{pmatrix}1&a\\0&1\end{pmatrix}$，且 $\boldsymbol{A}^{-1}=\boldsymbol{A}^{\mathrm{T}}$，则 a=__________.

（8）矩阵方程 $\boldsymbol{AXB}=\boldsymbol{C}$ 的解 $\boldsymbol{X}=$__________.

2．选择题.

（1）下列行列式不为零的是（　　）.

A. $\begin{vmatrix}1&5&0\\2&1&4\\0&0&0\end{vmatrix}$　B. $\begin{vmatrix}1&-1&2\\2&5&0\\1&-1&2\end{vmatrix}$　C. $\begin{vmatrix}3&2&2\\0&0&6\\0&0&-1\end{vmatrix}$　D. $\begin{vmatrix}0&0&2\\0&5&0\\8&0&0\end{vmatrix}$

（2）矩阵的转置满足（　　）.

A. $\boldsymbol{A}^{\mathrm{T}}=\boldsymbol{A}$　　B. $(\boldsymbol{AB})^{\mathrm{T}}=\boldsymbol{A}^{\mathrm{T}}\boldsymbol{B}^{\mathrm{T}}$

C. $(\boldsymbol{AB})^{\mathrm{T}}=\boldsymbol{B}^{\mathrm{T}}\boldsymbol{A}^{\mathrm{T}}$　　D. $\boldsymbol{AB}=\boldsymbol{A}^{\mathrm{T}}\boldsymbol{B}^{\mathrm{T}}$

（3）若 $\boldsymbol{A}$ 可逆，则 $\boldsymbol{AX}=\boldsymbol{B}+\boldsymbol{C}$ 的解（　　）.

A. 不存在　　B. $\boldsymbol{X}=\boldsymbol{BA}^{-1}+\boldsymbol{CA}^{-1}$

C. $\boldsymbol{X}=\boldsymbol{A}^{-1}\boldsymbol{B}+\boldsymbol{C}$　　D. $\boldsymbol{X}=\boldsymbol{A}^{-1}\boldsymbol{B}+\boldsymbol{A}^{-1}\boldsymbol{C}$

（4）下列命题正确的是（　　）.

A. 若 $\boldsymbol{A}$，$\boldsymbol{B}$ 皆不可逆，则 $\boldsymbol{A}+\boldsymbol{B}$ 也不可逆

B. 若 $\boldsymbol{AB}$ 可逆，则 $\boldsymbol{A}$、$\boldsymbol{B}$ 都可逆

C. 若 $\boldsymbol{AB}$ 不可逆，则 $\boldsymbol{A}$、$\boldsymbol{B}$ 都不可逆

D. 若 $\boldsymbol{A}$ 可逆，则 $k\boldsymbol{A}$ 可逆（k 是数）

（5）设 $\boldsymbol{A}$ 为 3 阶矩阵，则 $|2\boldsymbol{A}|=$（　　）.

A. $2^3|\boldsymbol{A}|$　B. $2|\boldsymbol{A}|$　C. $3^2|\boldsymbol{A}|$　D. $(2|\boldsymbol{A}|)^3$

（6）设 $\boldsymbol{A}$、$\boldsymbol{B}$ 皆为 n 阶矩阵，则等式（　　）成立.

A. $\boldsymbol{AB}=\boldsymbol{BA}$　　B. $|\boldsymbol{AB}|=|\boldsymbol{B}||\boldsymbol{A}|$

C. $|\boldsymbol{A}+\boldsymbol{B}|=|\boldsymbol{A}|+|\boldsymbol{B}|$　　D. $(\boldsymbol{A}+\boldsymbol{B})^2=\boldsymbol{A}^2+2\boldsymbol{AB}+\boldsymbol{B}^2$

（7）$\boldsymbol{A}$ 与 $\tilde{\boldsymbol{A}}$ 分别代表一个线性方程组的系数矩阵和增广矩阵，若这个方程组无解，则（　　）.

A. $r(\boldsymbol{A})=r(\tilde{\boldsymbol{A}})$　B. $r(\boldsymbol{A})<r(\tilde{\boldsymbol{A}})$　C. $r(\boldsymbol{A})>r(\tilde{\boldsymbol{A}})$　D. $r(\boldsymbol{A})=r(\tilde{\boldsymbol{A}})-1$

3．解矩阵方程.

（1）$\boldsymbol{X}+\begin{pmatrix}1&3\\2&5\end{pmatrix}\boldsymbol{X}=\begin{pmatrix}2&1\\-1&3\end{pmatrix}$；　（2）$\begin{pmatrix}1&-2&0\\1&-2&-1\\-3&1&2\end{pmatrix}X=\begin{pmatrix}-1&4\\2&5\\1&-3\end{pmatrix}$.

4．求下列矩阵的秩．

（1）$\begin{pmatrix} 1 & 3 & -1 & -2 \\ 2 & -1 & 2 & 3 \\ 1 & -4 & 3 & 5 \end{pmatrix}$；（2）$\begin{pmatrix} 1 & 0 & 0 \\ 0 & 1 & 2 \\ 1 & 0 & 2 \\ 0 & 1 & 3 \end{pmatrix}$．

5．判断下列方程组是否有解？若解，求出它的解．

（1）$\begin{cases} 5x_1 - 2x_2 + 4x_3 - 3x_4 = 0, \\ -3x_1 + 5x_2 - x_3 + 2x_4 = 0, \\ x_1 - 3x_2 + 2x_3 + x_4 = 0 \end{cases}$ （2）$\begin{cases} x_1 - x_2 + 3x_3 = 8, \\ 2x_1 + x_2 + x_3 = 7, \\ x_1 + 2x_2 - 3x_3 = -4 \end{cases}$

（3）$\begin{cases} 2x_1 + x_2 - x_3 + 2x_4 - 3x_5 = 2, \\ 4x_1 + 2x_2 - x_3 + x_4 + 2x_5 = 1, \\ 8x_1 + 4x_2 - 3x_3 + 5x_4 - 4x_5 = 5, \\ 2x_1 + x_2 - x_4 + 5x_5 = -1. \end{cases}$

6．某电子公司三个分厂均生产四种型号的电子产品，去年的生产量和今年上半年的生产量如表 5-22 所示．

表 5-22　生产量　（单位：万台）

分厂	去年				上半年			
	Ⅰ	Ⅱ	Ⅲ	Ⅳ	Ⅰ	Ⅱ	Ⅲ	Ⅳ
一	5	4	5	7	2	5	6	7
二	6	3	8	5	3	2	7	3
三	5	4	7	6	4	3	6	7

如果今年的目标生产量是去年生产量的 2 倍，求该公司今年下半年必须完成的生产量．

7．某物流公司有三辆汽车同时运送一批货物，一天共运货物 82 吨，如果第一辆汽车运 2 天，第二辆汽车运 3 天，共运货物 122 吨，如果第一辆汽车运 1 天，第二辆汽车运 2 天，第三辆汽车运 3 天，共运货物 176 吨，问每量汽车每天可运货物多少吨？

8．已知某经济系统在一个生产周期内各部门的生产与消耗情况如表 5-23 所示．

表 5-23　生产与消耗情况

投入 \ 流量 \ 支出		消耗部门 1	消耗部门 2	消耗部门 3	最终产品	总产品
生产部门	1	60	25	40	175	x_1
	2	30	50	80	90	x_2
	3	30	25	100	245	x_3
净产值		z_1	z_2	z_3		
总产值		x_1	x_2	x_3		

求：（1）各部门的总产品、总产值和净产值；

（2）直接消耗矩阵；

（3）如果该系统三个部门的计划期最终产品分别确定为 $\boldsymbol{Y}=(210\ \ 108\ \ 294)^{\mathrm{T}}$，试编制该系统的计划期投入产出表；

（4）如果在计划期内，第二部门需要减少 11.4 亿元最终产品，第三部门需要增加 18.6 亿元最终产品，试确定该系统三个部门的总产品调整量，使系统恢复平衡．

9．某企业生产 A，B，C 三种产品，每单位产品利润分别为 10 元，6 元，4 元；每种产品生产需甲、乙、丙 三种资源分别为 1 个单位、10 个单位、2 个单位；1 个单位、4 个单位、2 个单位；1 个单位、5 个单位、6 个单位．甲、乙、丙三种资源限量分别为 100，600，300 个单位，试建立使总利润达到最大的生产计划的线性规划模型．

第六章　MATLAB 软件及其应用

第一节　MATLAB 概述

MATLAB 是由 MATrix（矩阵）和 LABoratory（实验室）两词的前三个字母组合而成的，意为“矩阵实验室”，它是美国 MathWorks 公司开发的国际公认的标准计算软件．在国际上 30 多个数学类科技应用软件中，MATLAB 在数值计算方面独占鳌头，同时它具有符号计算和图形可视化等基本功能，因其操作简单而深受广大科技工作者和学生的喜爱．

现在，MATLAB 已经发展成适合多学科的大型软件，在世界各高校，MATLAB 已经成为线性代数、数值分析、数理统计、优化方法、自动控制、数字信号处理、动态系统仿真等高级课程的基本教学工具．特别是 MATLAB 在我国大学生数学建模竞赛中的应用，为参赛者在有限的时间内准确、有效地解决问题提供了有力保障．

概括地讲，整个 MATLAB 系统由两部分组成，即 MATLAB 内核和辅助工具箱，两者的调用构成了 MATLAB 的强大功能．MATLAB 语言以数组为基本数据单位，是包括控制流语句、函数、数据结构、输入输出及面向对象编程的高级语言，它具有以下主要特点．

（1）运算符和库函数极其丰富，语言简洁，编程效率高．MATLAB 除了提供和 C 语言一样的运算符号外，还提供广泛的矩阵和向量运算符．利用其运算符号和库函数可使其程序相当简短，两三行语句就可实现几十行甚至几百行 C 或 FORTRAN 的程序功能．

（2）既具有结构化的控制语句（如 for 循环、while 循环、break 语句、if 语句和 switch 语句），又有面向对象的编程特性．

（3）图形功能强大．它既包括对二维和三维数据可视化、图像处理、动画制作等高层次的绘图命令，也包括可以修改图形及编制完整图形界面的、低层次的绘图命令．

（4）功能强大的工具箱．工具箱可分为两类：功能性工具箱和学科性工具箱．功能性工具箱主要用来扩充其符号计算功能、图示建模仿真功能、文字处理功能以及与硬件实时交互的功能．而学科性工具箱是专业性比较强的，如优化工具箱、统计工具箱、控制工具箱、小波工具箱、图像处理工具箱、通信工具箱等．

（5）易于扩充．除内部函数外，所有 MATLAB 的核心文件和工具箱文件都是可读可改的源文件，用户可修改源文件和加入自己的文件，它们可以与库函数一样被调用．

一、安装与运行

1. MATLAB 的安装

鉴于适用和安装的方便，本书所依据的版本是 MATLAB 7.0，要使用该软件，首先必须在计算机上安装 MATLAB 7.0 应用软件．

MATLAB 7.0 的安装和其他应用软件类似，可按照安装向导进行安装，这里不再赘述.成功安装后，电脑桌面上会出现图标 . 需要注意的是，由于软件是英文的，在安装时尽量不要使用中文字符.

2. *MATLAB 的启动和退出*

与常规的应用软件相同，MATLAB 的启动也有多种方式，首先常用的方法就是双击桌面上的 MATLAB 图标 ，也可以在开始菜单的程序选项中选择 MATLAB 组件中的快捷方式，当然也可以在 MATLAB 的安装路径的子目录中选择可执行文件“MATLAB.exe”.

启动 MATLAB 后，将打开一个 MATLAB 的欢迎界面，随后打开 MATLAB 的桌面系统（Desktop）如图 6-1 所示.

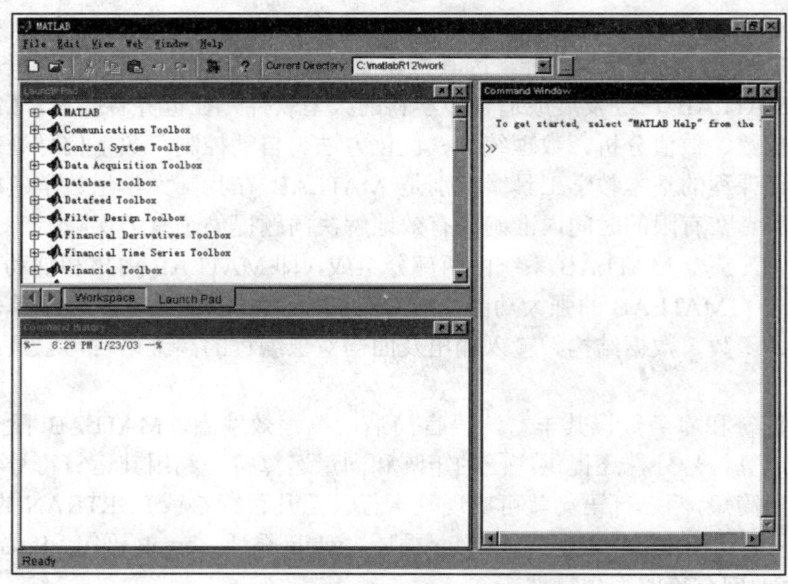

图 6-1

二、MATLAB 桌面平台

桌面平台是各桌面组件的展示平台，默认设置下的桌面平台包含 6 个窗口，具体如下.

1）MATLAB 主窗口（Main Window）

MATLAB7.0 比早期版本增加了一个主窗口. 该窗口不能进行任何计算任务的操作，只用来进行一些整体的环境参数的设置.

2）命令窗口（Command Window）

命令窗口是对 MATLAB 进行操作的主要载体，默认的情况下，启动 MATLAB 时就会打开命令窗口，显示形式如图 6-1 右端所示. 一般来说，MATLAB 的所有函数和命令都可以在命令窗口中执行. 下面介绍如何在 MALTAB 命令窗口中实现命令行操作.

实际上，掌握 MALAB 命令行操作是走入 MATLAB 世界的第一步，命令行操作实现了对程序设计而言简单而又重要的人机交互，通过对命令行操作，避免了编程序的麻烦，体现了 MATLAB 所特有的灵活性.

MATLAB 的命令行输入提示符为“>>”例如，在命令窗口中输入 sin (pi/6)，然后单击回车键，则会得到该表达式的值

```
    >>sin(pi/6)
ans=
    0.5
```

由上例可以看出，为求得表达式的值，只需按照 MALAB 语言规则将表达式输入即可，结果会自动返回，而不必像其他的程序设计语言那样，编制冗长的程序来执行.

当需要处理相当烦琐的计算时，可能在一行之内无法写完表达式，可以换行表示，此时需要使用续行符“ .... ”否则 MATLAB 将只计算一行的值，而不理会该行是否已输入完毕.

例如

```
    >>sin(1/9*pi)+sin(2/9*pi)+sin(3/9*pi)+....
    >>sin(4/9*pi)+sin(5/9*pi)+sin(6/9*pi)+....
    >>sin(7/9*pi)+sin(8/9*pi)+sin(9/9*pi)
ans=
    5.6713
```

使用续行符之后 MATLAB 会自动将前一行保留而不加以计算，并与下一行衔接，等待完整输入后再计算整个输入的结果.

在 MATLAB 命令行操作中，有一些键盘按键可以提供特殊而方便的编辑操作. 比如“↑”可用于调出前一个命令行，“↓”可调出后一个命令行，避免了重新输入的麻烦. 当然下面即将讲到的历史窗口也具有此功能.

3）历史窗口（Command History）

默认设置下历史命令窗口会保留自安装时起所有命令的历史记录，并标明使用时间，以方便使用者的查询. 而且当双击某一行命令时，即可以在命令窗口中重新执行该命令.

4）发行说明书窗口（Launch Pad）

发行说明书窗口是用来说明用户所拥有的 Mathworks 公司产品的工具包、演示以及帮助信息. 当选中该窗口中的某个组件之后，可以打开相应的窗口工具包.

5）当前目录窗口（Current Directory ）

在当前目录窗口中可显示或改变当前目录，还可以显示当前目录下的文件，包括文件名、文件类型、最后修改时间以及该文件的说明信息等并提供搜索功能.

6）工作空间管理窗口（Workspace）

工作空间管理窗口是 MATLAB 的重要组成部分. 在工作空间管理窗口中将显示所有目前保存在内存中的 MATLAB 变量的变量名、数据结构、字节数以及类型，而不同的变量类型分别对应不同的变量名图标.

三、MATLAB 帮助系统

完善的帮助系统是任何应用软件必不可少的组成部分. MATLAB 提供了相当丰富的帮助信息，同时也提供了获得帮助的方法. 首先，可以通过桌面平台的【Help】菜单来获

得帮助，也可以通过工具栏的帮助选项获得帮助．此外，MATLAB 也提供了在命令窗口中的获得帮助的多种方法，在命令窗口中获得 MATLAB 帮助的命令及说明列于表 6-1 中．

其调用格式为：命令+指定参数．

例如：

```
  >>help sin
SIN  Sine
SIN(X) is the sine of the elements of X
                Overloaded methods
Help sym/sin.m
```

表 6-1　帮助命令及说明

命令	说明
doc	在帮助浏览器中显示指定函数的参考信息
help	在命令窗口中显示 M 文件帮助
helpbrowser	打开帮助浏览器，无参数
helpwin	打开帮助浏览器，并且初始界面见到 M 文件帮助信息
lookfor	在命令窗口中显示具有指定参数特征函数的 M 文件帮助
web	显示指定的网络页面，默认为 MATLAB 帮助浏览器

四、MATLAB 数据类型

MATLAB 的数据类型主要包括数字、字符串、矩阵、单元型数据及结构型数据等，下面将介绍其中几个常用类型．

1．常数与变量

MATLAB 的常数采用十进制表示，可以用带小数点的形式直接表示，也可以用科学计数法表示，数值的表示范围是 $2.2251\times10^{-308}\sim1.7977\times10^{308}$．

变量是所有程序设计语言的基本要素之一，MATLAB 语言当然也不例外．与常规的程序设计语言不同的 MATLAB 并不要求事先对所使用的变量进行声明，也不需要指定变量类型，MATLAB 语言会自动依据所赋予变量的值或对变量所进行的操作来识别变量的类型．如果在赋值过程中赋值变量已存在，MATLAB 语言将使用新值代替旧值，并以新值类型代替旧值类型．

在 MATLAB 语言中变量的命名应遵循如下规则．

（1）变量名区分大小写．

（2）变量名长度不超 31 位，第 31 个字符之后的字符将被 MATLAB 语言所忽略．

（3）变量名以字母开头，可以由字母、数字、下划线组成，但不能使用标点．

与其他的程序设计语言相同，在 MATLAB 语言中也存在变量作用域的问题．在未加特殊说明的情况下，MATLAB 语言将所识别的一切变量视为局部变量，即仅在其使用的 M 文件内有效．若要将变量定义为全局变量，则应当对变量进行说明，即在该变量前加关键字 global．一般来说全局变量均用大写的英文字符表示．

MATLAB 语言本身也具有一些预定义的变量，这些特殊的变量称为常量. 表 6-2 给出了 MATLAB 语言中经常使用的一些常量值.

表 6-2　常量符号及意义

常量	表示数值	常量	表示数值
pi	圆周率	NaN	表示不定值
eps	浮点运算的相对精度	realmax	最大的浮点数
inf	正无穷大	i,j	虚数单位

在 MATLAB 语言中，定义变量时应避免与常量名重复，以防改变这些常量的值，如果已改变了某些常量的值，可以通过“clear+常量名”命令恢复该常量的初始设定值（当然，也可通过重新启动 MATLAB 系统来恢复这些常量值）.

2. 数字变量的运算及显示格式

对于简单的数字运算，可以直接在命令窗口中以平常惯用的形式输入，如计算 2 和 3 的乘积再加 1 时，可以直接输入

```
    >> 1+2*3
ans=
    7
```

这里“ans”是指当前的计算结果，若计算时用户没有对表达式设定变量，系统就自动赋当前结果给“ans”变量.
用户也可以输入：

```
    >> a=1+2*3
a=
    7
```

此时系统就把计算结果赋给指定的变量 a 了.

MATLAB 语言中数值有多种显示形式，在说明缺省的情况下，若数值为整数，则就以整数表示；若数值为实数，则以保留小数点后 4 位的精度近似表示. MATLAB 语言提供了 10 种数据显示格式，常用的有下述几种格式：

Short　　小数点后 4 位（系统默认值）；
Long　　小数点后 14 位；
Short e　　5 位指数形式；
Long e　　15 位指数形式.

MATLAB 语言还提供了复数的表达和运算功能. 在 MATLAB 语言中，复数的基本单位表示为 i 或 j. 在表达简单数值时虚部的数值与 i，j 之间可以不使用乘号，但是如果是表达式，则必须使用乘号以识别虚部符号.

3. 字符串

字符和字符串运算是各种高级语言必不可少的部分，MATLAB 中的字符串是其进行

符号运算的基本构成单元.

在 MATLAB 中，字符串和字符数组基本上是等价的；所有的字符串都用单引号进行输入或赋值（当然也可以用函数 char 来生成）. 字符串的每个字符（包括空格）都是字符数组的一个元素.

例如

```
   >>s='matrix  laboratory'
s=
   matrix  laboratory
   >> size(s)    % size 查看数组的维数
   ans=
        1   17
```

注 这里“%”后的语句不被执行，通常用于对该行命令的说明，以便于程序具有可读性.

另外，由于 MATLAB 对字符串的操作与 C 语言几乎完全相同，这里不再赘述.

4. 矩阵变量

矩阵的行列元素是 MATLAB 数据存储的基本单元，在 MATLAB 语言系统中，几乎一切运算均是以对矩阵的操作为基础的. 矩阵的基本概念可参见本书第五章. 下面介绍 MATLAB 中矩阵的生成.

1）直接输入法

从键盘上直接输入矩阵是最方便、最常用的创建数值矩阵的方法，尤其适合维数较小的简单矩阵. 在用此方法创建矩阵时，应当注意以下五点.

- 输入矩阵时要以“[ ]”为其标识符号，矩阵的所有元素必须都在括号内.
- 矩阵同行元素之间由空格或逗号分隔，行与行之间用分号或回车键分隔.
- 矩阵大小不需要预先定义.
- 矩阵元素可以是运算表达式.
- 若“[ ]”中无元素则表示空矩阵.

另外，在 MATLAB 语言中冒号的作用是最为丰富的. 首先，可以用冒号来定义行向量.

例如

```
   >> a=1  :  0.5  :  4
a=
   Columns 1 through 7
              1  1.5  2  2.5  3  3.5  4
```

表示区间 [1,4] 上以 0.5 为步长生成的行向量.

其次，通过使用冒号，可以截取指定矩阵中的部分.

例如

```
   >> A=[1  2  3;4  5  6; 7  8  9]
A=
```

```
   1 2 3
   4 5 6
   7 8 9
   >> B=A(1:2,:)
B=
   1 2 3
   4 5 6
```

通过上例可以看到 B 是由矩阵 A 的 1 到 2 行和相应的所有列的元素构成的一个新的矩阵. 在这里，冒号代替了矩阵 A 的所有列.

2）外部文件读入法

MATLAB 语言也允许用户调用在 MATLAB 环境之外定义的矩阵. 可以利用任意的文本编辑器编辑所要使用的矩阵，矩阵元素之间以特定分断符分开，并按行列布置.

另外也可以利用 load 函数，其调用方法为

load+文件名［参数］

load 函数将会从文件名所指定的文件中读取数据，并将输入的数据赋给以文件名命名的变量，如果不给定文件名，则将自动认为 MATLAB.mat 文件为操作对象，如果该文件在 MATLAB 搜索路径中不存在时，系统将会报错.

例如，事先在记事本中建立文件：

1　1　1

1　2　3

1　3　6

（并以 data1. txt 保存）

在 MATLAB 命令窗口中输入

```
      >> load data1.txt
      >> data1
data1=
      1  1  1
      1  2  3
      1  3  6
```

3）特殊矩阵生成法

对于一些比较特殊的矩阵（单位阵、含 1 或 0 较多的矩阵），由于其具有特殊的结构，MATLAB 提供了一些函数用于生成这些矩阵.

常用的有下面五个.

zeros(m)　　生成 m 阶全 0 矩阵.

eye(m)　　生成 m 阶单位矩阵.

ones(m)　　生成 m 阶全 1 矩阵.

rand(m)　　生成 m 阶均匀分布的随机阵.

randn(m)　　生成 m 阶正态分布的随机矩阵.

矩阵的基本运算见本章后面内容.

五、数据交换系统

MATLAB 提供了多种方法将数据从磁盘或剪贴板中读入 MATLAB 工作空间．具体的读写方法可依据用户的喜好以及数据的类型来选择．这里主要介绍文本数据的读入．

对于文本数据（ASCII）而言，最简单的读入方法就是通过 MATLAB 的数据输入向导（Import Wizard），或通过 MATLAB 函数实现数据读入．

例如，对于文本文件 test.txt，

Students	English scores	Chinese scores	Mathmatics scores
Wang	99	98	100
Li	98	89	70
Zhang	80	90	97
Zhao	77	65	87

先介绍 MATLAB 数据交换系统对文本数据的识别．此时文件的前几行（此处为"students"）将被识别为文件头，文件头可以为一行或几行，也可以识别出数据的列头（此处为:"English scores"、"Chinese scores"、和"Mathmatics scores"）和行头（此处为"Wang"、"Li"、"Zhang"和"Zhao"），其余的为可分断数据（此处为"99"、"98"和"100"等）.

首先可以通过数据输入向导编辑器读入数据，通过桌面平台上的【File】菜单中的【Import Data】选项打开输入向导编辑器，按向导提示进行操作完成整个文本数据的输入，则用户可以在 MATLAB 开发环境中使用该文本数据．

```
    >>whos
Name           Size           Bytes   Class
Data           4×3            96      double array
Grand   total is 12 elements using 96 bytes
    >>Data
Data=
       99  98  100
       98  89  70
       80  90  97
       77  65  87
```

"whos"用于显示当前 MATLAB 工作空间的变量，而在命令窗口中输入 data 后，将显示该数据．

其次可以在命令窗口或 M 文件中调用相应的函数也可以实现数据的读入．

例如

```
>>[a,b,c,d]=textread('test. txt','%s %s %s %s','headlines',2)
```

（读者可亲自上机看结果）

第二节　函数、图像与极限

本节内容主要包括：在命令窗口直接计算函数的值；通过基础数据画出函数图像；

由函数表达式画出函数图像；用命令求函数的极限.

一、MATLAB 函数及基本运算

除了前面讲述的可以直接在命令窗口中进行简单的数值运算外 MATLAB 更多的是对各种函数进行计算.

1. MATLAB 的函数

常见 MATLAB 函数如表 6-3 所示.

表 6-3　MATLAB 函数及运算

函数名	解释	MATLAB 命令	函数名	解释	MATLAB 命令
三角函数	sin x	sin(x)	反三角函数	arcsin x	asin(x)
	cos x	cos(x)		arccos x	acos(x)
	tan x	tan(x)		arctan x	atan(x)
	cot x	cot(x)		arccot x	acot(x)
	sec x	sec(x)		arcsec x	asec(x)
	csc x	csc(x)		arccsc x	acsc(x)
幂函数	x^a	x^a	对数函数	ln x	log(x)
	$\sqrt{x}$	sqrt(x)		$\log_2 x$	log2(x)
指数函数	a^x	a^x		$\log_{10} x$	log10(x)
	e^x	exp(x)	绝对值函数	$\|x\|$	abs(x)

2. 算术运算符

常用算术运算符如表 6-4 所示.

表 6-4　MATLAB 算术运算符

运算	数学表达式	MATLAB 运算符	MATLAB 表达式
加	$a+b$	+	a+b
减	$a-b$	−	a−b
乘	$a\times b$	*	a*b
除	$a\div b$	/或\	a/b 或 b\a
幂	a^b	^	a^b

3. 关系和逻辑运算符

常用关系和逻辑运算符如表 6-5 和表 6-6 所示.

表 6-5　MATLAB 关系运算符

数学关系	MATLAB 运算符	数学关系	MATLAB 运算符
小于	<	大于	>
小于或等于	<=	大于或等于	>=
等于	==	不等于	~=

表 6-6 MATLAB 逻辑运算符

逻辑关系	与	或	非
MATLAB 运算符	&	|	~

注

● 在关系比较中，若比较的双方为同维数组，则比较的结果也是同维数组．它的元素值由 0 和 1 组成．当比较双方对应位置上的元素值满足比较关系时，它的对应值为 1，否则为 0.

● 当比较的双方中一方为常数，另一方为一数组，则比较的结果与数组同维.

● 在算术运算、比较运算和逻辑与、或、非运算中，它们的优先级关系先后为比较运算、算术运算、逻辑与或非运算.

例如

```
    >> a=[1  2  3;  4  5  6;  7  8  9];
    >> x=5;
    >> y= ones(3)*5;
    >> xa= y<=a
xa=
    0  0  0
    0  1  1
    1  1  1
    >> b= [0  1  0;  1  0  1;  0  0  1];
    >> ab= a&b
ab=
    0  1  0
    1  0  1
    0  0  1
```

4. 简单的运算

例 1 求 $[18+3\times(7-5)]\div2^3$.

解 用键盘在命令窗口输入

```
>> (18+3*(7-5))/2^3
```

按回车键，该指令就被执行；命令窗口显示所得结果

```
ans=
    3
```

例 2 已知函数 $y=f(x)=x^3-\sqrt[4]{x}+2.15\sin x$,求 $f(3)$.

解 用键盘在命令窗口输入

```
>> x=3;
>> y=x^3-x^(1/4)+2.15*sin(x)
```

按回车键，该指令就被执行；命令窗口显示所得结果

```
y=
   25.9873
```

二、函数的图像

MATLAB 有很强的图形功能，可以方便地实现数据的可视化．强大的计算功能与图形功能相结合为 MATLAB 在科学技术和教学方面的应用提供了更加广阔的天地．

1．二维图形的绘制

1）基本形式

二维图形的绘制是 MATLAB 语言图形处理的基础，MATLAB 最常用的画二维图形的命令是“plot”．

看两个简单的例子．

例 3　用键盘在命令窗口输入

```
>> y=[0  0.58  0.70  0.95  0.83  0.25];
>> plot(y)
```

生成的图形见图 6-2，它是以序号 1, 2, ⋯, 6 为横坐标、y 的数值为纵坐标画出的折线．由此可见函数作图的基本原理是描点法．

例 4　用键盘在命令窗口输入

```
>>x=-5:0.1:5      %它是[-5,5]上以0.1为步长对x进行取点，横坐标的取值，若间隔太大，则
                    作图不精确，间隔太小的话取点过多，耗时长
>>y=2*x.^3-6*x.^2-18*x+7      % 相应的纵坐标取值
>>plot(x,y)
```

（读者可以自己上机操作画出图形）

例 5　用键盘在命令窗口输入

```
>> x=linspace(0,2*pi,30);      % 生成一组线性等距的数值
>> y=sin(x);
>> plot(x,y)
```

生成的图形见图 6-3，是［0,2π］上 30 个点连成的光滑的正弦曲线．

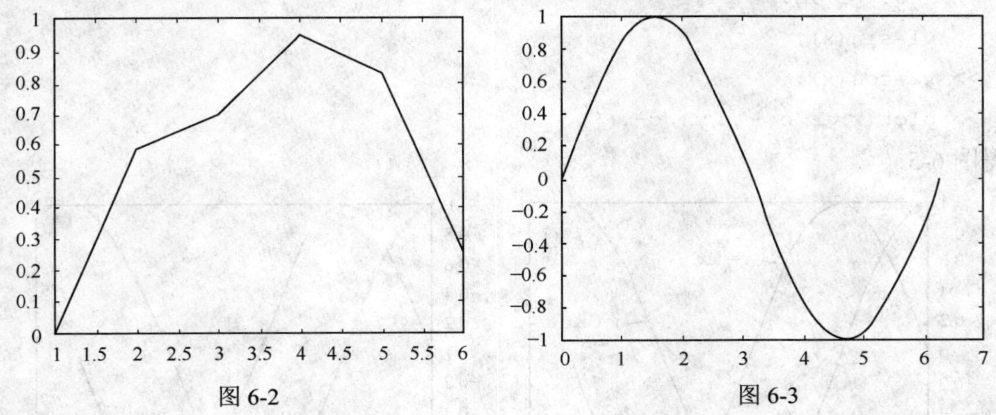

图 6-2　　图 6-3

2）多重线

用 MATLAB 可以在同一个画面上画许多条曲线，只需多给出几个数组．

例 6　用键盘在命令窗口输入

```
>> x=0:pi/15:2*pi;
```

```
>> y1=sin(x);
>> y2=cos(x);
>> plot(x,y1,x,y2)
```

则可以画出图 6-4. 图中曲线分别是 $[0, 2\pi]$ 上以 $\frac{\pi}{15}$ 为步长逐点光滑连接的正弦和余弦曲线.

多重线的另一种画法是利用 hold 命令. 在已经画好的图形上，若设置 hold on，MATLAB 将把新的 plot 命令产生的图形画在原来的图形上. 而命令 hold off 将结束这个过程.

例 7　用键盘在命令窗口输入

```
>> x=linspace(0,2*pi,30);
>> y=sin(x);
>> plot(x,y)
```

先画好图 6-3，然后用下述命令增加 cos(x)的图形，也可得到图 6-4.

```
>> hold on
>> z=cos(x);
>> plot(x,z)
>> hold off
```

3）线型和颜色

MATLAB 对曲线的线型和颜色有许多选择，标注的方法是在每一对数组后加一个字符串参数，说明如下：

线型中线方式：-实线　　:点线　　-.虚点线　　- -波折线.

线型中点方式：.圆点　　+加号　　*星号　　x x 形　　o 小圆

颜色：y 黄　　r 红　　g 绿　　b 蓝　　w 白　　k 黑　　m 紫　　c 青

下面用例 8 说明用法.

例 8　用键盘在命令窗口输入

```
>> x=0: pi/15: 2*pi;
>> y1=sin(x);
>> y2=cos(x);
>> plot(x,y1,'b:+',x,y2,'g-.*')
```

可得图 6-5.

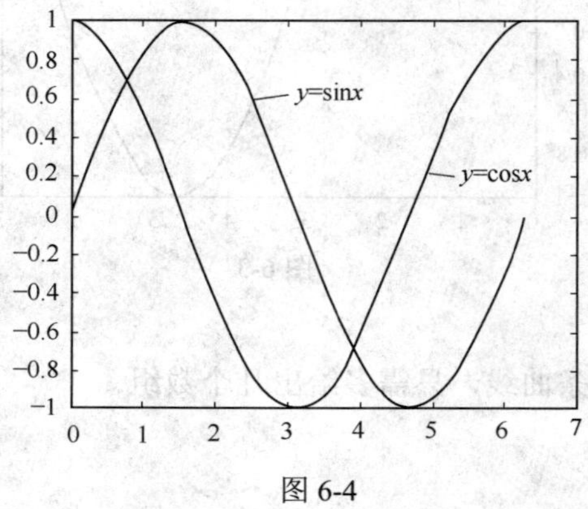

图 6-4

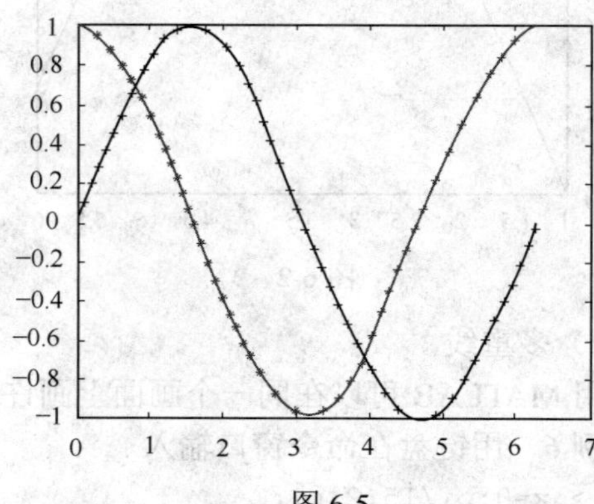
图 6-5

4）网格和标记

在一个图形上可以加网格、标题、x 轴标记、y 轴标记，可以用下列命令完成这些工作.

例 9　用键盘在命令窗口输入

```
>> x=linspace(0,2*pi,30);
>> y=sin(x);
>> z=cos(x);
>> plot(x,y,x,z)
>> grid on    % 开启网格模式
>> xlabel('Independent Variable X')
>> ylabel('Dependent Variables Y and Z')
>> title('Sine and Cosine Curves')
```

它们产生图 6-6.

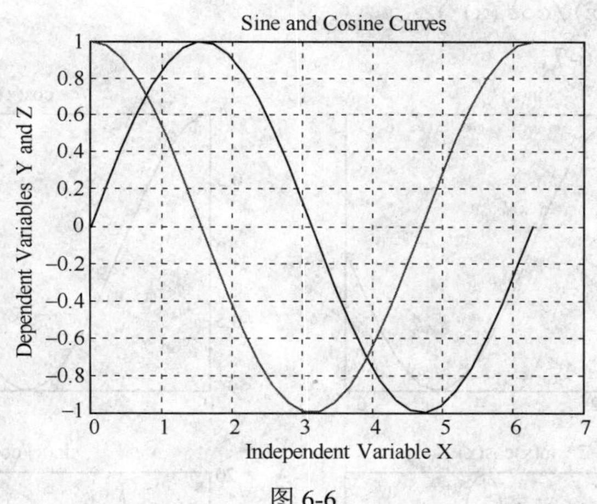

图 6-6

也可以在图形的任何位置加上一个字符串，如用

```
>> text(2.5,0.7,'sinx')
```

可表示在坐标 x=2.5, y=0.7 处加上字符串 sin x.

也可以更方便地使用鼠标来确定字符串的位置，方法是输入命令

```
>> gtext('sinx')
```

图形窗口十字线的交点就是字符串的位置，用鼠标点一下即可以将字符串放在那里.

5）坐标系的控制

在缺省情况下 MATLAB 自动选择图形的横、纵坐标的比例，如果对这个比例不满意，可以用 axis 命令控制，常用的有

axis([xmin xmax ymin ymax])	[　] 中分别给出 x 轴和 y 轴的最大值、最小值；
axis equal 或 axis('equal')	x 轴和 y 轴的单位长度相同；
axis square 或 axis('square')	图框呈方形；
axis off 或 axis('off')	清除坐标刻度.

还有 axis auto，axis image，axis xy，axis ij，axis normal，axis on，axis(axis). 用法可参考在线帮助系统.

6）多幅图形

可以在同一个画面上建立几个坐标系, 用 subplot(m,n,p)命令把一个画面分成 m×n 个图形区域，p 代表当前的区域号，在每个区域中分别画一个图.

例 10　用键盘在命令窗口输入

```
>> x=linspace(0,2*pi,30);   y=sin(x);  z=cos(x);
>> u=2*sin(x).*cos(x);  v=sin(x)./cos(x);
>> subplot(2,2,1);  plot(x,y);  axis([0 2*pi  -1  1]);  title('sin(x)')
>> subplot(2,2,2);  plot(x,z);  axis([0 2*pi  -1  1]);  title('cos(x)')
>> subplot(2,2,3);  plot(x,u);  axis([0 2*pi  -1  1]);
   title('2sin(x)cos(x)')
>> subplot(2,2,4);  plot(x,v);  axis([0 2*pi  -20  20]);
   title('sin(x)/cos(x)')
```

共得到 4 幅图形,见图 6-7.

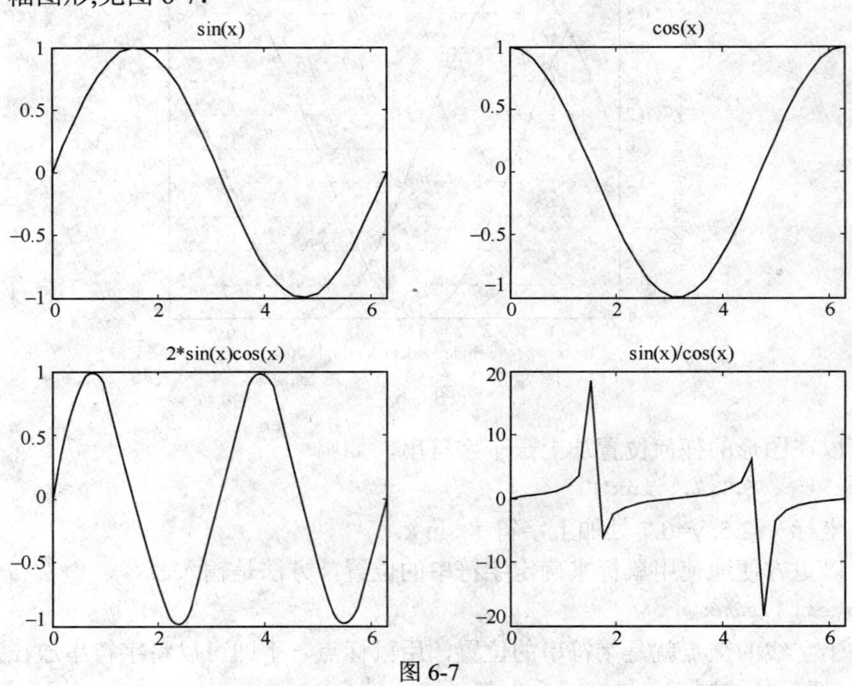

图 6-7

2. 三维图形的绘制

限于篇幅，这里只对几种常用的命令通过例子作简单介绍.

1）带网格的曲面

例 11　作曲面 $z=f(x,y)$ 的图形.

$$z=\frac{\sin\sqrt{x^2+y^2}}{\sqrt{x^2+y^2}},\quad -7.5\leqslant x\leqslant 7.5,\ -7.5\leqslant y\leqslant 7.5.$$

解　用以下程序实现:

```
>> x=-7.5: 0.5: 7.5;
>> y=x;
>> [X,Y]=meshgrid(x,y);          % 三维图形的 X,Y 数组
>> R=sqrt(X.^2+Y.^2)+eps;        % 加 eps 是防止出现 0/0
>> Z=sin(R)./R;
>> mesh(X,Y,Z)                   % 三维网格表面
```

画出的图形如图 6-8 所示．mesh 命令也可以改为 surf，只是图形效果有所不同，读者可以上机查看结果．

2）空间曲线

例 12　作螺旋线 $x=\sin t, y=\cos t, z=t$.

解　用以下程序实现:

```
>> t=0: pi/50: 10*pi;
>> x=sin(t); y=cos(t); z=t;
>> plot3(x,y,z)      % 空间曲线作图函数，用法类似于 plot
```

画出的图形如图 6-9 所示．

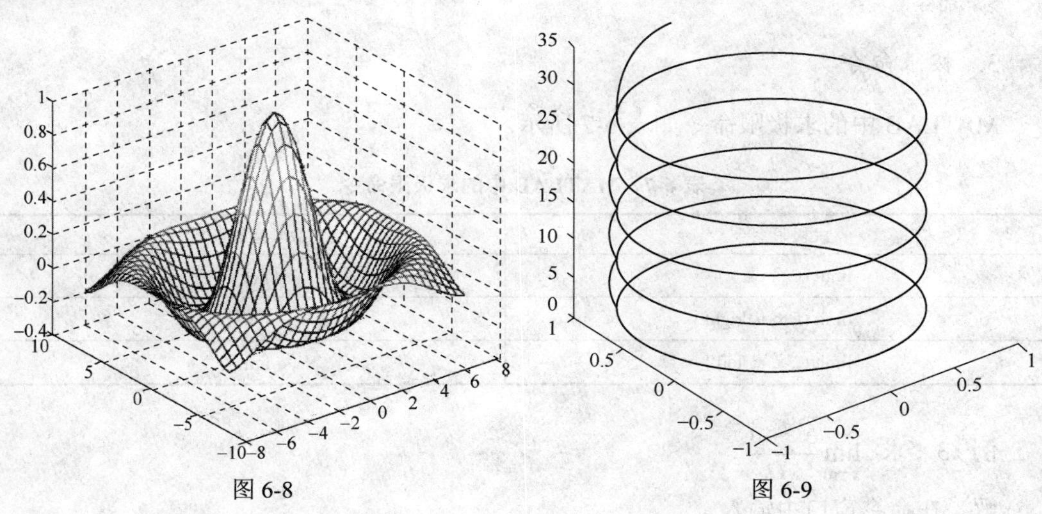

图 6-8　　　　　　　　图 6-9

3. 图形的输出

在数学建模中，往往需要将产生的图形输出到 Word 文档中．通常可采用下述方法．

首先，在 MATLAB 图形窗口中选择【File】菜单中的【Export】选项，将打开图形输出对话框，在该对话框中可以把图形以 emf、bmp、jpg、pgm 等格式保存．然后，再打开相应的文档，并在该文档中选择【插入】菜单中的【图片】选项插入相应的图片即可．

三、MATLAB 求函数极限

1. 符号变量与符号表达式

MATLAB 符号运算工具箱处理的对象主要是符号变量与符号表达式. 要实现其符号运算，首先需要将处理对象定义为符号变量或符号表达式，其定义格式如下：

格式 1 sym（‘变量名’）或 sym（‘表达式’）

功能 定义一个符号变量或符号表达式.

例如：

```
>> sym ('x')     % 定义变量 x 为符号变量
>> sym('x+1')    % 定义表达式 x+1 为符号表达式
```

格式 2 syms 变量名 1 变量名 2 … 变量名 n

功能 定义变量名 1，变量 2，…，变量名 n 为符号变量.

例如：

```
>> syms  a  b  x  t    % 定义 a,b,x,t 均为符号变量
```

2. 符号运算格式

```
>> syms  x  y      % 生成符号变量 x y
>> 关系式
>> 命令
```

3. 极限命令

MATLAB 中的求极限命令如表 6-7 所示.

表 6-7 MATLAB 中的求极限命令

求极限命令	数学运算解释
limit (f, x, a)	$\lim\limits_{x\to a} f$
limit (f, x, a, 'right')	$\lim\limits_{x\to a+0} f$
limit (f, x, a, 'left')	$\lim\limits_{x\to a-0} f$

例 13 求 $\lim\limits_{x\to 0}\dfrac{e^{3x}-1}{x}$.

解 在命令窗口中输入

```
>> sym  x
>> limit((exp(3*x)-1)/x,x,0)
```

按回车键，显示结果为

```
ans=
    3
```

所以 $\lim\limits_{x\to 0}\dfrac{e^{3x}-1}{x}=3$.

例 14 求 $\lim\limits_{x\to\infty}\left(\dfrac{2x+3}{2x+1}\right)^{x+1}$ 的极限.

解 在命令窗口输入

```
>> clear
>> syms  x  f
>> f=((2*x+3)/(2*x+1))^(x+1)
>> limit(f,x,inf)
```

按回车键，显示结果为

```
ans=
    exp(1)
```

所以 $\lim\limits_{x\to\infty}\left(\dfrac{2x+3}{2x+1}\right)^{x+1}=\mathrm{e}$.

例 15 求 $\lim\limits_{x\to+\infty}\ln x$ 的极限.

解 在命令窗口输入

```
>> clear
>> sym  x
>> f= log(x)
>> limit(f,x,inf)
```

按回车键，显示结果为

```
ans=
     inf
```

运算结果表明这个极限是无穷大.

练习题 6.2

1. 绘制六种基本初等函数的图像.
2. 用 MATLAB 计算第一章练习题 1.5（B）中的极限.
3. 用 MATLAB 计算第一章练习题 1.6（A）中 1 填空题和练习题 1.6（B）中的极限.
4. 用 MATLAB 计算第一章自测题一中的 2（4）（5）（7）及 3.

第三节 导数及其应用

本节主要内容包括：MATLAB 求函数的导数和微分的命令；用 Matlab 求一元函数的导数、微分及高阶导数；用 Matlab 求经济学中简单问题的极值和最值.

一、用 MATLAB 求导数及微分

在 MATLAB 中由命令函数 diff（ ）来完成求导运算，其基本格式为

diff (function,‘variable’, n)

参数 function 为需要进行求导运算的函数，variable 为求导运算的独立变量，n 为求导的阶

次．命令函数 diff（ ）默认求导的阶次为 1，如果表达式中由多个符号变量，并且没有在参数里说明，则按人们习惯的独立变量顺序确定进行求导的变量．即当 n 省略时，默认 n=1；当 variable 省略时，默认变量 x，若无 x 时则查找字母表上最接近字母 x 的字母．

例 1（1）求函数 $f=ax^2+bx+c$ 对变量 x 的一阶导数．

解 命令及结果为

```
>> syms a  b  c  x
>> f=a*x^2+b*x+c;
>> diff (f)
ans=
   2*a*x+b
```

（2）求函数 f 对变量 b 的一阶导数（可看作求偏导）．

解 命令及结果为

```
>> diff(f,b)
ans=
   x
```

（3）求函数 f 对变量 x 的二阶导数．

解 命令及结果为

```
>> diff(f,2)
ans=
   2*a
```

注 如果需要求函数的微分，我们根据公式 $\mathrm{d}y=y'(x)\mathrm{d}x$ 也是先求出导数，再写出微分表达式．

例 2 求函数 $y=x^2\cos x$ 的导数及微分 $y',\mathrm{d}y$.

解 命令及结果为

```
>> syms x  y
>> y=x^2*cos(x);
>> diff(y)
ans=
   2*x*cos(x)-x^2*sin(x)
```

因此

$y'=2x\cos x-x^2\sin x,$

$\mathrm{d}y=(2x\cos x-x^2\sin x)\mathrm{d}x$

例 3 设 $u=xy^2+yz^2+\mathrm{e}^{xyz}$，求偏导数 $\frac{\partial u}{\partial x},\frac{\partial u}{\partial y},\frac{\partial u}{\partial z}$.

解 命令及结果为

```
>> syms x  y  z  u
>> u=x*y^2+y*z^2+exp(x*y*z);
>> diff(u,x)
ans=
   y^2+y*z*exp(x*y*z)
>> diff(u,y)
```

```
ans=
      2*x*y+z^2+x*z*exp(x*y*z)
      >> diff(u,z)
ans=
      2*y*z+x*y*exp(x*y*z)
```

二、利用导数求最值

例 4　求函数 $y=\cos x+\sin x$ 在 $[0,2\pi]$ 上的极值.

解　命令及结果为

```
      >> syms  x  y  dy1  x0  dy2
      >> y=cos(x)+sin(x);
      >> y1=diff(y)
dy1=
      -sin(x)+cos(x)
      >> x0=solve(dy1)   % 对 dy1=0 求根，x0 表示一阶导数为 0 的驻点
x0=[pi/4;
     5*pi/4]
      >>dy2=diff(dy1)    % 求一阶导数的一阶导数即 y 的二阶导数用于判断极大值还是极小值
      >>x=pi/4;
>> dy2=- cos(x)-sin(x)
dy2=-sqrt(2)             % 二阶导数小于 0，可判断是极大值点
      >> y=cos(x)+sin(x)
y=
     sqrt(2)             % 得到极大值
     >>x=5*pi/4;
     >>dy2=- cos(x)-sin(x)
dy2=sqrt(2)              % 二阶导数大于 0，可判断是极小值点
     >>y=cos(x)+sin(x)
y=
     -sqrt(2)            % 得到极小值
```

所以 $y''\left(\frac{\pi}{4}\right)=-\sqrt{2}<0$ 函数有极大值 $y\left(\frac{\pi}{4}\right)=\sqrt{2}$，$y''\left(\frac{5\pi}{4}\right)=\sqrt{2}>0$，函数有极小值 $y\left(\frac{5\pi}{4}\right)=-\sqrt{2}$.

例 5　假设某种商品的需求量 Q 是单价 p（单位：元）的函数 $Q=12000-80p$，商品的总成本 C 是需求量 Q 的函数 $C=25000+50Q$. 每单位商品需要纳税 2 元，试求：使销售利润达到最大的商品单价和最大利润额.

解　用 MATLAB 的求解过程如下：

```
    >> syms p Q C
```

```
   >> Q=12000-80*p;
   >>C=25000+50*Q;
   >>L=((12000-q)/80)*Q-C-2*Q;
   >> dL=diff(L)
dL=
   -1/40*Q+98
   >> Q0=solve(dL)
Q0=
   3920
   >> dL2=diff(dL)
dL2=
   -1/40
   >> P1=solve(12000-80*p-3920)
P1=
   101
   >> L0=((12000-Pq)/80)*Pq-(25000+50*Pq)-2*Pq
L0=
   167080
```

练习题 6.3

1．用 MATLAB 计算第二章练习题 2.1（A）中的 1.（2）（3），2.（2）（3）；练习题 2.1（B）中 1，2，3.

2．用 MATLAB 计算第二章练习题 2.2（A）中的 1.（3）（4），2；练习题 2.2（B）中的 1，3.

3．用 MATLAB 计算第二章练习题 2.3（A）中的 1.（1）（3），2.（1）；练习题 2.3（B）中的 1，2，3，4.

4．用 MATLAB 计算第二章练习题 2.4（A）中的 1.（1）；练习题 2.4（B）中的 1，3.

5．用 MATLAB 计算第二章练习题 2.5（A）中的 1，2.（3）；练习题 2.5（B）中的 1，2.

6．用 MATLAB 计算第二章练习题 2.6（B）中的 1，2.

7．用 MATLAB 计算第二章练习题 2.7（A）中的 1，2；练习题 2.7（B）中的 1，2，3，4，5.

8．用 MATLAB 计算第二章练习题 2.8（A）中的 1.（1）（2）；练习题 2.8（B）中的 1，3，4，5，6，7，8.

9. 用 MATLAB 计算第二章自测题二中的 1.（1）（2）（3）（4）（5），2.（1）（2）（4）（6）；3，4，5，8，9，10，11，12.

第四节　积分及其应用

本节内容主要包括：MATLAB 求积分的命令；用 MATLAB 求一元函数的不定积分

和定积分；用 MATLAB 求解简单经济问题.

MATLAB 中积分运算采用如下命令格式

int (f, t, a, b)

表示求函数 f 对变量 t 从 a 到 b 的定积分．当 a 和 b 省略时求不定积分；当 t 省略时，默认变量为（字母表上）最接近字母 x 的变量.

例 1　求函数 $f=ax^2+bx+c$ 对变量 x 的不定积分.

解　命令及结果为

```
    >> syms a  b  c  x
    >> f=a*x^2+b*x+c;
    >> int(f)
ans=
    1/3*a*x^3+1/2*b*x^2+c*x
```

求函数 f 对变量 b 不定积分，命令及结果为

```
    >> int(f, b)
ans=
    a*x^2*b+1/2*b^2*x+c*b
```

求函数 f 对变量 x 从 1 到 5 的定积分，命令及结果为

```
    >> int(f,1,5)
ans=
    124/3*a+12*b+4*c
```

例 2　求不定积分 $\int(2x-1)^{100}\mathrm{d}x$.

解　命令及结果为

```
    >> syms  x  f
    >> f=(2*x-1)^100;
    >> int(f)
ans=
    1/202*(2*x-1)^101
```

所以 $\int(2x-1)^{100}\,\mathrm{d}x=\dfrac{1}{202}(2x-1)^{101}+C$.

注意常数 C 的添加.

例 3　求定积分 $\int_0^1 x^2\,\mathrm{d}x$.

解　命令及结果为

```
    >> syms  x  f
    >> f=x^2;
    >> int(f,x,0,1)
ans=
    1/3
```

所以$\int_0^1 x^2 \mathrm{d}x = \frac{1}{3}$.

例 4　已知某产品的边际成本和边际收入分别为

$$C'(x) = x^2 - 4x + 6,\quad R'(x) = 105 - 2x,$$

且固定成本为 100，其中 x 为销售量．当销售量为多少时有最大利润，最大利润是多少？

解　利润函数为$L(x) = R(x) - C(x)$，令$L'(x) = R'(x) - C'(x) = 0$.

在 MATLAB 命令窗口中输入

```
    >> clear
    >> syms x dR dC dL
    >> dR=105-2*x;
    >> dC=x^2-4*x+6;
    >> dL=dR-dC
dL=
    99+2*x-x^2
    >> x0=solve(dL)
x0=
    [-9]
    [11]
```

由问题的实际意义解得驻点

$$x_0 = 11.$$

即销售量为 11 时利润最大．最大利润为$L_{\max} = \int_0^{11} L'(x)\mathrm{d}x$.

继续在 MATLAB 窗口中输入

```
   >> L=int(dL,x,0,11)
L=
   2299/3
```

所以最大利润为 766.3.

练习题 6.4

1．用 MATLAB 计算第三章练习题 3.1（A）中的 1；练习题 3.1（B）中的 2.

2．用 MATLAB 计算第三章练习题 3.2（A）中的 1.（2）（3）（4）（5），2.（2）（3）（4）（5），3；练习题 3.2（B）中 2.

3．用 MATLAB 计算第三章练习题 3.3（B）中的 1.

4．用 MATLAB 计算第三章自测题三中的 1，3.

5．用 MATLAB 计算第四章练习题 4.2（A）中的 1，2，4；练习题 4.2（B）中的 1.

6．用 MATLAB 计算第四章练习题 4.3（A）中的 1，2，3；练习题 4.3（B）中的 1.

7．用 MATLAB 计算第四章自测题四中的 3.

第五节　矩阵及其应用

本节内容主要包括：MATLAB 中矩阵的输入方式；用 MATLAB 求方阵行列式的值，矩阵的运算；用 MATLAB 求矩阵的逆；用 MATLAB 求解线性方程组；用 MATLAB 求解线性规划模型.

一、求行列式的值

在 MATLAB 中用命令函数 det 求解方阵 $\boldsymbol{A}$ 的行列式的值，格式如下：

det(A)

例 1　求矩阵 $\boldsymbol{A}=\begin{pmatrix}1&0&2&1\\-1&2&2&3\\2&3&3&1\\0&1&2&1\end{pmatrix}$ 的行列式的值.

解　命令及结果为

```
    >> clear
    >> A=[1  0  2  1; -1  2  2  3;  2  3  3  1;  0  1  2  1];
    >> det (A)
ans=
    14
```

说明：

- clear 的作用是清除内存中的变量.
- 矩阵的输入可以有两种格式，除程序中的输入方式外，还可以如下输入

A= [1, 0, 2, 1;　-1, 2, 2, 3;　2, 3, 3, 1;　0, 1, 2, 1]

例 2　求矩阵 $\boldsymbol{A}=\begin{pmatrix}a&1&0&0\\-1&b&1&0\\0&-1&c&1\\0&0&-1&d\end{pmatrix}$ 的行列式的值.

解　命令及结果为

```
    >> clear
    >>syms a b c d
    >> A=[a  1  0  0;  -1  b  1  0;  0  -1  c  1;  0  0  -1  d];
    >> det (A)
ans=
    a*b*c*d+a*b+a*d+c*d+1
```

说明：函数 det（　）也可以用于计算含有变量的行列式的值.

二、矩阵的运算

例 3 求矩阵 $\boldsymbol{A}=\begin{pmatrix}1&2&3\\2&1&2\\3&3&1\end{pmatrix}$ 与矩阵 $\boldsymbol{B}=\begin{pmatrix}3&2&4\\2&5&3\\2&3&1\end{pmatrix}$ 的和与差.

解 命令及结果为

```
>> clear
>> A=[1  2  3;  2  1  2;  3  3  1];
>> B=[3  2  4;  2  5  3;  2  3  1];
>> C=A+B;
>> D=A-B;
>> C,D
```

运行结果:

```
C=
   4    4   7
   4    6   5
   5    6   2
D=
   -2   0  -1
    0  -4  -1
    1   0   0
```

例 4 求矩阵 $\boldsymbol{A}=\begin{pmatrix}1&0&1\\2&1&1\\1&2&1\end{pmatrix}$ 与 5 的乘积.

解 命令及结果为

```
>> clear
>> A=[1  0  1;  2  1  1;  1  2  1];
>> B=5*A
>> C=A*5
```

运行结果

```
B=
   5   0  5
   10  5  5
   5  10  5
C=
   5   0  5
   10  5  5
   5  10  5
```

结果说明：5*A 与 A*5 的值相同.

例 5　求矩阵 $\boldsymbol{A}=\begin{pmatrix}1&2&3\\2&1&2\\3&3&1\end{pmatrix}$ 与矩阵 $\boldsymbol{B}=\begin{pmatrix}3&2&4\\2&5&3\\2&3&1\end{pmatrix}$ 的乘积.

解　命令及结果为

```
>> clear
>> A=[1  2  3;  2  1  2;  3  3  1];
>> B=[3  2  4;  2  5  3;  2  3  1];
>> C=A*B
>> D=B*A
```

运行结果

```
C=
   13  21  13
   12  15  13
   17  24  22
D=
   19  20  17
   21  18  19
   11  10  13
```

比较结果中 $\boldsymbol{C}$ 和 $\boldsymbol{D}$，可以看出 $\boldsymbol{AB}$ 和 $\boldsymbol{BA}$ 的结果完全不同.

例 6　求矩阵 $\boldsymbol{A}=\begin{pmatrix}1&-1&2\\0&1&-1\\2&1&0\end{pmatrix}$ 的逆矩阵.

解　命令及结果为

```
>> clear
>> A=[1  -1  2;  0  1  -1;  2  1  0];
>> C= inv(A)
```

运行结果

```
C=
   -1  -2  1
    2   4 -1
    2   3 -1
```

也可以利用矩阵的初等行变换求上例中矩阵的逆.

```
>> clear
>> B=[1  -1  2  1  0  0;  0  1  -1  0  1  0;  2  1  0  0  0  1];
>> format rat
>> C=rref(B)
C=
   1  0  0  -1  -2   1
```

```
    0  1  0   2   4  -1
    0  0  1   2   3  -1
    >> D=C(:, 4:6)
D=
    -1  -2   1
     2   4  -1
     2   3  -1
```

说明：由线性代数的知识可知，矩阵 $\boldsymbol{A}$ 和其同型的单位矩阵 $\boldsymbol{E}$ 组成增广矩阵 $\boldsymbol{B}$，对 $\boldsymbol{B}$ 进行初等行变换，当矩阵 $\boldsymbol{A}$ 变为单位阵时，单位矩阵 $\boldsymbol{E}$ 变为矩阵 $\boldsymbol{A}$ 的逆.

例 7 求矩阵 $\boldsymbol{A}=\begin{pmatrix}1&2&3\\4&2&1\\2&1&3\end{pmatrix}$ 与 $\boldsymbol{B}=\begin{pmatrix}2&1&2\\1&2&1\\3&2&1\end{pmatrix}$ 相除.

解 命令及结果为

```
    >> clear
    >> A=[1  2  3;  4  2  1;  2  1  3];
    >> B=[2  1  2;  1  2  1;  3  2  1];
    >> C=A\B   % 矩阵左除，相当于 inv(A)*B，inv(A)为矩阵 A 的逆
C=
     0.3333      0.6000  -0.2000
    -0.6667     -0.4000   0.8000
     1.0000     0.40000   0.2000
    >> D=A/B  %矩阵右除，相当于 A*inv (B)
D=
    1.3333    1.3333      -1.0000
         0    -0.5000      1.5000
    1.6667    0.1667     -0.50000
```

三、求矩阵的秩及线性方程组的解

例 8 求矩阵 $\boldsymbol{A}=\begin{pmatrix}2&1&1&2\\1&2&2&1\\1&2&1&2\\2&2&1&1\end{pmatrix}$ 的秩.

解 命令为

```
      >>clear;
      >>A=[2  1  1  2;  1  2  2  1;  1  2  1  2;  2  2  1  1];
      >>rank(A)
ans=
      4
```

例 9　求解线性方程组 $\begin{cases} -x_1 - 2x_2 + 4x_3 = 0, \\ 2x_1 + x_2 + x_3 = 0, \\ x_1 + x_2 - x_3 = 0. \end{cases}$

解　命令及结果为

```
    >>clear
    >>A=[-1 -2  4; 2  1  1; 1  1  -1];
    >>rank(A)
ans=
    2
    >>rref(A)
ans=
    1   0    2
    0   1   -3
    0   0    0
```

其对应的同解方程组为

$$\begin{cases} x_1 + 2x_3 = 0, \\ x_2 - 3x_3 = 0. \end{cases}$$

说明：方程有无穷多解，并且解为 $[-2k \quad 3k \quad k]^{\mathrm{T}}$.

例 10　求解方程组 $\boldsymbol{AX} = \boldsymbol{B}$，其中 $\boldsymbol{A} = \begin{pmatrix} 2 & 1 & 2 \\ 2 & 1 & 4 \\ 3 & 2 & 1 \end{pmatrix}$，$\boldsymbol{B} = \begin{pmatrix} 3 \\ 1 \\ 7 \end{pmatrix}$.

解　命令及结果为

```
  >> clear
  >> A=[2  1  2;2  1  4; 3  2  1];
  >> B=[3  1  7]';
  >> X=A\B
X=
  2
  1
  -1
```

例 11　求解线性方程组 $\begin{cases} x_1 - x_2 + x_3 - x_4 = 1, \\ -x_1 + x_2 + x_3 - x_4 = 1, \\ 2x_1 - 2x_2 - x_3 + x_4 = -1. \end{cases}$

解　命令及结果为

```
  >>clear
  >>A=[1  -1  1  -1;  -1  1  1  -1;  2  -2  -1  1];
  >>b=[1  1  -1]' ; % 行向量的转置，实际结果为列向量
  >>C=[rank(A)  rank([A b])]
```

```
C=
  2    2  % 表示秩(A)=2,秩([A b])=2 小于未知数的个数 4
```

再输入

```
   >> rref([A b])
ans=

     1  -1  0   0  0
     0   0  1  -1  1
     0   0  0   0  0
```

其对应的同解方程组为

$$\begin{cases} x_1 - x_2 = 0, \\ x_3 - x_4 = 1, \end{cases}$$

由行最简形通解可表示为

$x_1 = x_2,\ x_3 = x_4 + 1$.（$x_2, x_4$ 为自由未知数）

四、求解线性规划模型

MATLAB 求解线性规划模型的函数为 linprog（　），其命令格式为

[X, fval]=linprog(f, A, b, Aeq, Beq, Lb, Ub)

求解线性规划（LP）问题是

目标函数

$$\min_{X} \boldsymbol{f X}$$

约束条件

$$\text{s.t.}\begin{cases} \boldsymbol{AX} \leqslant \boldsymbol{b}, \\ \mathbf{Aeq} \cdot \boldsymbol{X} = \mathbf{beq}, \\ \mathbf{Lb} \leqslant \boldsymbol{X} \leqslant \mathbf{Ub}. \end{cases}$$

说明：

- 各参数代表的意义

  f 表示目标函数的系数组成的行向量；

  X 表示目标函数取得极值的决策变量组成的列向量；

  矩阵 ***A*** 和向量 ***b*** 表示线性规划中的不等式约束条件；

  矩阵 **Aeq** 和向量 **beq** 表示线性规划中的等式约束条件；

  Lb 表示变量的下界约束；

  Ub 表示变量的上界约束；

  fval 表示优化结束后得到的目标函数值

- 运用 linprog（　）命令时，系统默认为它的各种 ***f***, ***A***, ***b***, **Aeq**, **Beq**, **Lb**, **Ub**,都存在，且按固定顺序排列．在存在约束 **Lb** 的情况下，它后面的参数没给出，可以不声明，但是 **Lb** 前面的参数即使没给出（例如等式约束条件）也要用空矩阵“[ ]”的方式给出声明，不能省略．
- 线性规划问题没有可行解时,系统提示

Warning: The constraints are overly stringent;there is no feasible solution.

如果优化成功,系统将会提示:

Optimization terminated successfully.

例 12（生产计划问题）某工厂在计划期内要安排生产Ⅰ、Ⅱ两种产品，已知生产单位产品所需的设备台时，A、B 两种原材料的消耗以及每件产品可获得的利润如表 6-8 所示．问应如何安排生产计划使该工厂获利最多？

表 6-8　利润表

产品	Ⅰ	Ⅱ	资源限量
设备	1	2	8 台时
原材料 A	4	0	16kg
原材料 B	0	4	12kg
单位产品利润/万元	2	3	

解　设 X_1,X_2（称为决策变量）分别表示在计划期内产品Ⅰ、Ⅱ的产量．由于资源的限制，所以有

机器设备台时的限制条件：$X_1+2X_2\leqslant 8$；

原材料 A 的限制条件：$4X_1\leqslant 16$；

原材料 B 的限制条件：$4X_2\leqslant 12$．

同时，产品Ⅰ、Ⅱ的产量不能是负数，所以有

$$X_1\geqslant 0,\quad X_2\geqslant 0,$$

而工厂的目标是在所有资源的约束条件下，如何确定产量 X_1,X_2 以得到最大的利润，即使目标函数(利润) $2X_1+3X_2$ 取得最大值．

综上，该生产计划安排问题可用以下线性规划（LP）模型表示

$$\max z=2x_1+3x_2,$$

$$\text{s.t.}\begin{cases}x_1+2x_2\leqslant 8,\\4x_1\leqslant 16,\\4x_2\leqslant 12,\\x_1\geqslant 0,x_2\geqslant 0.\end{cases}$$

MATLAB 命令的标准形是求目标函数的最小值，通常将 maxf 通常转变为 min-f 来编程求解，原问题转化为

$$\min(-z)=-2x_1-3x_2,$$

$$\text{s.t.}\begin{cases}x_1+2x_2\leqslant 8,\\4x_1\leqslant 16,\\4x_2\leqslant 12,\\x_1\geqslant 0,x_2\geqslant 0,\end{cases}$$

为求解该 LP 问题，在 MATLAB 命令窗口中输入

```
>> clear
>> f=-[2,3];
```

```
>> A=[1 2; 4 0; 0 4];
>> B=[8 16 12];
>> Lb=[0 0];
>> [X, fval]=linprog(f,A,B,[ ],[ ],Lb)
```

按回车键，显示最优解及目标函数最优值

```
  Optimization terminated successfully.
X=
  4.0000
  2.0000
fval=
  -14.0000
```

所以，工厂应选择生产第Ⅰ、Ⅱ产品的产量分别为4件和2件，工厂最多可获利14万元.

例 13 （投资问题）某公司有一批资金用于4个工程项目的投资，其投资各项目时所得的净收益如表6-9所示.

表 6-9 净收益

工程项目	A	B	C	D
收益/%	15	10	8	12

由于某种原因，决定用于项目A的投资不大于其他各项投资之和而用于项目B和C的投资要大于项目D的投资．试求该公司收益最大的投资分配方案.

解 设x_1，x_2，x_3，x_4分别代表用于项目A，B，C，D的投资百分数，则投资问题的数学模型为

$$\max f = 0.15x_1 + 0.1x_2 + 0.08x_3 + 0.12x_4$$

$$\text{s.t.}\begin{cases} x_1 - x_2 - x_3 - x_4 \leqslant 0, \\ x_2 + x_3 - x_4 \geqslant 0, \\ x_1 + x_2 + x_3 + x_4 = 1, \\ x_j \geqslant 0 \ \ (j = 1,2,3,4). \end{cases}$$

在MATLAB命令窗口中输入

```
>> clear
>> f=[-0.15; -0.1; -0.08; -0.12];
>> A=[1 -1 -1 -1; 0 -1 -1 1];
>> b=[0 0];
>> Aeq=[1 1 1 1];
>> beq=[1];
>>Lb= zeros(4, 1);
>> [x, fval, exitflag]=linprog(f,A,b,Aeq,beq,Lb)
```

按回车键后结果显示

```
  Optimization terminated successfully.
x=
  0.5000
  0.2500
  0.0000
  0.2500
fval=
  -0.1300
exitflag=
  1
```

即 4 个项目的投资百分数分别为 50%，25%，0，25%时，可使该公司获得最大的收益，其最大收益可达到 13%.

练习题 6.5

1．用 MATLAB 计算第五章练习题 5.1（A）中的 1.（1）（2）（5）.

2．用 MATLAB 计算第五章练习题 5.2（A）中的 4，6.

3．用 MATLAB 计算第五章练习题 5.3（A）中的 1，4.

4．用 MATLAB 计算第五章练习题 5.4（A）中的 1.（3）（4），3，4，5，6.

5．用 MATLAB 计算第五章自测题中的 1.（1）（2）（3）（4）（5），3，4，5，7，8，9.

参 考 文 献

侯风波，2014．高等数学．4 版．北京：高等教育出版社．

雷田礼，2008．经济与管理数学．北京：高等教育出版社．

乔树文，2009．应用经济数学．北京：交通大学出版社．

同济大学数学教研室，1998．线性代数．3 版．北京：高等教育出版社．

王仲英，2009．应用数学．北京：高等教育出版社．

参考答案或提示

第一章

练习题 1.1

(A)

1．(1) 错；(2) 对；(3) 错；(4) 错；(5) 对；(6) 对；(7) 错.

2．(1) $\frac{\pi}{2}$，$-\frac{\pi}{2}$；(2) 0，π；(3) $[4,+\infty)$；(4) $(-\infty,1]$；(5) $(-\infty,3)$；

(6) $\{x\in R \mid x\neq -2$ 且 $x\neq 2\}$；(7) $y=\sin u, u=3x$；(8) $y=u^3, u=\sin x$；

(9) $y=\sin u, u=x^3$.

3．(1) 偶；(2) 非奇非偶；(3) 奇；(4) 偶.

(B)

1．(1) A；(2) B；(3) A；(4) C；(5) A.

2．(1) $x\in(-\infty,-2]\cup[2,+\infty)$；(2) $x\in(-2,2)\cup(2,+\infty)$.

3．(1) $y=\ln u, u=1+x^3$；(2) $y=\cos u, u=x^3$；(3) $y=u^5, u=2x+1$；

(4) $y=\ln u, u=\ln x$；(5) $y=\sin u, u=2x+1$.

4．$y=\begin{cases}0.65x, & 0\leqslant x\leqslant 100,\\ 0.85x-20, & x>100.\end{cases}$

5．$p=170-\frac{x}{50}, 500\leqslant x\leqslant 1000$. 154 元/台.

练习题 1.2

(A)

(1) 3.6；(2) 8；(3) $20Q-\frac{Q^2}{4}$.

(B)

1．7，165.

2．$C(Q)=150+16Q$，$Q\in[0,200]$；$\bar{C}(Q)=\frac{C(Q)}{Q}=16+\frac{150}{Q}$.

3．(1) $C(Q)=40Q+10000, Q\in[0,+\infty)$.

(2) 14000 元；26000 元；12000 元.

4．(1) $C(Q)=12000+10Q$；(2) $R(Q)=25Q$；(3) $R(Q)=15Q-12000$.

5．(1) $L(Q)=-Q^2+11Q-18$；(2) 2，9；(3) 12.

6．(1) $L(Q)=5Q-2000$；(2) 400.

练习题 1.3

（A）

（1）x_0；（2）C；（3）0；（4）0；（5）不存在；（6）$\frac{1}{2}$；（7）0.

（B）

1．2.5 元/件；趋于 0.5 元/件.

2．$\lim\limits_{x\to\infty} f(x)=1$.

3．$\lim\limits_{x\to 2} f(x)=0$.

4．$\frac{15t}{5000+0.5t}$ g/L，当 $t\to+\infty$ 时水箱中盐水的浓度为 30g/L.

练习题 1.4

（A）

（1）0；（2）0；（3）0；（4）0.

（B）

1．（1）无穷大量；（2）无穷小量；（3）无穷大量；（4）无穷大量.

2．否.

练习题 1.5

（A）

1．（1）5；（2）∞；（3）$\frac{1}{2}$；（4）0.

2．（1）A；（2）B.

（B）

（1）$-\frac{3}{2}$；（2）0；（3）4；（4）4；（5）$\frac{1}{2}$；（6）∞；（7）$\frac{2^8}{3^{10}}$；（8）1.

练习题 1.6

（A）

1．（1）$\frac{3}{2}$；（2）1；（3）e^{-1}；（4）$\mathrm{e}^{\frac{2}{3}}$.

2．（1）C；（2）C.

（B）

（1）3；（2）$\frac{1}{2}$；（3）$\frac{1}{2}$；（4）1；（5）e^2；（6）e^{-2}；（7）e^3；（8）e.

练习题 1.7

（A）

1．（1）$\ln\left(1+\frac{\Delta x}{x_0}\right)$（2）$[-1,1]$；（3）1.

2.（1）D；（2）B.

（B）

1．K=1.

2．连续.

3．（1）e；（2）1.

4．提示：设$f(x)=x^3-2x-5$，则其在区间［2,3］内连续，且$f(2)=-1<0, f(3)=16>0$，故利用零点存在定理，得在(2，3)内至少存在一点ξ，使得$f(\xi)=0$.

5．提示：设$f(x)$=e^x-3x，在［0，1］内使用零点存在定理.

自测题一

1．（1）$-2p^2+30p$；（2）10；（3）4；（4）4；（5）e^{-2}；（6）0；（7）∞；（8）1.

2．（1）B；（2）D；（3）C；（4）B；（5）C；（6）B；（7）A；（8）A.

3．（1）18；（2）$\frac{1}{6}$；（3）$\frac{2}{3}$；（4）3；（5）e^3；（6）$e^{\frac{-2}{3}}$.

4．（1）$Q(p)=-1000p+80000, p\in[70,80]$.

（2）$S(p)=300p-11000, p\in[70,+\infty)$.

（3）$p_0=70, Q_0=10000$.

5．$L(Q)=-0.5Q^2+13Q-20$.

6．（1）$R(Q)=-0.1Q^2+80Q$；（2）$L(Q)=-0.1Q^2+60Q-5000$.

7．（1）$L(Q)=5Q-1000$；（2）200件.

第二章

练习题 2.1

（A）

1．（1）4；（2）$-\frac{\sqrt{2}}{2}$；（3）e^x.

2．（1）C；（2）A；（3）B.

（B）

1．$1,\frac{1}{2}$.

2．（1）$y'=\frac{2}{3}x^{-\frac{1}{3}}$；（2）$y'=3^{-x}e^x(-\ln 3+1)$；（3）$y'=-\sin x$.

3．切线方程为y=x+1，法线方程为$y=-x+1$.

4．a=2，b=−1.

5．$\Delta y=(x+\Delta x)^2-x^2=2x\Delta x+(\Delta x)^2$，$\Rightarrow \lim\limits_{\Delta x\to 0}\dfrac{\Delta y}{\Delta x}=\lim\limits_{\Delta x\to 0}\dfrac{2x\Delta x+(\Delta x)^2}{\Delta x}=2x$．

练习题 2.2

（A）

1．（1）$\frac{1}{2}x^2-\cos x+C$；（2）x^3+x^2+C；（3）$-\frac{\cos x}{x^2}-\frac{\sin x}{x}$；（4）0.

2．（1）A；（2）B.

（B）

1．（1）$y'=3x^2-\frac{1}{x^2}+2\sin x+5^x\ln 5$；（2）$y'=4\tan x+4x\sec^2 x+\sec x\tan x+\frac{1}{x}$；

（3）$y'=-\frac{2}{x(1+\ln x)^2}$；（4）$y'=5(x^2-x+2)^4(2x-1)$；

（5）$y'=6\cos(3x-2)$；（6）$y'=3\sin^2 x\cos x$；

（7）$y'=-2\csc 2u$；（8）$y'=\sin\frac{1}{x}-\frac{1}{x}\cos\frac{1}{x}-\frac{\cos x}{x^2}-\frac{\sin x}{x}$．

2．（1）$y'=-\frac{2x+y}{x+2y}$；（2）$y'=\frac{\sin y-2x-2y}{2x+2y-x\cos y}$．

3．（1）$y'=x^{\sin x}\left(\cos x\ln x+\frac{\sin x}{x}\right)$；（2）$y'=\frac{1}{2}\sqrt{\frac{x(x+3)}{x+5}}\left(\frac{1}{x}+\frac{1}{x+3}-\frac{1}{x+5}\right)$；

（3）$y'=x(x+1)(2x+1)^{\frac{2}{3}}\left(\frac{1}{x}+\frac{1}{x+1}+\frac{4}{6x+3}\right)$．

练习题 2.3

（A）

1．（1）24 元/件；（2）销售第 12 件商品亏本 5 元；（3）9 元/件.

2．（1）B；（2）B.

（B）

1．$\frac{1}{\sqrt{Q}}$，$\frac{3}{Q}+\frac{2}{\sqrt{Q}}$，$\frac{5}{(Q+1)^2}$，$\frac{5}{(Q+1)^2}-\frac{1}{\sqrt{Q}}$．

2．（1）$R=10Q-\frac{Q^2}{4}$，$\bar{R}=10-\frac{Q}{4}$，$R'=10-\frac{1}{2}Q$；

（2）$R(10)=75, \bar{R}(10)=7.5, R'(10)=5$．

3．$L'=500-2p$．

4．$L=60Q-0.1Q^2-5000$，$L'=60-0.2Q$，$L'(100)=40$，销售第 101 个单位产品净赚 40；$L'(350)=-10$，销售第 351 个单位产品亏本 10.

练习题 2.4

（A）

1．（1）$-1.5p$；（2）在价格为 10 的基础上，价格再增加（减少）1%，需求量将减少（增加）5%；（3）$-\dfrac{1}{2}$.

2.（1）A；（2）A；（3）C.

（B）

1. $\eta_p = \dfrac{p}{120-6p}(-6) = \dfrac{-p}{20-p}$.

2.（1）当4＜p＜9 时高弹性，当4＞p＞0 时低弹性；

（2）当0＜p＜$\sqrt{\dfrac{a}{3}}$ 时低弹性，当 $\sqrt{\dfrac{a}{3}}$＜p＜$\sqrt{a}$ 时高弹性.

3.（1）$\eta_p = \dfrac{-p}{25-p}$；（2）$\eta_p\big|_{p=15} = -1.5$.

4. $\eta_p = \dfrac{p(-10-10p)}{150-10p-5p^2} \Rightarrow \eta_p\big|_{p=4} = -\dfrac{20}{3} < -1$，当价格 p=4 时，收益随价格的上涨（下降）而减少（增加）.

练习题 2.5

（A）

1.（1）$(2x\sin x + x^2\cos x)\mathrm{d}x$；（2）$\dfrac{1}{2}$；（3）$2x+1$.

2.（1）C；（2）B；（3）B.

（B）

1.（1）$\mathrm{d}y = (3x^2\cos x - x^3\sin x)\mathrm{d}x$；（2）$\mathrm{d}y = 3\cos(3x-2)\mathrm{d}x$；（3）$\mathrm{d}y = 2\sec^2(2x+3)\mathrm{d}x$.

2. $\dfrac{\mathrm{d}y}{\mathrm{d}x} = \dfrac{-b\sin t\mathrm{d}t}{a\cos t\mathrm{d}t} = -\dfrac{b}{a}\tan t$.

3. 价格为 6 时，总收益增加 0.67%.

练习题 2.6

（A）

1.（1）0；（2）不可导点；（3）不一定.

2.（1）B；（2）A；（3）A

（B）

1. $R' = 2-0.2Q = 0 \Rightarrow Q = 10$，$R > 0 \Rightarrow 0 < Q < 10+10\sqrt{2}$.

Q	(0,10)	10	$(10,10+10\sqrt{2})$
R'	+	0	−
R	↗	极大值 20	↘

2. 由条件易知 0＜Q＜10000，L=5Q−0.001Q^2−200，
$L' = 5-0.002Q = 0 \Rightarrow Q = 2500$，利润函数没有不可导点.

Q	(0,2500)	2500	(2500,10000)
L'	+	0	−
L	↗	极大值 6050	↘

练习题 2.7

（A）

1.（1）6；（2）30；（3）10；

2.（1）C；（2）C；（3）A.

（B）

1. 10 个单位.

2. 140 个单位.

3. $\frac{1}{3}(9-\sqrt{21})\,\text{cm}$.

4. 36 个单位.

5.（1）$10-2.5t$；（2）$t=2$.

练习题 2.8

（A）

1.（1）-2；（2）0；（3）取得极值.

2.（1）A；（2）D；（3）B.

（B）

1.（1）$z_x = y\mathrm{e}^{xy}$，$z_y = x\mathrm{e}^{xy}$；（2）$z_x = -\dfrac{y}{x^2+y^2}$，$z_y = \dfrac{x}{x^2+y^2}$.

2. $z_x = 2xf'$，$z_y = 2yf'$.

3. $z_{xx} = \dfrac{2(y^2-x^2)}{(x^2+y^2)^2}$，$z_{yy} = \dfrac{2(x^2-y^2)}{(x^2+y^2)^2}$，$z_{xy} = -\dfrac{4xy}{(x^2+y^2)^2}$.

4. 在点$(2,-2)$取得极大值 8.

5. 长、宽、高分别为$\sqrt[3]{2V},\sqrt[3]{2V},\sqrt[3]{\dfrac{V}{4}}$时水池的表面积最小.

6. 长、宽分别为 50m，25m 时最划算.

7. 1650.

8.（1）$x=0.75$万元；$y=1.25$万元；（2）$x=0, y=1.5$万元.

9. $x=6\left(\dfrac{p_2\alpha}{p_1\beta}\right)^{\beta}, y=6\left(\dfrac{p_1\beta}{p_2\alpha}\right)^{\alpha}$时，投入的总费用最少.

自测题二

1.（1）$200-5Q$；（2）5；（3）$2\mathrm{e}^{2x}\mathrm{d}x$；（4）$-0.2$；（5）1.

2.（1）B；（2）D；（3）A；（4）B；（5）A；（6）D.

3.（1）$y'=2x+\dfrac{1}{2\sqrt{x}}$；（2）$y'=4x^3+\dfrac{1}{x^2}$；（3）$y'=2x\ln x+x,\quad y''=2\ln x+3$；

（4）$\mathrm{d}y=\dfrac{x\cos x-\sin x}{x^2}\mathrm{d}x$；（5）$\mathrm{d}y=3\cos(3x+1)\mathrm{d}x$；（6）$y'=15x^2(x^3+4)^4$；

（7）$y'=-\tan x, \mathrm{d}y=-\tan x\mathrm{d}x$；（8）$y'=\dfrac{1}{2\sqrt{x}}e^{\sqrt{x}}$；（9）$y'(0)=\dfrac{1}{2}$；

（10）$\mathrm{d}y=(\cos 2x-2x\sin 2x)\mathrm{d}x$.

4．切线方程：$y-\mathrm{e}=2\mathrm{e}(x-1)$，法线方程：$y-\mathrm{e}=-\dfrac{1}{2\mathrm{e}}(x-1)$.

5．（1）$C'(Q)=2$ 元/件；（2）$R'(Q)=6-2Q$ 元/件；（3）$L'(Q)=4-2Q$ 元/件.

6．（1）$\eta_p\big|_{p=4}=-\dfrac{32}{59}\approx -0.54$，其经济意义是价格每增加（减少）1%，需求量减少（增加）0.54%；

（2）$\eta_p\big|_{p=4}=-\dfrac{32}{59}\approx -0.54>-1$，所以收益随价格的上涨（降低）而增加（减少）；

（3）p=5.

7．$R=20Q-\dfrac{Q^2}{5}, 0<Q<100$，$R'=20-\dfrac{2Q}{5}=0\Rightarrow Q=50$.

Q	(0,50)	50	(50,100)
R'	+	0	−
R	↗	极大值 500	↘

8．（1）$Z_y=x^y\ln x, Z_x=yx^{y-1}$，$Z_{xy}=x^{y-1}(1+y\ln x)$；（2）$2xy+y^3, x^2+3xy^2$；

（3）$\mathrm{e}^{xy}(y\mathrm{d}x+x\mathrm{d}y)$.

9．25 件，1050 万元.

10．15 单位.

11．（1）$25-5t$；（2）$t=2.5$.

12．A, B 两种分别生产 11 千件和 3 千件时获得最大利润 157 万元.

第三章

练习题 3.1

（A）

1．（1）$2\sqrt{x}-x+C$；（2）$-3\ln|x|+C$；（3）$-\dfrac{1}{2}\cos x+3\sin x+C$；（4）$x-\mathrm{e}^x+C$；

（5）$\dfrac{5^x}{\ln 5}+C$；（6）$2\arctan x+C$；（7）$10Q-Q^2$，25，24.

2．（1）D；（2）A；（3）C；（4）D；（5）B.

3．$y=\dfrac{2}{3}x\sqrt{x}+x$.

4．$s=t^3+2$.

5．$C(x)=x^3-7x^2+100x+10000$.

（B）

1．C

2．（1）$-\frac{4}{3}x\sqrt{x}+3x-2\sqrt{x}+C$；（2）$x+2\ln|x|+\frac{1}{x}+C$；（3）$-4\cot x+C$；

（4）$\tan x-\cot x+C$；（5）$\sin x-\cos x+C$；（6）$\ln|x|+\arctan x+C$.

3．$C(x)=7x+40\sqrt{x}+1000$.

4．$Q(p)=1000\left(\frac{1}{3}\right)^p$.

练习题 3.2

（A）

1．（1）$\frac{1}{a},\frac{1}{2},\frac{1}{2},\frac{1}{3}$；（2）$-e^x+C$；（3）$2\sin\frac{x}{2}+C$；（4）$\arcsin x+C$；

（5）$\arctan x+C$；（6）$2e^{\frac{x}{2}}$；（7）$\frac{x^2}{2}+C$.

2．（1）C；（2）D；（3）B；（4）C；（5）D.

3．（1）$\frac{1}{33}(3x-1)^{11}+C$；（2）$\ln|\sin x|+C$；（3）$e^{\sin x}+C$；（4）$-\frac{2}{3}(1-x)^{\frac{3}{2}}+C$.

4．$F(t)=1340t+850e^{-t}-850$.

5．$L(3)=6$（万元）.

（B）

1．D.

2．（1）$2\sqrt{1+x}+C$；（2）$-\frac{1}{3}\ln|1-3x|+C$；（3）$\frac{1}{2}\ln(x^2+1)+C$；

（4）$\frac{1}{2}\ln^2 x+C$；（5）$-\frac{1}{2}e^{-x^2}+C$；（6）$-\frac{1}{3}\cos^3 x+C$.

练习题 3.3

（A）

1．（1）C；（2）B；（3）D；（4）D.

2．（1）$\sin x-x\cos x+C$；（2）$\frac{1}{2}xe^{2x}-\frac{1}{4}e^{2x}+C$；（3）$x\ln x-x+C$；

（4）$x\arctan x-\frac{1}{2}\ln(x^2+1)+C$.

（B）

1．（1）$-e^{-x}(x^2+2x+2)+C$；（2）$-x^2\cos x+2x\sin x+2\cos x+C$；

（3）$-\frac{1}{3}x\cos 3x+\frac{1}{9}\sin 3x+C$；（4）$\frac{1}{2}x\sin 2x+\frac{1}{4}\cos 2x+C$；

（5）$\frac{1}{2}(x^2\arctan x+\arctan x-x)+C$；（6）$x(\ln x)^2-2x\ln x+2x+C$.

2．$-te^{-t}-e^{-t}+C$.

自测题三

1．（1）$-\frac{2}{\sqrt{x}}-\frac{2}{3}x\sqrt{x}+C$；（2）$-3\cos x-2x+C$；（3）$\frac{1}{3}\sin 3x+C$；

（4）$\tan x+C$；（5）$\frac{3^x}{\ln 3}+C$；（6）$-\frac{1}{5}e^{-5x}+C$；（7）$\cos x+C$；

（8）$-0.01x+500$；（9）$2Q^2+Q$.

2．（1）B；（2）D；（3）B；（4）A；（5）C；（6）A；（7）A；（8）B.

3．（1）$-\ln|1-x|+C$；（2）$\frac{1}{3}(x^2+1)^{\frac{3}{2}}+C$；（3）$2\sqrt{1+x}+C$；

（4）$\frac{1}{2}\sin^2 x+C$；（5）$-\frac{1}{2}xe^{-2x}-\frac{1}{4}e^{-2x}+C$；（6）$\frac{1}{3}x^3\ln x-\frac{1}{9}x^3+C$.

4．$y=x^2+1$.

5．$y=\frac{2}{3}kt^{\frac{3}{2}}$.

6．$R(x)=60x-x^2-\frac{2}{3}x^3$.

7．Q=12.

8．（1）$C(q)=1000q-10q^2+\frac{q^3}{3}+9000$, $R(q)$=3400q, $L(q)=2400q+10q^2-\frac{q^3}{3}-9000$；

（2）q=60.

第四章

练习题 4.1

（A）

1．（1）D；（2）D；（3）B；（4）B；（5）C.

2．（1）>；（2）<；（3）>；（4）<.

3．（1）0；（2）6；（3）$\frac{3}{2}$.

4．（1）>；（2）>.

5．2018 年 1 月份的取暖费用.

6．（a）$\int_0^{\pi}\sin x\mathrm{d}x$；（b）$-\int_{-\pi}^{0}\sin x\mathrm{d}x$.

7．$\int_2^4(100+12t)\mathrm{d}t$.

（B）

1．（1）$<$；（2）$>$；（3）$<$.

2．（a）$\int_0^{\pi}|\cos x|\mathrm{d}x$；（b）$\int_a^b[f(x)-g(x)]\mathrm{d}x$.

3．（1）$\frac{4}{3}$；（2）$-\frac{5}{3}$；（3）0；（4）0.

4．$\int_{200}^{300}(150-0.2x)\mathrm{d}x$.

5．$\int_0^{100}\left(1000-\frac{x}{2}\right)\mathrm{d}x$.

练习题 4.2

（A）

1．（1）$F(b)-F(a)$；（2）6；（3）1；（4）0；（5）$-\frac{2}{3}$；（6）$-\frac{3}{10}$.

2．（1）B；（2）B；（3）C；（4）B；（5）D.

3．2π.

4．（1）$3\sqrt{3}-\frac{4}{3}$；（2）$-\frac{4}{3}$；（3）$\frac{\pi}{6}$；（4）$\frac{\pi}{6}$；（5）$\frac{1}{\ln 2}$；（6）2 .

5．$\frac{2}{\pi}$.

6．$A=\frac{1}{4}$.

7．（1）900；（2）500.

（B）

1．（1）$1-\frac{\pi}{4}$；（2）$\frac{29}{6}$；（3）4；（4）$\frac{9}{2}$.

2．$\frac{5}{6}$.

3．12.

4．400.

5．$\frac{1}{6}$.

练习题 4.3

（A）

1．（1）A；（2）C；（3）C；（4）A；（5）B.

2．（1）10；（2）ln2；（3）$\frac{1}{3}(1-\mathrm{e}^{-3})$；（4）e−1.

3．（1）−2；（2）e−2；（3）3ln3−2；（4）$\frac{1}{4}(\mathrm{e}^2+1)$.

（B）

1．（1）$\frac{1}{2}\ln 2$；（2）$\frac{1}{2}(\mathrm{e}-1)$；（3）2；（4）$1-2\mathrm{e}^{-1}$；（5）$\frac{22}{3}$；（6）8ln2−4.

2．$1-\mathrm{e}^{-1}$.

练习题 4.4

（A）

1．（1）2000（百元），250（百元）；（2）28286（元）；（3）$1000\mathrm{e}^{0.3}\approx 1349.9$（元）.

2．约 50.

3．0.5；1.

4．$\frac{128}{3}$.

（B）

1．$1000(1-\mathrm{e}^{-2})\approx 864.66$，$1000\mathrm{e}^{2}(1-\mathrm{e}^{-2})\approx 6389.06$.

2．（1）4000（$1-\mathrm{e}^{-0.5}$）−800；（2）大约需要 4 年.

3．大约需要 6 年.

自测题四

1．（1）$\frac{8}{3}$；（2）0；（3）$\frac{3}{2}$；（4）2π；（5）$\frac{1}{2}(\mathrm{e}^{2}-1)$；（6）0；（7）$\int_a^b |f(x)|\mathrm{d}x(a<b)$；（8）$\frac{3}{\ln 3}$；（9）$\int_0^2 v(t)\mathrm{d}t$；（10）224，272.

2．（1）B；（2）A；（3）C；（4）C；（5）B；（6）C；（7）D；（8）D；（9）C；（10）D.

3．（1）1+1n2；（2）$\frac{5}{6}$；（3）2；（4）$\frac{26}{3}$；（5）4；（6）1；（7）$\frac{26}{3}13$；（8）$\frac{1}{3}$；（9）$\ln 3-\ln 2$；（10）$\frac{1}{3}$；（11）π；（12）$\frac{2\mathrm{e}^{3}}{9}+\frac{1}{9}$.

4．6；4.

5．100 亿元.

6．（1）490；（2）12.25，11.75.

7．（1）$L(10)$=490 万元；（2）$\Delta L(10)$=−20 万元.

第五章

练习题 5.1

（A）

1．（1）−2；（2）−27；（3）1；（4）6；（5）2.

2．（1）C；（2）D.

3．各 10g.

4．约有蔬菜 152g，鱼 239g，肉 65g.

（B）

1．（1）D；（2）C.

2．略.

练习题 5.2

（A）

1．（1）5,1；（2）$n\times s$；（3）10，$\begin{pmatrix}3&6&9\\2&4&6\\1&2&3\end{pmatrix}$；（4）$\begin{pmatrix}1&1&2\\0&3&1\end{pmatrix}$；

（5）$\begin{pmatrix}-3&-1&1\\-1&1&5\\-5&5&1\end{pmatrix}$；（6）$\begin{pmatrix}1&-2&4\\2&1&-3\\-1&5&-1\end{pmatrix}\begin{pmatrix}x_1\\x_2\\x_3\end{pmatrix}=\begin{pmatrix}-2\\-1\\1\end{pmatrix}$；（7）$-32$.

2．（1）B；（2）D；（3）B.

3．$\begin{pmatrix}1&0&0\\0&4&0\\0&0&1\end{pmatrix}$.

4．（1）$\begin{pmatrix}3&4\\5&2\end{pmatrix}$；（2）$\begin{pmatrix}3\\5\\1\end{pmatrix}$；（3）$\begin{pmatrix}13&-5\\9&4\\3&-1\end{pmatrix}$.

5．$\begin{pmatrix}4&1&5\\-2&6&7\\6&-1&0\end{pmatrix}$.

6．$\begin{pmatrix}-8&0&-2\\3&3&9\end{pmatrix}$，$\begin{pmatrix}-8&3\\0&3\\-2&9\end{pmatrix}$.

7．$\begin{pmatrix}50&33&0\\45&44&35\\33&45&25\\15&40&70\end{pmatrix}$.

8．$\begin{pmatrix}12&11&16&19\\7&17&12&12\\12&7&7&17\end{pmatrix}$.

9. $\begin{pmatrix} 1550 & 310 \\ 475 & 95 \end{pmatrix}$，其中行表示甲和乙两个超市，列表示总收入和总利润.

（B）

1.（1）不等；（2）不等.

2. $\begin{pmatrix} 1 & 2 \\ 0 & 1 \end{pmatrix}$，$\begin{pmatrix} 1 & 3 \\ 0 & 1 \end{pmatrix}$，…，$\begin{pmatrix} 1 & n \\ 0 & 1 \end{pmatrix}$.

练习题 5.3

（A）

1.（1）3；（2）$\boldsymbol{A}^{-1}$；（3）$\begin{pmatrix} \frac{1}{3} & 0 & 0 \\ 0 & \frac{1}{2} & 0 \\ 0 & 0 & -1 \end{pmatrix}$.

2.（1）C；（2）D；（3）B.

3.（1）$\begin{pmatrix} 1 & 0 \\ -2 & 1 \end{pmatrix}$；（2）不可逆.

4.（1）$\begin{pmatrix} 2 & -8 \\ 0 & 3 \end{pmatrix}$；（2）$\begin{pmatrix} -3 & 1 & 3 \\ -1 & 1 & 0 \\ 0 & 2 & 1 \end{pmatrix}$.

5. 17 万元，11 万元.

（B）

1.（1）$\frac{9}{4}$；（2）全体实数.

2. 略.

3. 略.

练习题 5.4

（A）

1.（1）$R(\boldsymbol{A}) = R(\tilde{\boldsymbol{A}})$；（2）零，非零；（3）$\begin{cases} x_1 = 20, \\ x_2 = -9, \\ x_3 = -2. \end{cases}$（4）$\begin{cases} x_1 = 2x_3 + 5, \\ x_2 = -x_3 - 1, \\ x_4 = 1. \end{cases}$

2.（1）C；（2）D；（3）B.

3.（1）$x_1 = 9, x_2 = 5, x_3 = 2$；（2）无解；（3）$\begin{cases} x_1 = 5x_4 + 1, \\ x_2 = -x_4 - 1, \\ x_3 = x_4 + 2. \end{cases}$

4．（1）$x_1=x_2=x_3=0$；（2）$\begin{cases}x_1=x_2,\\x_3=x_4.\end{cases}$

5．9000 元， 5000 元．

6．7, 9, 12．

（B）

1． $a=1$， $\begin{cases}x_1=-5x_3-x_4+10,\\x_2=2x_3-3.\end{cases}$

2． $\lambda=-3$， $\begin{cases}x_1=0,\\x_2=x_3.\end{cases}$

3．$a\neq1$，b 为全体实数时有解；$a\neq1$，$b\neq2$ 时有唯一解；$a\neq1$，$b=2$ 时有无穷多解．

4．1，9，2，1．

练习题 5.5

（A）

1．（1） $x_1=200,x_2=300,x_3=400$，$y_1=80,y_2=120,y_3=210$；

（2）$\begin{pmatrix}0.1&0.2&0.1\\0.25&0.1&0.25\\0.15&0.2&0.25\end{pmatrix}$.

2．（1） $x_1=1256.5,x_2=1448.1,x_3=1556.2$；（2）$\begin{pmatrix}0&289.62&466.86\\125.65&0&622.48\\376.95&579.24&0\end{pmatrix}$；

（3） $z_1=753.9,z_2=579.24,x_3=466.86$．

3．设该厂生产甲、乙车床的台数分别为 x_1 和 x_2．则利润模型为

$$\max f=4000x_1+3000x_2,$$

$$\text{s. t.}\begin{cases}2x_1+x_2\leqslant10,\\x_1+x_2\leqslant8,\\x_2\leqslant7,\\x_1,x_2\geqslant0.\end{cases}$$

4．设 $x_j\,(j=1,2,3,4)$为第 j 种食品每天的购买量，则配餐问题的数学模型为

$$\min f=10x_1+6x_2+3x_3+2x_4,$$

$$\text{s. t.}\begin{cases}10x_1+8x_2+9x_3+2x_4\geqslant30,\\5x_1+6x_2+2x_3+x_4\geqslant5.5,\\4x_1+2x_2+3x_3+5x_4\geqslant8,\\x_j\geqslant0\quad(j=1,2,3,4).\end{cases}$$

5．设 $x_{ij}\,(1,2;j=1,2,3)$为第 i 个煤场运往第 j 个居民区的运煤量，则总的运煤量为

$$\min f=10x_{11}+5x_{12}+6x_{13}+4x_{21}+8x_{22}+15x_{23},$$

$$\text{s. t.}\begin{cases}x_{11}+x_{12}+x_{13}=60,\\x_{21}+x_{22}+x_{23}=100,\\x_{11}+x_{21}=45,\\x_{12}+x_{22}=75,\\x_{13}+x_{23}=40,\\x_{ij}\geqslant 0\quad (i=1,2;\ j=1,2,3).\end{cases}.$$

（B）

（1） $y_1=60, y_2=55, y_3=120$；（2） $x_1=424.9738, x_2=447.0094, x_3=481.8468$；

（3） 第一部门需要增加 19.2812 亿元总产品，第二部门需要减少 1.9412 亿元总产品，第三部门需要增加 2.6023 亿元总产品，才能使系统恢复平衡.

自测题五

1.（1）8；（2）$\begin{pmatrix}0 & 5\\6 & -1\\-1 & 4\end{pmatrix}$；（3）$\frac{1}{3}(\boldsymbol{A}+\boldsymbol{BC}-2\boldsymbol{E})$；（4）$\begin{pmatrix}\frac{1}{4} & 0 & 0\\0 & \frac{1}{3} & 0\\0 & 0 & 1\end{pmatrix}$；

（5）2；（6）4×2；（7）0；（8）$\boldsymbol{X}=\boldsymbol{A}^{-1}\boldsymbol{C}\boldsymbol{B}^{-1}$.

2.（1）D；（2）C；（3）D；（4）B；（5）A；（6）B；（7）B.

3.（1）$\begin{pmatrix}\frac{5}{2} & -\frac{1}{2}\\-1 & \frac{2}{3}\end{pmatrix}$；（2）$\begin{pmatrix}-\frac{13}{5} & -\frac{2}{5}\\-\frac{4}{5} & -\frac{11}{5}\\-3 & -1\end{pmatrix}$.

4.（1）2；（2）3.

5.（1）$\begin{cases}x_1=\ \ \frac{55}{41}x_4,\\x_2=\ \ \frac{10}{41}x_4,\\x_3=-\frac{33}{41}x_4\end{cases}$（2） $x_1=1, x_2=2, x_3=3$；（3） $\begin{cases}x_1=-\frac{1}{2}x_2+\frac{1}{2}x_4-\frac{5}{2}x_5-\frac{1}{2},\\x_3=3x_4-8x_5-3.\end{cases}$

6.

产品 / 产量 / 工厂	Ⅰ	Ⅱ	Ⅲ	Ⅳ
一分厂	8	3	4	7
二分厂	9	4	9	7
三分厂	6	5	8	5

7．22, 26, 34．

8．（1）x_1=300, x_2=250, x_3=400,；z_1=180, z_2=150, z_3=180；

（2）$\begin{pmatrix} 0.2 & 0.1 & 0.1 \\ 0.1 & 0.2 & 0.2 \\ 0.1 & 0.1 & 0.25 \end{pmatrix}$；

（3）

投入产出表 单位：亿元

投入＼流量＼支出		消耗部门 1	消耗部门 2	消耗部门 3	最终产品	总产品
生产部门	1	72	30	48	210	360
	2	36	60	96	108	300
	3	36	30	120	294	480
净产值		216	180	216		
总产值		360	300	480		

（4） 如果在计划期内，第二部门需要减少 11.4 亿元最终产品，第三部门需要增加 18.6 亿元最终产品，则该系统三个部门的总产品调整量分别为 2，−8，24 亿元．

9．设 A、B、C 三种产品的产量分别为 x_1，x_2，x_3，则总利润模型为

$$\max f = 10x_1 + 6x_2 + 4x_3,$$

$$\text{s. t.}\begin{cases} x_1 + x_2 + x_3 \leqslant 100, \\ 10x_1 + 4x_2 + 5x_3 \leqslant 600, \\ 2x_1 + 2x_2 + 6x_3 \leqslant 300, \\ x_i \geqslant 0 \quad (i = 1,2,3). \end{cases}$$